I.M.

CONNIE PALMEN

I.M.

1999 Prometheus Amsterdam

Eerste druk februari 1998
Tweede druk maart 1998
Derde druk februari 1999

© 1998 Connie Palmen
Omslagontwerp Marten Jongema
Foto voorplat Franco Gori
Foto achterplat Annaleen Louwes
ISBN 90 5333 799 7

IN MARGINE

Hij sluit de voordeur van de Reestraat af als ik vanaf de Prinsengracht de hoek om kom. We blijven allebei verstard staan, kijken elkaar aan en zeggen niks. Hij wou naar mij toe en ik naar hem, dat weten we. Zonder me van tevoren te waarschuwen wijkt mijn kringspier uit elkaar en ik doe het in mijn broek. Tegenover me spreidt hij zijn benen, grijpt naar zijn kont en roept verbaasd uit dat hij in zijn broek heeft gepoept.

Ik zeg tegen hem dat ik dit keer wel met hem mee naar boven ga. Het is 12 februari 1991, zeven dagen na ons interview. Onder mijn kleren draag ik die dag een veel te wijde boxershort.

Anderhalve week daarvoor ben ik gebeld door de producer van zijn radioprogramma, Leonie Smit. Zij vraagt me of ik op dinsdag 5 februari te gast wil zijn in *Een Uur Ischa*, om door hem geïnterviewd te worden. Mijn eerste boek is twee weken uit, ik heb nagenoeg iedere dag een interview gegeven, ik ben moe en vind het eigenlijk wel goed geweest. Terwijl ik al jaren rondloop met het halsstarrige idee dat Ischa Meijer en ik elkaar op een dag zullen ontmoeten en dat er dan iets tussen ons gebeurt, iets, ik weet niet wat, denk ik dat de tijd er nog niet rijp voor is en ik zeg naar waarheid tegen de producer dat ik op de ochtend van die dag al een afspraak heb met een journaliste van *Elsevier*, dat het me te veel wordt en ik 's middags niet ook nog eens naar Eik en Linde kan komen. Voor het geval ik me mocht bedenken laat de producer haar telefoonnummer achter. Ik leg de hoorn op de haak. In een flits realiseer ik me dat ik me vergis, dat dit wel het moment is. Zonder daar verder over na te denken draai ik het nummer dat ik zonet opgeschreven heb en zeg tegen Leonie Smit dat ik toch kom. Ze vraagt waarom ik me bedacht heb.

'Toen ik de hoorn op de haak legde wist ik dat ik er spijt van zou krijgen dat ik nee had gezegd,' zeg ik.

'La Palmen,' gilt hij me toe als ik de studioruimte van het café binnenkom. 'We gaan het niet hebben over *De wetten* hoor,' zegt hij, terwijl hij mijn hand schudt, 'we gaan het hebben over die hype rondom jou.'

'Ik wil het wel hebben over het boek,' zeg ik.

'Daar hebben we al genoeg over gehoord, die mediahype is veel interessanter.'

'Maar daar ben je nu zelf onderdeel van.'

'Ho ho Palmen, niet zo scherp uit de hoek komen, laat dat maar aan mij over.'

Het programma wordt opgenomen met publiek. Voordat het begint loopt hij op een vrouw toe die op de eerste rij zit en hij fluistert haar vertrouwelijk iets toe.

Die is straks verleden tijd, schiet het door me heen.

Via de luidsprekers horen we het einde van het nieuwsbericht en de aankondiging van het programma. Cor Galis staat klaar achter de microfoon en houdt met zijn trillende, oude handen de door Ischa volgetikte velletjes papier vast om daarna met een onmiskenbaar eigen stemgeluid de tekst voor te lezen.

Afgelopen zaterdag hebben Ischa en ik onze lieve vriend Jac Heijer begraven. Te Halfweg. En volgens de katholieke rite. 'Wat mij betreft twee premières,' zei Ischa – tamelijk toepasselijke terminologie; want Jac Heijer was de beste theatercriticus van Nederland.

'En ook nog een volle bak,' zei Ischa toen we die kerk te Halfweg betraden.

'Jac was een geliefd man,' zei ik.

'Maar zo veel mensen,' zei Ischa.

We schuifelden langs de condoleanceregisters, samen met al die bedroefde vrienden en kennissen en collega's.

'Hij was, is en blijft geliefd,' stelde ik.

'Natuurlijk,' zei Ischa, 'natuurlijk, Cor, maar bij zovelen – kán dat eigenlijk wel?'

We schoven in de kerkbank. Ischa zat naast Olga Zuiderhoek en ik naast Frans Weisz.

'En ook nog zo beroemd en bekend en goed-in-hun-vak,' hoorde ik Izzyboy zachtjes mompelen.

Toen nam de uitvaartdienst een aanvang, en Ischa en ik waren het er allebei na afloop geheel over eens: zo'n katholieke begrafenis valt qua allure én eenvoud reuze mee. 'Het is dat ik niet katholiek ben, maar anders –' zei Ischa. Ik bekeek hem eens tersluiks van opzij, en zag dat hij er eerder bezorgd dan bedroefd uitzag.

'Problemen?' vroeg ik.

Izzy zweeg.

We stonden inmiddels op de begraafplaats, met al die mensen uit de theatrale en journalistieke wereld.

'Kop op,' zei ik tegen Ischa. 'Jij kent toch ook een hoop mensen – en het moet wel raar lopen wanneer daar niet een paar van naar jouw begrafenis komen,' zei ik ineens.

'Denk je echt, Cor?' zei hij, erg hoopvol ineens.

'Al is het maar om elkaar te zien,' zei ik. Hahaha!

Het was koud, erg koud. En toch hadden we geen zin in de traditionele koffie-met-cake-na-afloop. We liepen na afloop meteen naar mijn auto, en Ischa zei kordaat: 'En nu naar de eerste de beste supermarkt, Corrieborrie.' Daar aangekomen, kochten we een bende boodschappen die we helemaal niet nodig hadden. En pas toen mochten we van Izzy koffie gaan drinken, in een klein cafeetje in de Amsterdamse Jordaan. En pas toen zei ik het volgende. 'Ischa,' zei ik, 'Ischa, als er wel iemand is die zich een bult zou lachen om jouw jaloezie op zijn begrafenis – nou, dan is het wel Jac Heijer, die we zojuist begraven hebben. Godallemachtig, wat zou die gelachen hebben om dat kleinzielige gedrag van je.'

'Dan heb ik hem dus toch nog een plezier gedaan,' zei Ischa, en vroeg de kastelein om een dubbele calvados.

En toen wist ik even niet wat nu precies te zeggen. Zo veel ego, zo veel dadendrang, zo kinderlijk, zo naïef en zo geraffineerd tegelijkertijd.

'Op mijn begrafenis,' zei Ischa vrolijk – en hief het glas.

'Van harte,' zei ik. En wat hebben we toen gelachen – samen met Jac Heijer. Alsof er niets gebeurd was.

Hee, sonnyboy, knal dat lied eruit, en zing, zing, zing!

Gekleed in een spijkerbroek, streepjeshemd en jasje staat hij wijdbeens achter de microfoon en hij sluit zijn ogen als hij met een onverwachte zorgvuldigheid en tederheid de eerste zin van *Let's Face the Music and Dance* zingt: 'There may be trouble ahead.' Soms doet hij een poging om het publiek in de ogen te zien, maar dat gaat hem slecht af, daar is hij te verlegen voor. Ik word heel rustig als ik zo naar hem kijk. Ik weet niet waar ik de overtuiging vandaan haal, maar ik heb haar en ze is heel groot: ik weet dat daar mijn man staat. Verder kan ik me er nog niks bij voorstellen.

Hij interviewt eerst iemand van de reclassering. Van een beschroomde crooner verandert hij in een brutale, scherpzinnige onderzoeker, die er niet voor terugdeinst de man tegenover hem nog onzekerder te maken dan die al is. Met een gespeelde nonchalance tutoyeert de man van de reclassering zijn interviewer. Ischa wijst hem onmiddellijk zijn plaats: 'We vousvoyeren hier. Buiten de tent is het je en jij, maar hier niet. Dus even opnieuw.'

'Nee, nee,' hoor ik hem even later gillen, 'niet zeggen een stuk, een stukje, niet waar ik bij ben. Uw hele dienstverlenende leven heeft u dat gezegd, maar dat moet eruit geramd worden.'

Koppig als een puber doorspekt de man van de reclassering in het vervolg van het gesprek zijn antwoorden met 'een stukje verantwoordelijkheid' en een stukje van dit en een stukje van dat.

Die man zouden ze moeten opsluiten, bedenk ik grimmig.

Ik zit aan een tafel met Leonie Smit, Fred van der Spek en Cor Galis. Het combo The Izzies speelt een intermezzo. Het is er gezellig. Ik heb een merkwaardig geluksgevoel, een vooruitlopen op wat me ten deel zal vallen, op het leven met een man die het gezellig kan maken.

In het publiek probeer ik mijn vriendin Eva te ontdekken, die me naar de studio begeleidde. Ze glimlacht vanaf de achterste rij naar me en ik glimlach naar haar. Pas als ik hem tegen Fred van der Spek hoor zeggen dat hij het nog even over de PvdA wil hebben, maar hem sommeert het kort te houden, omdat Connie Palmen hierna komt, word ik alerter, zonder verder iets van de nervositeit te voelen die ik tot dan toe bij ieder interview gevoeld heb.

'Mevrouw Palmen,' begint hij even later, 'laten we zeggen, drie weken geleden was u nog niet bekend en nu bent u een media-event. Oh, dat rijmt! Had u dat verwacht? U heeft een boek geschreven, een essayistische roman, romantisch essay, een spannend boek, mooi boek, leuk boek.'

Het gesprek verloopt bijna stil, zonder grappen of sneren van zijn kant, bedachtzaam van mijn kant. We hebben het veel over schrijven en schrijver zijn, dat ik het altijd al wist en het alleen nog maar hoefde te worden, dat mijn leven nu beter dan ooit klopt; we hebben het over mijn ouders, over filosofie en religie en dat het schrijven een soort trait d'union tussen beide is. Het zijn onderwerpen waarover ik niet eerder sprak in interviews, maar gedurende het hele gesprek kan ik het gevoel niet van me af zetten dat dit het laatste is wat ik met Ischa wil, dat het helemaal niet hoort om in het openbaar door hem geïnterviewd te worden.

Na afloop komt Leonie Smit naar me toe. Ze is al bijna tien jaar de producer van zijn radioprogramma. Ze zegt dat ze het heel bijzonder vond, ze had Ischa nog nooit zo ernstig en serieus meegemaakt in een radio-interview. Eva voegt zich bij ons en bevestigt wat Leonie zei, maar ik ben somber en licht ontredderd. Ik ben hiernaar toe gekomen in de stellige overtuiging dat dit het begin van mijn leven met Ischa zou zijn, maar ik weet nu niet meer hoe het verder moet en ik kon uit niks in het interview opmaken dat ik gelijk heb.

Samen met Eva daal ik de trap af en ik hang peinzend tegen de biljarttafel. Leonie zorgt voor de consumpties en voor de rest voel ik me vreemd. Ik heb geen oog voor wat er om me heen gebeurt. Net als ik me afvraag of ik me vergist heb, komt Ischa luid pratend de trap af. Hij heeft het tegen de vrouw die op de eerste rij zat. Hij komt naar me toe en vraagt me hoe ik het vond.

'Gaat wel,' zeg ik.

'Het was toch een goed interview?'

Ik zeg niks en kijk hem aan.

'Wat ga je nu doen, Palmen?' vraagt hij.

'Naar huis,' zeg ik, 'simmen.'

'Simmen, simmen,' herhaalt hij vrolijk. 'En vrijdagavond, ga je dan ook thuis zitten simmen, of ga je dan met mij uit eten.'

'Dan ga ik met jou uit eten.'

'Goed. Kwart voor zeven, 1ste klas Centraal Station, op 2B. Dus niet naar de tweede klas lopen, Palmen.' Hij wil er nog iets aan toevoegen, bedenkt zich en zegt: 'Nee, jij komt nooit te laat, hè?'

'Nee.'

'Maar ik heb helemaal geen conversatie, dus trek iets leuks aan, als ik dan niks heb om over te praten, kan ik daar tenminste naar kijken.'

'Connie heeft altijd leuke kleren aan en zij heeft wel conversatie,' zegt Eva eigenwijs.

'Is dat zo?'

'Ja,' zeg ik, 'ik heb je heel wat te vertellen.'

'Wat dan,' snerpt hij, 'wat?'

Hij loopt weg. Een minuut later staat hij weer voor me, met dat boek over zeven mannen en een vrouw.

'Ik doe dit nooit,' stuntelt hij als hij me *De wetten* aanreikt om er een handtekening in te zetten. Over wat ik erin zal zetten hoef ik niet na te denken.

'Voor Ischa, die ik moest ontmoeten, dat wist ik,' schrijf ik.

Hij loopt met het boek om de biljarttafel. Enkele meters van me verwijderd slaat hij het open en leest wat er staat. Daarna kijkt hij me aan, steekt het boek in de lucht en schreeuwt keihard door het café: 'Nummertje acht!'

Jaren later zal Leonie tegen me zeggen dat het overduidelijk was. Zij en de productieassistente wierpen elkaar een blik toe, omdat ze verbaasd waren over wat ze zagen.

'Wat gebeurt hier?' had de productieassistente tegen haar gezegd.

'Jullie waren voor elkaar geboren,' zei Leonie, 'en dat was ons vanaf het eerste moment duidelijk.'

Hij zit er al. Ik zie hem door het raam. Zodra ik de deur open staat hij al rechtop en neemt nog snel een slok Spa. Zonder me te groeten zegt hij dat we direct gaan, maar eerst reikt hij me het glas aan waaruit hij gedronken heeft. Of ik soms een slok wil.

'Weet je waar we gaan eten?'

'Nee.'

'Heb ik dat niet gezegd? Leuk. Het is vijf minuten hier vandaan.'

Pier 10, denk ik, maar ik zeg het niet.

We doen er wel een kwartier over, omdat we voortdurend stilhouden om te lachen. De ene keer kan ik niet verder, omdat ik verschrikkelijk moet lachen om wat hij zegt, de andere keer staat hij stil en houdt voorovergebogen zijn buik vast. Met de armen om elkaars nek komen we het restaurant binnen. Bij de garderobe wordt hij verwelkomd door de eigenaresse.

'Dit is mijn vrouw, Connie Palmen,' zegt hij tegen haar.

Het loopt tegen middernacht als we weer buiten staan. We zijn de hele avond vrolijk, druk en uitgelaten geweest, zodat het vreemd is even geen geluid te maken als we vrijen.

'Ga je mee naar mijn huis?' vraagt hij.

'Nee.'

'Waarom niet?' vraagt hij verbaasd. 'Al dat geld!' gilt hij er achteraan, waardoor ik weer in de lach schiet en hem niet direct uitleg hoef te geven.

We lopen naar de taxistandplaats voor het station. Nadat hij nog een keer gevraagd heeft waarom ik niet met hem meega, zeg ik dat ik altijd zeven dagen kuisheid betracht voordat ik met iemand die ik serieus neem naar bed ga. Ik ben ongesteld.

'Zeven mannen, zeven dagen kuisheid, je bent wel een heel katholieke vrouw,' zegt hij. 'Maar ik ben toch nummertje acht, of niet?'

'Ja,' zeg ik.

Tot op de dag dat we tegenover elkaar staan en het in onze broek doen, zien we elkaar iedere dag, maar slaap ik in mijn eigen huis. Daarna bijna nooit meer.

Ik heb elf jaar in de Palmstraat gewoond, in het noorden van de Jordaan, en woon sinds twee jaar in de Allard Piersonstraat, in Oud-West, vlak bij het plein dat door hem het Plein Van De Gedoopte Dichter wordt genoemd. Het is een etage op drie hoog, met een balkon dat uitziet op een groot vierkant woeste tuinen, waarvan het centrum gevormd wordt door een knotsige kastanjeboom. Zoals de huizen van mijn drie broers, draagt ook mijn huis de handtekening van mijn vader. Samen met mijn moeder reed hij vanuit Limburg naar deze stad, om hier weken-lang te breken, bouwen, stuken, timmeren en te schilderen. Hij bouwde de boekenkasten, de bergkasten en de tafels en verzon voor alles wat mij onmogelijk leek een simpele oplossing.

De ochtend na het interview staat Ischa voor de deur. Een-maal boven is hij verlegen en kijkt hij vluchtig rond.

'Zo had ik me jou ook voorgesteld,' zegt hij. 'Je zult er nog ver-baasd over staan als je straks mijn huis ziet, daar waait dezelfde geest.'

Ik vertel hem over mijn vader, dat hij alles gemaakt heeft wat hij hier ziet.

'Daar kan ik nu echt jaloers op zijn,' zegt hij. 'Wanneer krijg ik mijn schoonouders te zien?'

Hij zoent me, schort wat aan mijn kleren, krijgt van mij de waarheid te horen, drinkt een kop koffie en vertrekt.

'Wel geweest, niet gekeesd,' roept hij als ik hem op de trap nakijk. Hij ziet hoe ik in een onbedaarlijke lach schiet, holt weer naar boven, omhelst me en huppelt olijk naar beneden. Een half uur later belt hij me op en weer een half uur later belt hij op-nieuw.

'Als men hem vroeg
hoe het begon
mompelde hij steevast:
"Tampon." '

Nadat ik even het huis uit ben geweest om een boodschap te doen, tref ik hem aan op het antwoordapparaat.

'Zoek opdat, anders doe ik het wel.'

Tot laat in de avond gaat de telefoon een paar keer per uur. Ik denk dat het komt omdat we elkaar net kennen, maar in de jaren daarna verandert dit niet en belt hij me op zodra ik uit de Reestraat weg ben, ieder uur, soms vaker.

Op de avond van de dag dat we tegenover elkaar staan en het in onze broek doen, vieren we in restaurant 1ste klas, op perron 2B van het Centraal Station, het verschijnen van de eerste Dikke Man-bundel. Onze uitgever, Mai Spijkers, is er en een aantal redacteuren. Ischa is trots en vrolijk. Hij eet met zijn rechterhand en laat zijn linkerarm om mijn schouder of op mijn hoofd liggen. Ik voel me verlegen tegenover het gezelschap aan tafel en geef hem blijkbaar niet genoeg aandacht.

'Als je nu niet even je diepe genegenheid voor mij betoont, dan ga ik heel hard schreeuwen en dat is uiterst onaangenaam,' zegt hij op een gegeven moment.

Ik ben blij dat hij alles zegt wat hem verontrust of dwarszit en ik zeg tegen hem dat ik hoop dat hij dat altijd blijft doen.

'Dat hoop ik ook,' zegt hij onverwacht ernstig.

Mai vertelt die avond iets waarvoor Ischa zich geneert, ook al gebeurt het met veel geschater en gelach. Het gaat over opdrachten in boeken en ik vertel dat ik nog aarzelde of ik mijn boek aan iemand zou opdragen, totdat ik besefte dat ik helemaal niet houd van opdrachten in boeken en ze me bij anderen irriteren.

Nog afgezien van de sentimentaliteit van opdrachten aan ouders of echtgenoten van wie de schrijver beweert alles aan hen te danken te hebben, ben ik sterk geneigd om, als ik op de eerste pagina van een roman 'Voor huppeldepup' zie staan, te denken dat het boek voor huppeldepup en dus niet voor mij is, het ferm dicht te slaan en ongelezen te laten. Ik zeg het met ironie en zonder te weten dat Ischa ieder boek dat hij geschreven heeft van een opdracht heeft voorzien, maar hij reageert cynisch op wat ik zeg. Om mij te verdedigen herinnert Mai hem lachend aan de opdracht die in *De Dikke Man* staat en dat hij een week eerder nog alles op alles wilde zetten om die opdracht eruit te laten verwijderen.

In het exemplaar dat hij mij een aantal dagen geleden gaf schreef hij: Voor Mijnvrouw Palmen. Ischa. Februari 1991.

Het gerucht verspreidt zich snel. In sommige etalages liggen onze boeken suggestief naast elkaar. *De Dikke Man* naast *De wetten*. Omdat ik geen kranten lees, heb ik zijn column in de NRC nooit gevolgd en nu ik ze achter elkaar lees, schrik ik ervan hoe treurig, somber, eenzaam en zelfdestructief zijn Dikke Man is.

'Ben je zo?' vraag ik 's avonds in bed.

'Soms. Ik heb zoveel meegemaakt in mijn leven. Ik ben een ongelukkige jongen en dan weer niet.'

'Je bent een bange man,' zeg ik en ik voeg eraan toe dat mij dat wel vertrouwen in hem geeft.

Ik zie het aan zijn gezicht als ik enige uren bij hem vandaan ben geweest en dan weer bij hem terugkom, hem vastpak en aankijk. De kleine spiertjes in de rechterhelft van zijn gezicht trekken samen zodra hij me ziet en de spiertjes rondom zijn rechteroog laten zich het komende uur al helemaal niet onder controle brengen, ze trekken zijn ooglid naar beneden als hij de moed vindt om me wat langer in de ogen te zien of me aan te kijken wanneer hij iets tegen me zegt. En in bed merk ik het, aan de bravoure en de oneigenlijke schaamteloosheid waarmee al die angst en verlegenheid overschreeuwd moeten worden. Maar ik ben zelf nog te beduusd, te verlegen en te bang om alles wat ik denk te zeggen.

Op Valentijnsdag 1991 vieren we zijn achtenveertigste verjaardag door samen te gaan lunchen in het restaurant waarboven hij woont. Daarna gaan we naar bed. We liggen er net in als de bel gaat. Hij loopt naakt naar het raam toe en schuift het open. Ik hoor hem tegen iemand roepen dat dit niet gaat, dat ze hem niet zomaar thuis kan opzoeken.

'Nee, ik doe niet open. Ga weg!' hoor ik.

Als hij terugkomt vraag ik hem niet wie het was, maar ik zie de vrouw voor me die bij Eik en Linde op de eerste rij zat en die daar beneden voor de dichte deur misschien wel met een bos bloemen staat en zo wreed door hem wordt weggestuurd.

'Je hebt al heel veel vrouwen pijn gedaan,' zeg ik als hij bij me in bed kruipt.

Het is me bijna te veel. Iedere dag heb ik huilbuien en moet ik overgeven. Zodra ik het huis in de Reestraat verlaat en via de Rozengracht de kleine afstand naar mijn huis overbrug, wordt het gemis van zijn nabijheid met iedere stap die me van hem verwijdert, onverdraaglijker. Thuis, in de Allard Piersonstraat, moet ik soms de trap op hollen omdat ik halverwege de telefoon hoor rinkelen en weet dat hij het is. Hij zegt dan dat hij me nu alweer mist en dan zeg ik dat ik het ook heb. Iedere minuut zonder hem is een kwelling.

Intussen ga ik door met het geven van interviews. Ik heb me nu eenmaal voorgenomen iedereen te woord te staan en geen selectie te maken tussen de verschillende kranten en bladen. Als ik met een journalist in de stad heb afgesproken, bij Luxembourg of bij Americain, kan het zijn dat Ischa tijdens zo'n interview binnenstormt en tegen een verbaasde interviewer zegt dat hij zijn vrouw even moest zien. Daarom kijk ik steeds naar de deur in plaats van naar zo'n man of vrouw tegenover me.

Ik kom pas weer tot rust als ik bij hem ben. Soms krijg ik al in de deuropening van de Reestraat een huilbui van opluchting en ontroering, omdat hij me daar in zijn boxershort staat op te wachten in een huis waar het altijd warm is, waar de muziek van Adamo klinkt en waar het geurt naar soep.

'Ik heb al veel teweeggebracht met mijn soep,' zegt hij, 'maar ik heb er nog nooit een vrouw mee aan het huilen gekregen.'

'Le sérieux d'émotion' noemt hij het, dat ik zo moet huilen en moet overgeven en dat wij het in onze broek deden. Het is een uitdrukking van Sartre, die Ischa van zijn psychiater, Louis Tas, geleerd heeft. Uit zijn boekenkast haalt hij een uitgave van *Magie en emotie* van Jean-Paul Sartre. De vertaling is van L.M. Tas en H.L. Bouman en de inleiding is geschreven door Tas. Ischa heeft die koesterende, zorgvuldige manier om boeken vast te pakken die respect en zorg verraadt. Hij vindt het niet om aan te zien hoe ik een boek opengeklapt naast me op het nachtkastje leg, maar ik wil zo met mijn boeken omgaan. Ik behandel ze niet ruw of onachtzaam, maar ik wil ze wel kunnen kraken, ik wil ze bekrassen, ze overal mee naar toe slepen en in de marges van de bladzijden aantekeningen kunnen maken. Sinds ik hem beloofd heb dat ik dat niet met zijn boeken zal doen, ziet hij het met lede ogen aan.

'Voorzichtig!' gilt hij als ik het boek van Sartre van hem aanneem.

Iedere woensdagochtend brengt hij een bezoek aan Tas. Hij neemt een tram of loopt naar Amsterdam-Zuid. Hij vertrekt zo vroeg dat hij nog voldoende tijd heeft om een kop koffie te drinken bij Bodega Keyzer. Voor de therapie belt hij me vanuit Keyzer op, na de therapie komt hij langs met twee haringen die hij koopt op de brug van de De Clercqstraat of hij vraagt me om even wat lekkers te kopen bij de melkman op de hoek van het Da Costaplein.

'Echt en onecht, daar gaat het allemaal over,' zegt hij. 'Louis Tas is de echtste mens die ik ken. Dat is een Mensch.'

Zo wisselvallig als hij kan zijn in zijn liefde, vriendschap en sympathie voor anderen, zo onveranderlijk is hij in zijn bewondering en liefde voor Tas. Het is me van meet af aan duidelijk dat het leven van Ischa draait om die volstrekt afwezige, onbereikbare vader en moeder en dat Tas de belangrijkste aanwezige man in zijn leven is. Naast *De Dikke Man* wordt Tas in de loop van de jaren het medium van de waarheid.

De jeugd van je liefde is een vrijplaats. Nooit weer zul je zo veel kansen krijgen en grijpen om het spel eerlijk te spelen, om zo weinig mogelijk te verhullen, om je bekend te maken aan degene op wie je verliefd bent dan in die eerste maanden. Je neemt het risico om de waarheid te zeggen, misschien omdat je denkt dat je nog weinig te verliezen hebt, misschien omdat je zeker weet dat het dit keer alleen lukt als je het open speelt, als je het niet doet zoals je gewend bent.

'Connie,' zegt hij midden in de nacht, 'ik kan niet trouw zijn, ik kan het niet, ik word gek als ik eraan denk. Ik zal altijd met andere vrouwen meegaan, maar ik wil wel iedere avond bij jou terugkomen. Niet huilen.'

Maar ik huil niet. Ik hoor het rustig aan en ik weet dat ik het licht uit moet laten, dat hij dit alleen in het donker kan zeggen.

Ik stel hem vragen en ik hoor dat hij ze beschaamd en met veel moeite beantwoordt. Soms kronkelt hij zich onder een vraag vandaan, iets wat ik niet van hem gewend ben. Omdat ik weet dat we dit gesprek maar één keer op zijn initiatief zullen voeren, verander ik de woorden en stel de vraag opnieuw, totdat ik weet wat ik wil weten, totdat ik het beter begrijp. Het enige wat de kennis draaglijk maakt is dat hij zijn antwoorden een aantal keren inleidt met de opmerking dat hij dit nog nooit aan iemand met wie hij was, vertelde.

Dat is goed, denk ik dan, dat is heel goed.

Hij draait zich in het donker naar me toe en pakt mijn gezicht vast.

'Vind je het heel erg?' vraagt hij en hij strijkt met de toppen van zijn duimen over mijn wangen, om te voelen of ze nat zijn.

Ik weet dat niet. Ik weet niet hoe zoiets gaat. Ik heb nog nooit zoveel van iemand gehouden, ik heb nog nooit iemand voor mijzelf gehad, ik heb nog nooit de zekerheid bespeurd dat ik bij iemand zou blijven en die iemand bij mij, ik weet niet wat seksuele ontrouw is, want ik heb me nog nooit aan iemand verbonden. Tot nu toe stond ik aan de andere kant en was ik de vrouw met wie een andere vrouw bedrogen werd.

'Ik geloof dat ik alles van je kan hebben,' zeg ik en dat meen ik ook. Zijn beschrijving van de spanning van het versieren en in de steek laten van vrouwen, van het hoerenlopen en van de scheiding tussen liefde en seks, is een verhaal van een verslaving, van onvermogen, onmacht en dwangmatigheid. Dat zeg ik hem ook en dat mijn volgende boek daarover gaat, over verslaving. Hij zegt dat hij het nooit zo gezien heeft, maar dat het dat wel is. Hij is opgelucht omdat mijn wangen droog zijn. In het donker reikt hij naar de afstandsbediening van de cd-speler, die aan het voeteneind van ons bed staat en hij drukt een knop in. Het is vier uur 's nachts en Michael Feinstein sings Cole Porter.

'Laten we er iets bijzonders van maken,' zegt hij. 'Sartre en Simoontje, weet ik veel.'

'We zullen wel moeten,' zeg ik en dan lacht hij al die angst de nacht in en zingt luidkeels mee met Feinstein, terwijl hij mij tegen zijn borst aandrukt en zo stevig vasthoudt dat ik denk dat me niks kan gebeuren, zolang hij in mijn buurt is.

Om hem te houden, zal ik hem moeten laten gaan en dat zal ik ook doen.

'Kom nog even tegen me aanliggen, want ik heb een gedichtje voor je gemaakt:
    Mijn brakke ziel
    staat als een kaars te walmen
    voor mijn liefje
    Connie Palmen.'

Op maandag 25 februari verschijnt de eerste *Dikke Man* in *Het Parool*. Rond die tijd moet ik Cees Nooteboom interviewen in een boekhandel in Haarlem. Hij heeft het boekenweek-geschenk geschreven en 's avonds bestudeer ik het in bed. Het is voor het eerst dat ik iemand ga interviewen en omdat ik niet anders gewend ben, bereid ik me erop voor als een student. Ischa zegt dat ik het zo niet moet doen, dat ik er veel te veel tijd in steek en hij klaagt dat ik avond aan avond met dat onbedui-dende werkje in de weer ben. Hij zegt dat ik Nooteboom gewoon moet vragen wat ik wil weten, maar mijn onervaren-heid maakt me onzeker en ik klamp me vast aan het enige wat ik heb, dat verhaal over een man die Socrates heet. Af en toe neemt hij het boek van me weg en leest er hardop uit voor.

'Wat staat hier nou in godsnaam?' gilt hij dan na het lezen van een zin. 'Dit is toch absolute flauwekul.'

Ik verdedig Nooteboom, maar ik heb geen zin om daarmee

bezig te blijven, ik heb wel wat anders aan mijn hoofd.

Zondagavond laat rolt hij zijn houten bureaustoel tegen de tafel bij het raam aan en begint op zijn IBM te tikken. Ik lig in bed en probeer vragen te bedenken over *Het volgende verhaal*, maar ik ben te opgewonden van het geluk en luister vergenoegd naar het geluid van de elektrische typemachine. Af en toe kijk ik om de hoek van de slaapkamer naar hem, hoe hij daar met een gekromde, ronde rug, onder de lichtkegel van een bureaulamp achter de tafel zit en zonder op of om te kijken, zijn rechterwijsvinger als een kleine hamer op de toetsen neer laat komen. Door het onbedekte raam valt het licht van de Reestraat naar binnen. Na anderhalf uur roept hij me de kamer in en vraagt of ik *De Dikke Man* wil lezen.

Het is de eerste van de duizend keren dat ik dat zal doen, dat ik aan de keukentafel ga zitten, hij vluchtig maar dwangmatig controleert of het tafelblad schoon is, voordat hij zorgvuldig de twee A4'tjes neerlegt en trampelend wacht tot ik de column gelezen heb. Telkens als ik in de lach schiet, zal hij achter elkaar 'Wat, wat?' vragen en, zonder antwoord te krijgen, meegrinniken of naar me toe lopen en over mijn schouder meelezen.

Pas op die zondagavond, als ik voor het eerst *De Dikke Man* lees, die vanaf de volgende dag drie keer per week in *Het Parool* zal verschijnen en enkele maanden daarna iedere dag, besef ik wat die krantencolumn gaat betekenen in het leven van Ischa en mij.

Hij gaat over het boek dat ik 's avonds in bed aan het lezen ben, het boek van Cees Nooteboom.

De Dikke Man houdt niet van pretentieuze onzin, dacht De Dikke Man (...) hoe kom je erop, wat wil je ermee zeggen, wie denk je wel dat je bent, jij Bolle Inhoudsloze Schrijver?

Mijn eerste impuls is om te protesteren, om te zeggen dat het gaat over iemand die ik mag, iemand met wie ik een speciale band heb, dat Nooteboom bovendien iemand is van wiens werk ik houd, iemand die ik niet graag uitgemaakt zie voor Bolle Inhoudsloze Schrijver en al helemaal niet als ik hem over anderhalve week in het openbaar moet interviewen. Maar ik protesteer niet.

'Het is jouw *Dikke Man*,' zeg ik.

'Maar ik heb toch gelijk?'

'Dat vind ik niet.'

'Hij is wel geestig, vind je niet?'

'Ik kan hem niet geestig vinden.'

'Maar denk je dat anderen hem geestig zullen vinden?'

'Dat zal wel, ja.'

Het is ook op die avond dat ik, zonder er lang over na te denken, besluit nooit te vragen naar wie wie is in *De Dikke Man*, me aan te wennen om afstand te bewaren tot de inhoud ervan, zowel om ervoor te waken dat hij zich nooit belemmerd zal voelen te schrijven wat hij wil schrijven, als om me zelf niet verantwoordelijk te voelen voor wat hij schrijft en wat hij van iets of iemand vindt.

Vanaf juli 1991 zal ik iedere dag kunnen lezen waar hij de vorige dag was, met wie hij sprak en omging, wat hij deed of wat er hier in huis, met ons tweeën, gebeurde. Als ik de waarheid ken zal ik lezen hoe hij die vervormt, van welke mannen hij vrouwen maakt en van welke vrouwen mannen en als ik de waarheid niet ken, zal ik ernaar gissen, maar altijd zonder hem daarmee lastig te vallen. Het is een wet die ik mijzelf stel. En ik weet goed waarom. Ik weet dat het zo moet en niet anders.

Van de meer dan duizend keer zal ik die wet een aantal maal schenden. Omdat ik dan niet anders kan en ik door *De Dikke Man* in het nauw gedreven word.

Jaren later zal ik hem op een dag eens voorleggen in hoeveel vormen hij gedurende een etmaal in zijn afwezigheid aanwezig was en op hoeveel manieren ik iets over hem te weten kwam zonder dat hij het mij direct vertelde. Het is zo'n dag waarop er een interview met hem in een weekblad staat, een van zijn vroegere vriendinnen in een ochtendkrant wordt geïnterviewd en het uitgebreid over hem heeft, hij 's middags op de radio is, 's avonds zijn programma op de televisie presenteert en zoals iedere dag zijn column op pagina drie van *Het Parool* voor me ligt.

'Je kunt niet onder me uit,' zal hij dan zeggen.

'Ik wil helemaal niet onder je uit,' zeg ik, 'maar je ouders wel, en je maakt ze dat op deze manier in ieder geval heel, heel lastig.'

's Nachts, in zijn halfslaap, rolt hij zich opzij, gaat met een ruk op de rand van het bed zitten, loopt slaperig naar de koelkast en komt met een mond vol eten terug in bed. Ineengedoken en met zijn ogen dicht, ligt hij te kauwen. Ik wacht tot hij zich opnieuw op wil richten, druk hem zacht terug in de kussens en sla een arm om hem heen. Hij mompelt wat.

'Klappje Salmonella, dat is een mooie naam. Zo heet ik in het vervolg, Klappje Salmonella, met twee p's.'

Hij was vijfenveertig toen hij voor het eerst een eigen woning betrok en besloot dat hij genoeg koffie had gezet in zijn leven en dat nooit meer wilde doen. Sindsdien gebruikt hij instant koffie, Cap Colombie van Nescafé. Hij leert me hoe ik van het poeder een kop koffie moet maken, anderhalve theelepel in een beker en dan kokend water erop. Het smaakt nog ook.

Intussen maakt hij een ontbijt.

'Hoe wil je je eitje, Toscaans of Romaans?' Hij staat aan het fornuis en praat. 'Maak eerst het eitje panbewust, maak het vervolgens vetvriendelijk en breek het dan pas in het midden. Spreek het bemoedigend toe en laat het vervolgens op eigen kracht savoraniliseren.'

We nemen ons ontbijt mee terug in bed, vrijen, praten, vrijen weer en rekken de ochtend uit tot een dag.

'Lieverd, popje, ik vind het heerlijk met je,' zegt hij, 'als je wilt dat ik je ervoor betaal, doe ik het ook.'

'Zo gemakkelijk wou ik het je nou ook weer niet maken,' zeg ik.

Ik durf nog steeds niet te zeggen wat ik echt denk over het vrijen met hem.

We draaien muziek. Hij heeft heel die verzameling schmalze liederen in huis waarvan ik hou en die ik nog nooit bij iemand anders aantrof, laat staan te horen kreeg. Hij heeft Pussycat, Benny Neijman, Freddy Quinn en de jukeboxhits van de jaren vijftig en zestig. En hij laat me de muziek horen die ik nog niet goed ken, de Amerikaanse crooners en de Franse chansonniers, Italianen als Paolo Conte en Lucio Dalla. Ischa zingt de liederen in iedere taal moeiteloos mee en zwaait daarbij met zijn vuisten in de lucht.

We leven op 65 vierkante meter en van die 65 vierkante meter wordt het bed de plek waar we de komende jaren de meeste tijd doorbrengen. Het maakt niet uit op welk uur van de dag ik thuiskom, hij wacht me altijd half ontkleed op, met alleen een boxershort aan of daaroverheen nog een pyjamajasje. Het eerste wat ik doe is mijn kleren uittrekken en in een pyjama schieten. Ischa wast mijn kleren.

'Je pyjama en je trui hebben een speciale Dreft-behandeling gehad en ik was weer even heel dicht bij je. Twee keer dragen en dan in de was, zo gaat dat in ons gezin.'

Hij heeft boodschappen gedaan en kookt. In het huis ruikt het altijd naar lekker eten, naar soep, naar boter en vlees in de pan of naar de grill-lucht van een parelhoentje.

's Ochtends en 's avonds dribbelen we in die kleine ruimte achter elkaar aan. Hij achtervolgt me tot op de wc en zet zijn gesprek voort in de deuropening of hij begint zich vast te scheren voor de spiegel in de badkamer, terwijl ik nog op de pot zit en daar op zijn verzoek blijf zitten tot hij klaar is, omdat hij dat gezellig vindt en wij altijd over zo veel dingen moeten praten.

'Wassen, scheren en standaliseren.'

Volgens hem is dat nog het moeilijkste, standaliseren, en ik geloof dat hij daar gelijk in heeft.

Bij de post bevindt zich een brief van de organisator van een interview dat Ischa met mij zal hebben in een Maastrichtse boekhandel. Het gerucht is nog niet tot het Zuiden doorgedrongen. De organisator vindt dat de meedogenloze interviewer dat kleine wicht het vuur na aan de schenen moet leggen, eens zien wat er dan overblijft van dat door de media zo opgeblazen wonder. Hij heeft er geen idee van dat wij hier samen in bed zijn brief lezen en ons bij voorbaat boosaardig verheugen op de deining die het teweegbrengt als blijkt dat die meedogenloze interviewer en het wicht al wekenlang de sponde delen.

Dan bega ik de grote fout mijn familie en vrienden uit te nodigen voor wat mijn eerste optreden in het openbaar zal zijn.

Ik weet nog niet wat me te wachten staat.

Ik weet niet dat er zich op die zondag in maart drommen mensen voor de deur van de boekhandel op het Vrijthof verzameld hebben en dat ik me, uit pure angst voor dit verschijnsel, meer dan ooit vastklamp aan Ischa, bij wie het veilig is en die mij houvast biedt. Ik heb nauwelijks oog voor mijn moeder en broers, die schrikken van hoe ik eruitzie, zo vermagerd, verliefd, extatisch en afhankelijk.

'Onherkenbaar,' zullen ze later zeggen, 'je was onherkenbaar. Je had alleen maar oog voor Ischa.'

Zo hadden ze me nog nooit meegemaakt.

'Het enige wat ik dacht is: ik ben mijn kind kwijt,' zal mijn moeder zeggen en dat ze in de trein de hele terugreis moest huilen van dat besef.

Mijn hartsvriendin Paulien zal me bestoken met verwijten en dat het haar op die dag duidelijk werd dat onze vriendschap voor altijd veranderd was.

'Je was zo met Ischa,' zal ze na die zondag zeggen, 'daar was niet tussen te komen en ik zag dat het zo zou blijven, dat niemand tussen jullie twee kon komen, ik ook niet. Tot op die dag was het jij en ik en iedereen wist dat. Vanaf nu zal het Connie en Ischa zijn. Het kan me niet schelen wat je doet, maar dat je onder mijn eigen ogen voor Ischa koos, daar val ik van om.'

Weken later zoekt ze me op in Amsterdam en ze zal die avond huilen, om die ongelooflijke vriendschap, om de invloed die we op elkaars leven hadden en omdat we allebei weten dat daar nu een einde aan gekomen is. Ik huil niet en verbaas me daarover. Ze verbiedt me om het boek te schrijven dat ik wil gaan schrijven.

'Dan ben je me kwijt,' zegt ze.

Het loopt door elkaar, het werk en die liefde. Het boek en die man verschijnen praktisch op dezelfde dag en hoe ik het ook probeer, ik kan ze onmogelijk uit elkaar halen, ik kan er niet meer achter komen wat mijn leven het meest veranderd heeft.

Maar het veranderde.

Door haar in de verdediging gedrongen, zei ik in het verleden herhaaldelijk tegen Paulien dat ik meende juist door de mensen die ik het meest liefhad en aan wie ik mijn monomane aanhankelijkheid betoonde, de straat op getrapt te worden, de menigte in, om vervolgens van hen het verwijt te krijgen dat ik iemand ben die met zo veel mensen iets heeft en dat ze daardoor een bepaalde afstand tot mij bewaarden.

'Ik ben het liefst met jou alleen. Zodra er andere mensen bij komen, vind ik je niet meer leuk.'

Het is zo'n zin die door verschillende mensen, op verschillende tijden, in verschillende versies tegen mij gezegd werd en die me bijbleef. Hij komt voort uit angst om mij te verliezen, het zal best, maar het wantrouwen dat achter die angst schuilgaat heb ik altijd beledigend gevonden, een miskenning. In die zin schuilt het verwijt dat ik verander onder het oog van anderen, van publiek. Het is een verkapt verbod op wat ik wil gaan doen. Ik wil schrijven en een boek publiceren. Maar als ik kies voor werk dat me publiek maakt, dan zal ik de liefde van een aantal mensen verliezen. Vanaf het moment dat ik, dwars tegen de verwijten van anderen in, kies voor dat werk, wijs ik op mijn beurt hen af. Zo willen ze me niet. Zo ben ik niet iemand van wie zij kunnen houden.

De wetten was het antwoord dat ik ze tot dan toe nooit had durven geven: dan niet.

Natuurlijk hadden ze gelijk. Maar hun gelijk was voor Ischa een reden om juist wel van mij te houden en het was voor mij de reden om van hem te houden. Uit hun gelijk komt die noodzakelijke liefde voor dat werk voort. Het is waar: drie is een massa en voor een massa ga ik spelen, die wil ik amuseren, choqueren, beleren, die wil ik verhalen vertellen.

Bij Ischa zie ik het ook. Het is een weerspannigheid tussen geheimzinnigheid en openhartigheid, tussen het verlangen om de waarheid te spreken en het onvermogen om dat in de meest intieme situaties te doen, het is de erkenning dat het wezen van de liefde kennis is en de worsteling met de angst, met zo veel angst om je te laten kennen. Wie schrijft grijpt met de pen naar de macht, omdat de machteloosheid onverdraaglijk groot is. Wie schrijft houdt even op met zichzelf geweld aandoen, met het loochenen, liegen, voorwenden, verhullen, met alles waartoe de schrijver zich gedwongen ziet zodra de angst toeslaat voor wat iemand met je kan doen. En die angst slaat toe zodra er iemand anders opduikt en dreigt de droom van het gekend willen worden waar te maken.

Schrijven komt voort uit zwijgen, angst, verlegenheid en uit een misschien wel bovenmatige ontwikkelde afkeer van onechtheid, vooral de eigen onechtheid. Fictie komt voort uit het verlangen naar de waarheid.

Er wordt me iets te veel ijdelheid toegeschreven aan acteurs, auteurs, performers, aan iedereen die blijk geeft om zich op de een of andere manier te willen openbaren. Volgens mij is de bron van die ambitie en het talent bijkans tegengesteld aan zoiets als ijdelheid: het is het terecht of onterecht gevoelde onvermogen om zich te openbaren in dagelijkse daden. Dit vermeende onvermogen kan alleen maar voortkomen uit mislukte, onbegrepen of miskende boodschappen en de meest wrede ontkenning is de boodschap van de liefde. Er is te weinig geloofd in de liefde van je daden.

Schrijvers, acteurs, entertainers, dansers, dichters en hoeren, ze begeven zich allemaal op het immense podium waar de wet van het alsof regeert. Ze doen dit omdat alleen het alsof hun de mogelijkheid biedt om de waarheid te zeggen. Op het podium van de fictie is de onthulling van de waarheid niet bedreigend of teleurstellend, want fictie maakt de schrijver en de speler onaantastbaar, juist omdat ze de pretentie van de waarheid hebben laten varen.

Maart loopt op zijn eind. Binnen twee maanden zijn er van het boek zeventigduizend in druk en gaan er dagelijks duizend over de toonbank. Vanaf de eerste vier nullen heb ik het getal niet meer kunnen bevatten, ik ben ermee opgehouden dat te proberen. Niet alleen in interviews, maar ook door familie en vrienden wordt me gevraagd hoe ik het kan verwerken, maar er is geen ramp gebeurd en er valt niks te verwerken. Ik laat er nauwelijks mijn gedachten over gaan en zoek niet naar verklaringen. Het enige wat mij bezighoudt is die man en de liefde voor hem. Ze is zo groot dat ik er soms naar verlang haar een paar uur niet te hoeven voelen, maar dat gaat niet.

Op een avond in bed heb ik hem dat verhaal verteld. In de televisiegids staat dat die film vanavond uitgezonden wordt en ik wil hem iets duidelijk maken, iets over mijzelf, over hoe ik omga met de werkelijkheid, over de verhalen die tussen mij en alles buiten mij zitten en dat ik aarzel om naar die film te gaan kijken omdat ik een verhaal zo koester en bang ben dat de werkelijkheid van de film het verhaal verwoest. Het begon met griezelfilms, vertel ik, die bekeek ik altijd het liefst met mijn jongere broer Jos. Het kon zijn dat ik me al een week later nauwelijks meer iets herinnerde van de inhoud van zo'n film, omdat ik het kijken ernaar te beklemmend gevonden had. Jos en ik deelden een slaapkamer als we in ons ouderlijk huis logeerden. Zijn eenpersoonsbed stond tegen de linkerwand, het mijne tegen de rechterwand. Voordat we gingen slapen vroeg ik hem dan of hij de film die we laatst samen gezien hadden, nog eens wou navertellen. Hij kon dat heel goed. Hij maakte het verschrikkelijk spannend en tussendoor kon hij me lachend en stomverbaasd vragen of ik het echt allemaal niet meer wist, of ik me werkelijk niet meer kon herinneren wat ons in de volgende scène stond te wachten, wat voor engs er nu ging gebeuren. Maar omdat ik nog erger lag te griezelen door zijn manier van vertellen, wist ik het echt niet meer en ik wou het niet weten ook. Soms beet ik op de knokkels van mijn vingers van de spanning. Hij kende hele dialogen uit de films van buiten, citeerde die in het Amerikaans en probeerde de stem van de acteur zo goed mogelijk na te doen. 'Here they are, mummy!' met een slijperig kinderstemmetje en dan was de slaapkamer opeens vol zwierige geesten.

Op een dag zijn we weer in het dorp en we blijven allebei slapen bij onze ouders. Jos heeft die week de laatste film van Spielberg in de bioscoop gezien en is vol bewondering. Ik heb E.T. nog niet gezien en voordat we gaan slapen vraag ik hem of hij voor mij de film wil navertellen. Hij zegt dat het helemaal geen enge film is, dat het vooral een ontroerende film is en dat je heel veel gaat houden van een wezen dat er aanvankelijk nogal afstotelijk uitziet, alhoewel hij zich nu al bijna niet meer kan voorstellen dat hij E.T. ooit lelijk heeft gevonden. Doorspekt met kreten van ontzag voor de filmkunst van Spielberg vertelt hij het verhaal. Ik ga er zo in op, dat me de tranen in de ogen schieten wanneer Jos zijn fraaie, knokige wijsvinger wiebelend in het halfdonker priemt en een klaaglijk 'Phone home, E.T. phone home' door de slaapkamer kreunt. Jos lacht wanneer hij mijn gezicht ziet en dan lach ik met hem mee. Daarna heb ik de film nooit in het echt willen zien, zeg ik tegen Ischa, omdat ik die herinnering aan de E.T. van mijn broer niet wilde verstoren en eigenlijk wou dat E.T. iets van hem bleef, van die avond in ons ouderlijk huis en dat ik toen zoveel van hem hield, omdat hij mij wist te amuseren. Ischa vindt het prachtig om te horen en hij zegt dat hij me benijdt, om die broers en om dat verhaal. Het heeft hem wel bijzonder nieuwsgierig gemaakt naar die film, zegt hij met een speelse boosaardigheid, en hij haalt me smekend over om er toch samen met hem naar te kijken. Met de kussens in onze ruggen en het dekbed over onze voeten kijken we naar E.T.

Na afloop ben ik teleurgesteld en weemoedig. Ischa begrijpt het. Hij probeert me op te vrolijken. Hij kijkt me guitig aan, kromt zijn wijsvinger, wijst er eerst mee op zichzelf, legt hem tegen mijn wang en kreunt: 'I.M., C.P. Home?'

De wekker gaat om zeven uur af. We draaien ons naar elkaar toe. Ik duik met mijn hoofd onder het dekbed en steek mijn wijs-vinger erboven uit.

'Home,' zegt Ischa en hij haakt zijn vinger in de mijne.

Hij trekt zijn boxer aan en loopt naar het bureau bij het raam, waar zijn IBM staat. Na nog geen minuut ramt hij met één vin-ger energiek op de toetsen. Ik maak koffie voor ons, aai over zijn hoofd, druk een kus op zijn kruin en ga met een boek terug in het warme bed.

'Geknald!' roept hij na een kleine drie kwartier.

Ik sta op en ga aan tafel zitten, onder de lamp. Hij legt de twee blaadjes zorgvuldig voor me neer en leest over mijn schouder mee. Het begint pas op het tweede vel. Nog voordat ik doorga met het lezen van de column is mijn oog al gevallen op die twee initialen en voel ik me misselijk worden van kwaadheid.

'Het is mijn verhaal, Is!' zeg ik verontwaardigd als ik de slot-regel gelezen heb.

'Dat mag toch wel.'

'Nee, dat mag niet. Het is mijn verhaal.'

'Ik heb het toch een beetje anders gemaakt,' zegt hij met een schuldbewust gezicht.

'Dat is wel heel naïef van je. Jij maakt van een broertje een zus-je en dan denk jij dat het niet langer mijn verhaal is, maar het is en blijft mijn verhaal en ik wil niet dat je daarmee op de loop gaat.'

'Jij kunt het gerust zelf nog gebruiken,' probeert hij vergoelijkend, 'dat heeft toch niemand in de gaten, tegen die tijd zijn
ze mijn stukje allang vergeten.'

'Daar gaat het mij niet om, dat zijn allemaal argumenten die
er niet toe doen. Ik heb er geen zin in om, iedere keer als ik je iets
vertel, bang te zijn dat jij mijn verhalen gaat gebruiken voor *De*
Dikke Man. Zoek zelf maar je stof en als je iets wilt gebruiken wat
ik je heb verteld, dan vraag je het eerst aan me. Ik weet ook niet
hoe het anders moet, maar zo moet het niet, dat weet ik wel, zo
voel ik me bestolen.'

Hij kijkt me aan en streelt mijn hoofd.

'Je ziet lijkbleek,' zegt hij bezorgd en dat kan wel kloppen,
want ik ben misselijk.

'Het is een herinnering waarvan ik hou,' zeg ik verzoenend,
'daarom vind ik het zo erg.'

'Kan ik hem doorknallen?' vraagt hij kleintjes.

'Knal maar,' zeg ik.

'Home?' smeekt hij klaaglijk en steekt zijn wijsvinger als een
vraagteken in de lucht.

Ik antwoord met een jaknikkende vinger.

Iedere dinsdagnamiddag vertrekt hij met een koffertje in zijn
hand naar café Eik en Linde, waar vanaf vijf uur zijn radioprogramma de ether ingaat. Van tevoren heeft hij een stukje getikt
dat door Cor Galis wordt voorgelezen. Hij voert Cor erin op als
een huisgenoot, die samen met hem op het grijsgroene lederen
bankje naar de televisie kijkt, boodschappen met hem doet,
telefoongesprekken met hem voert en hem van haver tot gort
kent. In de dialogen zet Ischa zichzelf neer als een neurotische,
kinderlijke, egoïstische, jaloerse, maar aandoenlijke Izzyboy en
Corrieborrie als een verstandige, vaderlijke, strenge, maar ontroerde oude man, die uiteindelijk altijd weer onbedaarlijk in de

lach schiet om het gedrag van zijn ventje.

Publiek is naïef, je kunt het alles wijsmaken. Een groot deel ervan denkt dat Cor Galis de aankondigingen zelf schrijft en een nog groter deel denkt dat hij en Ischa daadwerkelijk samenwonen en gezamenlijk hun avonden doorbrengen, zij aan zij, op het grijsgroene lederen zitbankje. Maar Ischa mag Cor Galis niet en voor en na de radio-uitzendingen wisselt hij nauwelijks een woord met hem. Het blijft bij begroeten en het afscheidnemen schiet er meestal bij in.

Zo solitair en onschuldig als de Dikke Man is, zo aanhankelijk, getrouwd en schuldig is de Ischa uit de aankondigingen voor het radioprogramma. Daarin is het 'Ischa en ik' en 'wij'. Zodra hij zijn eigen naam schrijft geeft hij wonderlijke staaltjes van zelfinzicht weg en verdwijnt zijn vermogen om de werkelijkheid om te buigen naar de fictie.

Nadat we een weekend in Maastricht hebben doorgebracht en de maandag gebruiken om naar Luik te gaan, begint de aankondiging op dinsdag met dat we gisteren, geachte luisteraars, dat Ischa en ik gistermiddag door Luik wandelden.

We liepen daar, en Izzy en ik waren – verdomd!, we waren gelukkig.

Het is waar, we waren gelukkig in Luik. We stonden op de brug en keken uit op Ourthe-Meuse. Hij vertelde over een reis die hij samen met zijn vader maakte. Hij was negen of tien en zijn vader liet hem de zware rugzak sjouwen. Ze wandelden door de Elzas, op zoek naar een brug van voor de oorlog. Net zoals hij dat deed op hun wandelingen door Amsterdam, vertelde zijn vader honderduit, over het land en de geschiedenis, over de dichters, schrijvers en schilders. Hij had een landkaart bij zich en hield op een gegeven moment een voorbijganger aan, om te vragen waar die brug was. Die was allang verdwenen. De landkaart van zijn vader was er een van voor de oorlog. Ischa vertelde dat hem dat woedend maakte en tegelijkertijd vervulde met een ondraaglijk medelijden. Ik ken dat. Ik zei tegen hem dat het een verscheurende mengeling van gevoelens is die waarschijnlijk alleen opgeroepen kan worden door je familie.

'Hij schreef een ansichtkaart aan mijn moeder. Zijn laatste zin was: "En Is is gewoon Is."'

'Wat mooi,' zei ik.

En we stonden daar op die brug, met de armen om elkaar heen en ik zei tegen hem dat Is ook maar gewoon Is moest blijven, dat ik het meeste aan hem zou hebben als hij precies deed wat hij zelf wilde.

Vanaf de brug zagen we een café-restaurant waar we even later gingen zitten en iets aten. Hij begon over Simenon. Er was niemand die hij zo bewonderde als Simenon, toen hij hem als jonge verslaggever opzocht in Parijs en hem daar interviewde. Het was zomer en warm. Ischa zag het weer voor zich, hoe die man tegenover hem zat, zo nu en dan zijn pijp aanstak en zijn verhaal deed.

'Bij het afscheid pakte hij allebei mijn handen en drukte die tegen zijn lichaam. "Voel eens," zei hij, "ik ben kletsnat." Prachtig toch, dat zo'n grote man dat met een jonge bewonderaar doet?'

Hoeren en pooiers liepen in en uit en wij zaten daar, urenlang, en we praatten. Ik zei tegen hem dat ik me nog nooit eerder in mijn leven zo niet-eenzaam had gevoeld als nu, met hem, en ik vroeg me hardop af of daar nou geen woord voor was, voor zoals ik me voelde, ik zal niet zeggen helemaal zonder eenzaamheid, maar toch nagenoeg.

'Wij zijn tweezaam,' zei hij toen.

Als we de volgende ochtend op het perron van Maastricht staan en wachten op de trein naar Amsterdam, omhels ik hem en ik zeg tegen hem dat ik zou willen dat we voor altijd onafscheidelijk zijn. Hij lacht dan heel verlegen.

Op zoek naar twee plaatsen passeren we een moeder en een kind. Het kind ligt tegen de moeder aangeleund.

'Zo heb ik mij het leven als kind voorgesteld,' zegt hij even later. 'Ik dacht als ik zo tegen iemand aan kon liggen, dat ik dan gelukkig zou zijn.'

Iedere dinsdag belt hij op, vlak voordat de radio-uitzending begint.

'Luister je?'

Ja, ik luister. Ik ben het niet gewend om naar de radio te luisteren en zit er wat vreemd bij, in een hoekje van mijn bank, zonder in staat te zijn iets anders te doen dan luisteren, zodat ik eigenlijk niet weet waar ik moet kijken.

Het is een week of twee nadat hij die Dikke Man over E.T. schreef. Sindsdien hebben we de vinger erin gehouden en begroeten elkaar met een smachtende kromming.

Deze dinsdag heeft hij me een aantal keren gebeld zonder veel meer te kunnen zeggen dan dat hij de hele dag aan me moet denken en dat hij me mist. Zijn eerste gast in de uitzending is Tom Lanoye en zonder dat die jongen weet waarover het gaat, doorspekt Ischa het interview voortdurend met een jammerlijk uitgestoten 'Home'. In mijn huiskamer klinkt het als een bronstkreet. Ik kan de roep niet weerstaan, zet de radio uit, bel een taxi en laat me linea recta naar Eik en Linde brengen.

'Ik heb haast,' zeg ik tegen de chauffeur, 'mijn man roept om me.'

Zoals ik besloten heb nooit te vragen naar wie wie is in De Dikke Man, zo heb ik ook besloten alleen mee te gaan naar Eik en Linde op zijn verzoek. Het zijn besluiten die ik neem tegen mijn zin in. Ik wil wel alles weten. Ik wil altijd bij hem zijn, iedere minuut van de dag. Maar als ik zou doen wat ik wil, valt er met mij niet te leven, dat weet ik ook.

Een aantal keren maakt hij een Dikke Man waarin hij het heeft over zijn vriendin Het Filosoofje.

'Zou ik niet meer doen,' zeg ik op een dag tegen hem. 'De Dikke Man is beter af alleen.'

'We gaan even naar Amerika,' zegt hij, 'dan laat ik je mijn lievelingsweg zien.'

We zullen op paaszondag vertrekken, maar de avond daarvoor zit hij nog in een talkshow. De opnames zijn in Amsterdam, op het Rembrandtplein, en we gaan er samen naar toe.

'Mijn vrouw ziet er nu uit als het achterneefje van Socrates,' zegt hij tegen de interviewer, vlak voordat de opnames beginnen, 'maar dat heeft ze altijd voordat we op reis gaan.'

Het is onze eerste reis.

De volgende ochtend zullen we via New York naar Los Angeles vliegen. We zijn nog niet eerder tien dagen lang vierentwintig uur per dag bij elkaar geweest. Van pure opwinding maken we in de voorafgaande dagen een paar keer ruzie en leggen het daarna bij. Ik ben het niet gewend om ruzie te maken, ik heb er alleen maar van gedroomd, overdag en 's nachts, omdat het me een verworvenheid leek, een soort schoonheid en veiligheid waarnaar ik verlangde en die me minder in het verborgene zou doen leven dan ik tot dan toe gewend was. Al die verbolgen monologen die ik in mijn hoofd vloeiend afstak en die in al die vijfendertig jaar van mijn leven geen mens ten gehore kwamen, worden overbodig door deze directe opruiming van iedere grief. Soms ben ik verbijsterd over mijzelf, over het vertrouwen dat ik in hem stel en soms maakt het me bang, omdat het veel minder leuk is om ruzie te maken dan ik verwacht had. Tijdens het interview zegt Ischa dat ruziemaken in zijn ouderlijk huis de enige manier van communiceren was en dat het voor hem daardoor nog steeds een vorm van tederheid is.

'Dus als ik met iemand ruziemaak dan is het goed aan,' zegt hij.

Van pure opluchting schiet ik in een nerveuze lach. Hij weet wat er in me omgaat. Ik vraag me af of dit zo blijft, of hij er steeds opnieuw in zal slagen mij gerust te stellen.

Na de vakantie zal hij aan Tas vragen of hij de uitzending gezien heeft, of hij mij gezien heeft.

'En wat vond je van haar?'

Tas zei dat hij me leuk vond en dat ik mooi glimlachte.

'En veel,' had Tas gezegd, 'uit verlegenheid.'

'Dit gaat zo niet!' gilt hij de volgende ochtend, als ik radeloos tussen koffer en koffiepot hol, omdat ik niet weet wat ik het eerst wil, pakken of zitten.

'Ik ben zelf al zo zenuwachtig en druk en als jij ook precies zo bent, dan loopt het uit de hand. Iemand moet hier het hoofd koel houden.'

'Kun jij dat deze keer doen,' smeek ik, 'dan doe ik het de volgende keer?'

Hij grinnikt. Ik weet waarom. Iedere toespeling op de toekomst maakt hem lacherig, want hij weet nog niet of hij zichzelf kan vertrouwen, hij weet nog niet zeker of wij toekomst hebben en er niet gebeurt wat tot nu toe gebeurde, dat hij het op een dag voor gezien houdt, dit nog weken- of maandenlang uit angst en schaamte verzwijgt, om dan van de ene minuut op de andere uit het leven van iemand te verdwijnen.

Je hoort weleens van die verhalen over mannen die 's avonds even een pakje sigaretten om de hoek gaan halen en dan nooit meer terugkeren; zo'n man doemt er voor mij op als ik vraag hoe dat verlaten dan in zijn werk ging. Of die vrouwen dan niks in de gaten hadden, vraag ik hem, in de weken of maanden daarvoor, of ze niet aan hem merkten dat hij een verschrikkelijk besluit genomen had en alleen maar wachtte op het juiste moment om het waar te maken.

'Niet dat ik weet,' zegt hij narrig.

Dat zal mij niet gebeuren, denk ik en even later zeg ik dat ook. Het lijkt hem te verheugen, maar hij vraagt toch maar even waarom ik dat denk, ook al loopt hij dan het gevaar zijn eigen blijdschap om zeep te helpen.

'Ik vind jou juist zo prachtig doorzichtig,' zeg ik.

Soms moet hij erg om me lachen.

In New York hebben we nauwelijks tijd om over te stappen op het vliegtuig naar Los Angeles en we redden het alleen door via een buitenpad naar een andere hal te hollen, met onze koffers in de hand. De deur van het vliegtuig gaat direct dicht nadat we ingestapt zijn en we kijken elkaar bezweet aan.

'We kunnen goed samen reizen,' zegt hij glunderend.

Ja, dat kunnen we.

Het is iets wat ik van mijzelf weet, maar wat me op reizen des te duidelijker wordt, omdat je er toch van uit mag gaan dat reizen onder meer ondernomen worden om andere landschappen en andere steden te zien. En bij mij werkt dat zien heel slecht. Panorama's, woestijnen, heuvellandschappen, pittoreske dorpjes en pleinen, zeeën, rivieren en meren, ik bewaar slechts fracties van herinneringen aan hun schoonheid. Wat ik me herinner zijn gedachten, gesprekken, stemmingen, en die zijn allemaal verbonden aan degene met wie ik de reis maakte, aan de persoon die naast me liep, die met me at en sliep en die altijd meer zag dan ik, die in zekere zin voor mij naar het landschap keek.

Ischa heeft een minutieus geheugen voor omgevingen. Eenmaal op de Pacific Coast Highway 1-North kondigt hij regelmatig aan wat voor duizelingwekkend beeld me na de volgende bocht te wachten staat, dat we even halt zullen houden in Santa Barbara om op de pier de lekkerste clam chowder van Californië te nuttigen en dat we dan doorknallen naar een vervallen uitspanning aan de kant van de weg, ergens tussen Guadelupe en San Luis Obispo, waar hij me kennis zal laten maken met de beste hamburger die ik ooit in mijn leven heb geproefd. Mocht ik dan nog niet tevreden zijn, dan zal hij me voorbij San Luis Obispo ijlings van de Highway 1 op de 101 leiden om mij aan de oevers van het Santa Margarita Lake te midden van een aantal hopeloze alcoholici neer te poten en mij mijn eerste Bloody Mary te offreren, waarnaar ik op dat moment ongetwijfeld al urenlang zit te snakken, want leer hem zijn vrouw kennen.

Ik herinner me het geluk.

Het was zo groot dat het pijn deed.

Ik herinner me ook dat ik naar hem keek en duidelijker dan tevoren zag dat hij dat ook had, dat hij net zo gelukkig kon zijn als ik, dat ik hem het meest herkende in de manier waarop hij gelukkig was. Ook zo iemand die het bijna te veel werd, die ervan ging krijsen en gillen, zoals je van woede kunt krijsen en gillen, dat de drift van het geluk daarmee verwantschap toonde bij hem en bij mij, met drieste wanhoop en woede.

'Heb je het leuk met me?' vraagt hij.

'Ja,' antwoord ik, 'ik ben stampvoetend gelukkig.'

'Het klinkt misschien heel gek wat ik nu ga zeggen,' zegt hij opeens heel bedachtzaam, 'maar je bent de eerste vrouw die op mij lijkt. En ik weet niet eens hoe ik dat bedoel. En wat nog veel erger is, is dat het me tot op heden ondenkbaar en bovendien uiterst onaangenaam leek met iemand te zijn die ook maar in de verste verte op mij zou lijken, maar dat het in plaats daarvan zeer aangenaam is.'

'Ik begrijp het,' zeg ik.

'Rampzalige vrouw,' zegt hij en hij legt een hand in mijn nek die daar de komende two hundred miles blijft.

Ischa kan niet rijden, ik ben de chauffeur, ik zit achter het stuur van een grote, witte Chevrolet Cavalier en hij zit naast me. Het is voor het eerst dat we samen in een auto zitten en zoals zoveel op deze reis, is het niet onbelangrijk hoe zoiets gaat, dat samen. Laatst, in bed, mompelde hij in een halfslaap dat dit voor hem al heel lang en heel veel is. Ik vroeg hem wat 'dit', wat 'lang en veel'.

'Lepeltje-lepeltje,' zei hij.

Zoiets heb ik in de auto. Ik kan niet iedereen naast me verdragen, het is als in bed, te dichtbij en te onontkoombaar.

Hij houdt ervan zo rondgereden te worden, dat voel ik. Net als ik suddert hij genoegzaam in zo'n auto en wordt lekker nadenkend. De pink van zijn rechterhand zit vol eeltknobbels. Hij steekt hem in zijn mond en bijt erop als hij peinst. Hij peinst vol genot.

Aan de voorgeschreven rustpauze om de twee uur heb ik me nog nooit gehouden; ik kan gemakkelijk zes, zeven uur onafgebroken achter het stuur zitten en dan zie ik nog op tegen het moment dat ik moet stoppen en die blikken schelp moet verlaten.

In San Simeon parkeren we de Chevy op het terrein van een Best Western aan de rand van de stad. Voordat ik de auto verlaat klop ik met mijn vlakke hand op het dashboard en zeg tegen hem dat hij een fijne Chevy is en dat pappie en mammie hem nu een poosje alleen moeten laten om wat te gaan eten en slapen, maar dat we morgenvroeg weer terugkomen. Ischa moet erom lachen, niet omdat hij het vreemd vindt, maar omdat hij het herkent en nu van zichzelf vindt dat hij zich te vaak bedwingt om het ook te doen.

De Best Western aan de kust van de Pacific Ocean is het eerste van de tientallen motels en hotels die we in de komende jaren in Amerika zullen aandoen. Nagenoeg alle Best Westerns zullen eruitzien als dit eerste motel, een grijs gebouw met twee verdiepingen, waarvan de bovenste verdieping een galerij heeft, soms met stoeltjes, soms zonder. Eenmaal in het appartement loopt Ischa rond alsof hij thuiskomt. Verheugd stormt hij de badkamer in en komt met twee glazen in zijn handen naar buiten.

'Dag glaasjes,' zegt hij, 'wat leuk om jullie weer te zien. Dit keer neem ik er eentje mee naar huis,' voegt hij eraan toe. Het zijn drinkglazen met de opdruk *Best Western Independent Worldwide Lodging*. Hij zegt dat hij dit het prettige van Amerika vindt, dat waar je ook gaat of staat, ze overal dezelfde taal spreken, dezelfde motels bouwen, er dezelfde malls, supermarkten, restaurantketens opduiken die dan ook nog eens overal hetzelfde ingericht zijn en hetzelfde voedsel toebereiden als op iedere andere plek in dit immense werelddeel.

'Hoe zou je anders zo'n land ook bij elkaar kunnen houden,' zegt hij, 'als je niet van de ene naar de andere staat kunt rijden en zeker weet dat je bij McDonald's in Cleveland met dezelfde woorden dezelfde hamburger-de-luxe kunt bestellen als thuis in Houston.'

'Het lijkt op religie,' zeg ik.

'Dat is precies wat het is,' zegt hij, 'het is religie!'

Hij is degene die beslist wanneer we vertrekken en het moment komt altijd abrupt. Meestal hou ik ervan, het ontslaat mij van ieder initiatief en zelfs van het besef van tijd, van het letten op het uur. Vanaf de dag dat ik bij hem ben is de tijd iets van hem.

'Mijn man en ik hebben een duidelijke verhouding,' zeg ik quasi alsof ik het tegen iemand anders heb, 'hij is de baas.'

'We gaan,' zegt hij, meer niet. Terwijl hij het zegt, staat hij op en dat bevalt me er het minste aan, want ik kan wel iets meer ruimte gebruiken tussen die aankondiging en het voltrekken ervan. Ik heb het al een paar keer tegen hem gezegd en vanavond zeg ik het weer.

We hebben niet eens onze koffers uitgepakt of een douche genomen voordat we een restaurant opzoeken. *Wait to be seated* staat er bij de ingang en dat doen we ook.

'Ik stink toch niet?' vraagt Ischa.

Ik heb een man nog nooit zo lekker vinden ruiken als Ischa en dat antwoord ik hem. Hoewel hij er niet genoeg van kan krijgen, maken complimenten hem ook ongelovig en verlegen.

'Zeg dat nog eens,' zegt hij licht blozend, 'maar wel weer met dat Limburgse accent, misschien dat ik het de tweede keer kan consumeren.'

Ik zeg het nog een keer.

'Echt waar?' vraagt hij.

'Oprecht echt,' zeg ik en zet die ch's nog eens extra vet aan, zodat ze traag en zacht naar buiten glijden, want ik weet dat hij dan moet lachen en dan moet die nijpende verlegenheid wel van zijn keel af om plaats te maken voor de lucht van zijn lach.

Na het eerste glas Cabernet Sauvignon vertrekken de mijlen uit mijn spieren. Ischa heeft voor mij besteld, steak en lobster tail. Terwijl we wachten neemt hij de andere gasten in het restaurant door, verzint hele verhalen over ze en grijpt zo nu en dan naar zijn boekje om iets op te schrijven.

'Zie je die man? Je ziet hem voortdurend een beetje radeloos denken: wat ben ik ook al weer? Oh ja, getrouwd.'

Als het eten komt voorspelt hij me dat dit de lekkerste maaltijd is die ik ooit in een restaurant geserveerd kreeg. Dat is ook zo.

'Vind je dat nu ook geen veilige gedachte,' vraagt hij, 'dat waar je ook zult gaan in dit land, dat je overal zo'n fijne steak met lobster tail kunt krijgen, maar dan ook overal?'

Ik vind dat inderdaad een prettige gedachte. Ik zeg hem dat wat hij over dit eten zegt, me doet denken aan wat hij over hoeren schreef, dat ze die wereldwijde beschikbaarheid gemeen hebben met het voedsel in Amerika.

'Daar heb ik nog nooit aan gedacht,' zegt hij zacht. De zenuw bij zijn rechteroog trilt een beetje. Misschien moet ik dat soort dingen ook niet zeggen.

Het blijft even stil. Daarna kijkt hij me flonkerend aan.

'Was ik David

schreef ik psalmen,

niet voor de Heer,

maar voor Connie Palmen,'

dichtte hij.

'Het kwam me zomaar aanwaaien,' voegt hij er blozend aan toe.

Iedere tafel in het restaurant is bezet als hij besluit dat we gaan. Vanaf het moment van die aankondiging wordt hij onrustig. Over en langs me heen kijkend probeert hij de aandacht van het aardige meisje dat ons bediende te trekken. Hij heeft al drie keer met zijn creditcard naar haar gewuifd en zij heeft het wel in de gaten, maar ze heeft haar handen vol aan het bedienen van een aantal tafels.

'Jaag haar toch niet zo op,' zeg ik.

Ze laat niet eens zo lang op zich wachten, maar eenmaal aan onze tafel verontschuldigt ze zich.

'Sorry I kept you waiting.'

Ze loopt weg met de rekening en de creditcard. Half lacherig herhaal ik haar excuus en zeg tegen hem dat hij anderen zo tergend kan opjagen, dat hij ervoor zorgt dat iemand zich bij hem moet verontschuldigen omdat hij even heeft moeten wachten, maar waarop wacht hij dan in vredesnaam, op Godot of zo?

Eerst is hij verbaasd, dan niet meer, dan ben ik het. Hij glijdt van zijn stoel onder tafel en houdt zijn buik vast van het lachen.

De volgende ochtend wordt hij grinnikend wakker.

'Godot, Godot,' lacht hij, 'het is zo geestig en het is zo waar. Het is het diepste wat iemand ooit over mijn wezen gezegd heeft.'

Vanaf de balustrade van het motel kijken we uit op rotskust en de Pacific die daar tegenaan klotst. Ischa is die ochtend als eerste klaar en staat schoon en geurend buiten naar de oceaan te kijken.

'Schiet een beetje op!' roept hij door de openstaande deur, maar ik hou er niet van om me te haasten en in de ochtend al helemaal niet.

Hij komt in de deuropening staan en mompelt iets. Ik trek wit weg en kan wel huilen.

'Waarom was je daarnet zo ontdaan?' vraagt hij als we achter ons ontbijt zitten.

'Om wat je zei.'

'Maar wat zei ik dan?'

'Je zei: "You've seen one, you've seen them all." Dat zei je. En dat is heel erg, voor mij. Want ik wil niet dat het gaat zoals bij die anderen, ik wil dat het tussen ons bijzonder is.'

Hij is onder de indruk dat ik zoiets banaals zeg. Hij noemt het randje gevoelskitsch. Hij zegt dat hij zoiets nooit zou durven zeggen, hij zegt dat hij niet tegen me op kan en dat hij daarom een kind van me neemt of op z'n minst met me gaat trouwen, straks, als we in Las Vegas zijn.

'Wil je dat?' vraagt hij.

Ik wil dat wel, maar ik doe dat niet. Ook dat lijkt me te veel op wat hij al gedaan heeft.

'Jij houdt te veel van scheiden,' zeg ik.

Hij trouwde en scheidde, ik weet niet eens hoe vaak, laat staan met en van wie. Hij wekt soms de indruk dat hij het ook niet meer weet. Ik vraag niet naar andere vrouwen, want het ontbreekt me aan iedere nieuwsgierigheid naar de details van dat onderdeel van zijn verleden. Het enige wat ik van hem wil weten is waarom hetzelfde zich steeds herhaalde, waarom hij geen inzicht verworven heeft in de structuur van de verlating.

Van een bezoek aan het landgoed van William R. Hearst is me minder bijgebleven dan van de eerste supermarkt die we binnengaan. Dit zijn de gebouwen waar je Amerika leert kennen. We bestuderen de rekken met voedsel alsof het een historische bibliotheek betreft. De doodsangst van de Amerikanen schreeuwt je vanaf iedere verpakking tegemoet. Nog voordat je ziet wat er wél in een doos of pot zit, kun je lezen wat er in ieder geval níet in zit, dat het fat-free, sugar-free of cholesterol-free is.

Ischa beent er vergenoegd rond, kijkt omhoog, naar links en rechts en wordt vrolijker met iedere stap die hij zet.

'Oh, wat hou ik hier toch van,' verzucht hij.

Bij de afdeling vleeswaren buigt hij zich over de rand van de koelinstallatie. Keurig naast elkaar glanzen immense stukken verpakt vlees ons tegemoet. Hij spreidt zijn beide handen, legt ze lief om een biefstuk van algauw een kilo of twee en krijt olijk: 'Hi folks! How are you doing today?'

Ik sta achter hem, sla mijn armen om zijn middel, druk mijn gezicht tussen zijn schouders en leg mijn handen op zijn buik. 'Hi handsome,' zeg ik. Ik heb zin om te janken.

'Wat is er?' vraagt hij een beetje lacherig.

Ik weet het niet goed, het heeft met permanente ontroering, met geluk, met liefde te maken. Nu we vierentwintig uur per dag bij elkaar zijn ben ik ook vierentwintig uur per dag aangedaan door zijn aanblik en soms word ik daar moe en bang van. Hij legt zijn hand in mijn nek en glimlacht naar me.

'Denk je dat onze verhouding lang zal duren?' vraagt hij.

'Ja,' zeg ik, 'heel lang, altijd.'

Op weg naar Salinas, waar we de nacht door zullen brengen, doen we Monterey aan. Met een niet te onderdrukken spot zegt hij dat ik daar toch voor heb doorgeleerd, voor literatuur, en dat ik in Monterey dan maar eens die oude Steinbeck moet gaan eren door zo bevallig en meisjesachtig mogelijk over die Cannery Row te flaneren, zodat ik eens zie waar die man het nu echt over had. Hij legt me uit hoe belangrijk dit altijd voor hem is, om datgene waarover hij leest in werkelijkheid te zien, omdat hij anders niet kan begrijpen waar al die teksten over gaan. Ik heb dat niet, maar als we pratend over Cannery Row lopen en The Fisherman's Wharf bezoeken, begint me te dagen wat hij bedoelt en dan bewonder ik hem om de eis die hij aan zijn eigen begrip stelt. Het verschil tussen zijn manier van lezen en de mijne fascineert me, maar behalve bewondering te voelen, bekruipt mij ook het onaangename gevoel dat ik iets moet verdedigen, alsof ik tot nu toe slordig en zonder nieuwsgierigheid las, te veel voor lief aannam waarvan ik geen verstand had en kennis veronderstelde die ik niet bezat.

'Ik heb me nooit wijsgemaakt dat ik iets wist wanneer ik het niet echt wist,' zegt hij. 'Je kunt wel zo'n heel boek lezen en op iedere bladzijde Cannery Row zien staan, maar je weet nu pas wat er echt staat. Nu weet je dat het betekent dat je door een soort inblikgleuf loopt en onder zo'n uithangbord *Sardines and Co Inc.* moet schuifelen.'

'Ja maar, ik lees heel anders.'

'Jij hebt geen oog voor omgevingen,' zegt hij, 'dat kun jij helemaal niet aan. Jij bent een ideeënvrouw.'

In de auto zegt hij: 'Het enige wat mensen willen is gerustgesteld worden.'

'Mooi,' zeg ik.

'Dat is nu eens mijn eigen Bildungsidee,' voegt hij er trots aan toe.

De kranten staan vol over de biografie van Nancy Reagan, geschreven door Kitty Kelley. Die vrouw zou hij met plezier willen interviewen, heeft hij gezegd.

Nog geen half jaar later zal hij haar al ontmoeten, in Amsterdam. Hij begeleidt haar als gids door het Red Light District. 'Een straathondje in Chanel-verpakking' zal hij haar noemen in de column die hij de ochtend na de ontmoeting met Kitty Kelley over haar schrijft. Hij voert haar weg van de Wallen en neemt haar mee naar de Ruysdaelkade. Daar belt hij aan bij een hoer en neemt haar mee naar binnen. Die ochtend zal ik, nadat ik de column gelezen heb, in huilen uitbarsten en tegen hem zeggen dat het me gek maakt van jaloezie te weten dat hij haar meenam naar de hoeren.

We hebben Kelley's biografie her en der al zien liggen, in winkels die we onderweg aandeden, maar we kopen het boek pas als we de volgende dag in San Francisco aankomen. Het is woensdag en omdat Ischa morgen een *Dikke Man* moet inleveren, zoeken we een motel waar het voor hem rustig genoeg is om te werken. Voordat hij kan beginnen moeten we nog een draagbare typemachine kopen.

Zoals steeds leidt Ischa me met het grootste gemak door zo'n stad. Via de Oakland Bridge, een imposante laan van staal, rijden we de stad binnen die door Scott McKenzie bezongen werd op mijn allereerste 45-toerenplaat. Ga hier maar eens naar links en dan nu naar rechts. Hij heeft een zesde zintuig voor hotels, restaurants, buurten, voor onderkomens. Iedere keer duikt er wel een motel of hotel op waar volgens het uithangbord nog kamers vrij zijn. Dit keer belanden we in de Flamingo Motor Inn, een motel midden in de stad, in de 7th Street, op loopafstand van Union Square. Aan de overkant van het motel is een hotel van waaruit hij zijn Dikke Man naar Nederland kan faxen. Voordat we een winkel opzoeken waar we een draagbare typemachine voor hem kopen, duiken we de bar van het hotel in en nemen we – why not – een Bloody Mary voor mij en een wodka lime juice voor hem. Het is er tijdloos donker, zoals het hoort, en het is deze bar in San Francisco die me de blauwdruk levert van alle bars waarvan ik daarna in mijn leven zal gaan houden. Dat zal ook wel aan die barkeeper gelegen hebben.

Ischa raakt met hem in gesprek. De barkeeper heet Laszlo en ze hebben het over Blue Velvet van David Lynch. Scène na scène wordt te voorschijn getoverd in de duisternis van die bar, waar twee mannen opeens op Dennis Hopper lijken, hun zuurstofmaskers tegen hun mond zetten, luidruchtig inhaleren en broeierige blikken op Isabella Rossellini werpen, die daar lacherig van wordt, maar die het spel niet wil bederven met haar gegiechel, daarom van lieverlede In Dreams gaat hummen en tegen een van hen 'Mummy loves you' kreunt.

'Er is geen film die ik beter begrepen heb dan deze film,' zegt Ischa tegen mij. Daar kan ik me wel iets bij voorstellen en ik glimlach naar hem.

'Seks, angst en onvermogen,' zeg ik.

Ischa weet zich geen raad. Hij slaat een arm om me heen en krijst tegen de barkeeper: 'This is the real disaster: my wife understands me!'

We hebben zin om dronken te worden, allebei, en we blijven zitten aan ons tafeltje, bestellen de ene wodka na de andere, praten over die film, over *De Dikke Man*, of hij hem wel of niet in Amerika zal laten spelen. We zitten er al ruim een uur, als een mooie vrouw de bar binnenkomt, Laszlo met een achteloze zoen begroet, haar jas achter de bar hangt en aan de slag gaat met het spoelen van wat glazen. Zij wordt begroet als Naomi.

'Dit is nou wat ze hier een JAP noemen,' vertelt Ischa, 'een rasechte Jewish American Princess.' Hij bekijkt de vrouw langdurig en luistert ingespannen mee als de telefoon gaat en zij de barkeeper via gebaren duidelijk maakt dat ze er niet wil zijn voor degene die belt. Ik keur die vrouw nauwelijks een blik waardig, want ik ben jaloers. Daar schaam ik me voor en volgens mij jaag je een man de stuipen op het lijf als je je naar je jaloezie gaat gedragen, dus ik probeer het niet te laten merken, maar dat gaat bijna niet, want mijn stem klinkt opeens heel kregelig als ik probeer Ischa's aandacht terug te krijgen door mijn hartgrondige afkeer te uiten over dat soort verraderlijk gedrag van mensen die achter de rug van iemand gebaren staan te maken of met hun mond geluidloos boodschappen vormen, om bijvoorbeeld te liegen dat ze ergens niet zijn waar ze wel degelijk zijn, oh, wat haat ik dat, dat kan ik je niet zeggen hoezeer ik dat minacht.

'Dan had je mijn moeder eens moeten zien,' zegt Ischa lacherig en hij doet haar na. Ik kan zien dat hij haar helemaal tot in zijn mondhoeken voelt als hij voordoet hoe ze, zonder de woorden uit te spreken, met haar lippen overduidelijk 'vekante keer' vormt en daarbij een paar maal met haar linkerhand op de rug van haar rechterhand tikt. Hij moet er zelf hartelijk om lachen en ik lach mee, maar ik heb met Ischa te doen. Het lukt me niet om mijn compassie weg te lachen en mijn ogen gaan schrijnen en er komen tranen in die ik niet kan tegenhouden.

'Wat is er nu weer?' vraagt Ischa met deels gespeelde, deels echte verbazing. Eigenlijk vind ik mijn verdriet ook ongepast en overdreven en voordat ik het weet heb ik het gezegd, heb ik gezegd dat ik volgens mij huil omdat hij het niet doet.

'Nou, dan kun je wel bezig blijven,' zegt hij en ik schrik van de lichte irritatie in zijn stem. Die irritatie is natuurlijk volkomen terecht, vind ik opeens, wie denk ik verdomme wel dat ik ben. Ik probeer mijn opmerking gewicht te ontnemen door te zeggen dat ik ook jaloers was, op de aandacht die hij had voor die mooie vrouw en dat ik het zo akelig vind om jaloers te zijn.

'Maar ik vind dat een verschrikkelijk soort vrouwen,' zegt hij verontwaardigd, 'daar wil ik nooit, maar dan ook nooit iets mee te maken hebben. We gaan,' zegt hij dan. 'Ik moet nog tikken.'

Op Market Street koopt hij een kleine, felrode, draagbare typemachine. Voorzien van een pak papier, twee blikjes Diet Coke en een pakje Merit installeert hij zich achter het tafeltje in de motelkamer. Er hangt nog een restant grimmigheid om hem heen, maar ik besluit er niet te veel aandacht aan te besteden. Laat hem eerst maar eens zijn Dikke Man tikken, daarna zien we wel weer. Hoewel we het gewend zijn om samen in een kleine ruimte te verblijven en hem dat ook niet belemmert om aan het werk te gaan, denk ik er dit keer verstandig aan te doen om hem alleen te laten. Dat is niks voor mij en ik heb ook helemaal geen zin om in mijn eentje door San Francisco te gaan slenteren, want ik zie toch niks, maar ik weet dat je soms dingen moet doen tegen je zin en ik denk dat zoiets nu aan de hand is.

'Waar ga je dan naar toe?' vraagt Ischa.

Ik zeg dat ik even die winkelstraat in loop, wat luchtigere kleren ga zoeken, omdat ik het in die van mij te warm heb.

'Ga dan naar Macy's,' zegt hij, 'daar hebben ze tenminste chique spullen, want ik wil dat je er mooi uitziet.'

Hij probeert het wel, dat merk ik, maar hij kan zich niet opgewekter voordoen dan hij is. Hij wil twee *Dikke Mannen* achter elkaar tikken, zegt dat hij ongeveer anderhalf uur bezig is en dat ik dan terug moet zijn, want dan wil hij met mij de stad in. Hij heeft helemaal geen zin om te tikken, zegt hij.

Buiten stoort het zonlicht me en ik spoed me naar Macy's, om zo snel mogelijk van het daglicht af te zijn. In het warenhuis voel ik me verlaten. Het is voor het eerst sinds dagen dat ik hem niet aan mijn zijde heb en ik schrik ervan dat ik van anderhalf uur zonder hem niks kan maken, dat ieder plezier uit me wegebt en ik rondloop als een wandelend gemis. Bij iedere stap spreek ik mijzelf bestraffend toe, dat dit te gek is voor woorden, dat ik met elke vezel van mijn lichaam aan hem hang, niets meer de moeite waard vind zonder hem, dat ik daartegen moet vechten, dat het ongezond is, dat ik me moet herinneren zoals ik was, een einzelgänger, iemand die ervan kon genieten alleen te zijn, alleen rond te struinen en kleren te kopen. Bij elke roltrap die me omhoog voert word ik somberder. Op iedere etage loop ik zoekend rond en vind niks wat ook maar in de buurt komt van wat me bevalt. Als ik uiteindelijk op de bovenste etage beland, waar ze een aparte afdeling petite hebben, realiseer ik me pas dat ik met twee paar ogen kleren zoek en dat ik daar zenuwachtig en onzeker van word.

De tijd dringt. Ik gris wat kleren uit een rek, een rok en een blouse, de meest truttige die er tussen al deze valse riche te vinden zijn. In de spiegel herken ik mezelf nauwelijks, zo verkleed zie ik eruit, maar ik ben gehaast en ik word vriendelijk geholpen door een verkoopster, die een nog kleinere maat voor me opdiept van een belachelijke rok en die ik dus dankbaar moet zijn voor de moeite. Na tien minuten heb ik voor driehonderd dollar twee kledingstukken afgerekend en ik hol ermee door de straten van San Francisco, treurig en opgejaagd, want ik ben langer dan anderhalf uur weggebleven.

Ischa is woedend. Zo kwaad heb ik hem niet eerder gezien. Deze woede kan niet alleen veroorzaakt zijn omdat ik tien minuten later ben dan hij verwacht had, die is zo buitensporig dat ze te maken heeft met iets waaraan ik niet in mijn eentje schuldig ben, aan iets buiten mij, van toen ik er nog helemaal niet was. En zelfs als dat niet zo zou zijn, dan maakt die gedachte mij in ieder geval kalm. Hij voelt zich getergd, misschien al door die opmerking van mij in de bar en nu door dit te laat komen, misschien zelfs doordat ik even weg ben gegaan, zonder hem die stad inging, hoe dan ook moet alles wat ik de afgelopen uren deed op hem overgekomen zijn als pesten, als een strategisch, doelbewust pesten. Omdat ik nu zelf maar één ding zeker weet, namelijk dat het dat niet was, maakt zijn woede me niet bang en word ik heel rustig. Terwijl hij nog wat schimpt en schampt, open ik de tas van Macy's en stal de kleren uit die ik kocht. Het is nog veel erger dan ik dacht. Het zijn de lelijkste, raarste kleren die ik ooit gekocht heb. Zonder me te storen aan zijn weerbarstige gezicht, wijs ik op die kleren en ik doe hem zorgvuldig en minutieus verslag van honderd minuten eenzaamheid in Macy's, San Francisco, wat me allemaal door mijn hoofd schoot, hoe ik hem miste en hoe gek ik me daardoor voelde, hoe neurotisch. Zijn gezicht klaart al een beetje op, maar hij geeft zich nog niet helemaal gewonnen. Pas als hij met de volgetikte vellen gaat schuiven en vraagt of ik die Dikke Mannen eigenlijk nog wil lezen, weet ik dat we het ergste achter de rug hebben.

'Geloof je weer in me?' vraag ik voordat ik met lezen begin.

'Nou, dat wou ik nog even in het midden laten,' zegt hij, maar dan grijnst hij alweer en moet ik hem van pure opluchting eerst omhelzen.

'Rampzalige trut,' zegt hij. 'Als je nog een keer te laat komt sla ik je tot bloedpap.'

Pas dagen later duikt er in De Dikke Man een Duidelijk Joodse Prinses op in een morsige bar in de Zevende Straat te San Francisco en speelt ze de mime van de aanwezige afwezige met de barkeeper Laszlo. Uit Ischa's beschrijving komt ze me in haar kilheid nog net iets te aantrekkelijk voor, maar door het lezen ervan herinner ik mij die ruzie en ik zeg er niks van. Ik zeg hem die avond dat ik het een mooie Dikke Man vind en dat het een prachtige vondst van hem is om dat geluidloze lippenspel heel achteloos neer te zetten in zo'n bijzinnetje: 'alsof zij alsnog een carrière bij de stomme film begeerde.'

Hij grijnst dan, trots en verlegen. Voorlopig begin ik maar even niet over het verlangen naar angst en spanning als het om vrouwen gaat.

Zodra ik bij hem ben kan ik weer aan iets anders denken dan aan hem. Vanaf de dag dat we deze reis begonnen tolt het door mijn hoofd dat het op onvermoede wijze juist dit land is waar ik meer ga leren begrijpen van mijn geschiedenis. Voor mij is dat opwindend en bevreemdend. Ik heb net een boek de wereld in gestuurd dat over zoiets als vorming gaat, terwijl mij hier iets heel anders duidelijk wordt over hetzelfde. Tegen Ischa kan ik er maar niet over uit hoe raar ik af en toe word van het besef dat ik meer verwantschap voel met Amerika dan met zo'n land als Griekenland, terwijl ik nota bene op de beroemdste Griek aller tijden ben afgestudeerd, hoe ik me verveelde in Griekenland, doordat ik maar niet zag wat ik met dit land had uit te staan en ik me daaraan ergerde, omdat de anderen met wie ik reisde wel doordrongen leken van godweetwat, het gevoel dat onder de Akropolis de wortels van onze cultuur liggen of zo.

Zoals ieder begin van denken, begint het in Amerika ook met woorden, met paren van woorden beter gezegd, en zonder nog precies te weten wat me moet gaan dagen, weet ik wel dat het gaat om feit en fictie, schijn en werkelijkheid, het banale en het sacrale. Zulke woorden zijn omvangrijk, de meest kale die ik kan bedenken en met behulp van de grote woorden probeer ik iets kleins te begrijpen, iets wat zich voor mijn ogen afspeelt en wat me fascineert, iets van hem, iets waarmee ik zelf worstel. Denken is nooit onpersoonlijk. Hoe abstract het ook kan worden, het denken begint als een poging om een persoonlijk probleem op te lossen.

Het is toch wonderlijk, vertel ik hem, om na drie dagen Californië meer plaatsen bezocht te hebben die verbonden zijn met mijn eigen geschiedenis en die van de mensen met wie ik opgroeide, dan tijdens de pakweg twintig reizen door Europa die ik vanaf mijn achttiende maakte. Tot voor drie dagen dacht ik zelfs dat ik ongeschikt was voor reizen, dat ik maar beter binnenskamers kon blijven, omdat er dan meer in mij opkwam dan wanneer ik andere landen bezocht en mijzelf almaar moest afvragen waarom ik toch niks zag, waarom ik met geen mogelijkheid onder de indruk kon raken van kerken, kathedralen, musea en ruïnes waarvan anderen wel degelijk ontroerd raakten of waardoor ze lekker beschouwelijk werden en benijdenswaardige inzichten kregen over de herkomst van hun ideeën, emoties en wat al niet meer.

'En ik maar niks zien,' klaag ik overdreven tegen Ischa, 'en maar ronddrentelen over de plavuizen van die ellendige Stoa, handen op de rug, starend naar de grond en werkelijk geen

gedachte die in mij opkomt, nul komma niks, niks geen voor-
stellingen, niks geen inzichten, niks geen ideeën. En dan verveel ik me, als ik niks te denken heb, verveel ik me.'

'Verveel je je bij mij?'

'Geen seconde.'

Slenterend door het centrum zijn we even neergezegen op een
terras in de buurt van Union Square. Ischa vraagt of hij eens een
slag in de richting mag doen, waarmee het misschien te maken
kan hebben.

Natuurlijk. Graag.

'Het heeft met leven te maken,' zegt hij zelfverzekerd. 'Ik wil
mijzelf niet op de borst kloppen, maar volgens mij ben je door
mij meer gaan leven, ben je minder bang voor het leven.'

Het lijkt me zo waar dat ik ervan schrik.

Meer.

Hij neemt er alle tijd voor. Wat hij zegt verbijstert me. Zoals
hij over me praat is het alsof hij me vanaf kindsbeen kent, alsof
hij naast me opgroeide, in hetzelfde gezin, en vanuit een
onzichtbare plek naar me keek, hoe ik me bewoog tussen mijn
broers, hoe ik omging met mijn vader en mijn moeder, hoe ik
mijn angsten en mijn moed ontwikkelde en me na tweeëntwin-
tig jaar jeugd terugtrok op een kleine kamer in de Jordaan in
Amsterdam om even niets meer te hoeven meemaken en alleen
maar te leren, uit de boeken. Mijn ouders noemt hij bij hun
voornaam. Zodra hij het over Mia heeft wordt zijn gezicht
zacht, want haar begrijpt hij het beste van iedereen. Hij vindt
dat ik onvoldoende zie hoeveel ik op haar lijk, maar dat zegt hij
ook om mij de ogen te openen voor hemzelf. In alles waarin ik
haar volgens hem tekortdoe, schuilt iets wat hij over zichzelf
denkt en waarvan hij hoopt dat ik het leer onderkennen.

Hij zegt dat het hem verbaast dat iemand als ik, die zo goed kan leven, zich heeft opgesloten en haar levenskunst zo weinig heeft toegepast. Soms heeft hij het gevoel dat hij me ergens in een kelder gevonden heeft, onder een berg muffe aardappelen te voorschijn haalde, me bij de hand nam, naar buiten voerde en het licht liet zien. Alsof ik het mijzelf verboden had om mij te vermaken en dat iemand mij permissie moest geven om te gaan genieten en dat die iemand hij was. Hij zegt dat Amerika en hij voor mij hetzelfde betekenen, namelijk entertainment, leven, tegenwoordige tijd in plaats van dode, voorbije tijd, die ik niet met mijn eigen tijd kan verbinden. Dat ik eindelijk home ben, zegt hij.

'Maar ik heb toch al heel veel geleefd,' sputter ik nog tegen.

'Face it, Connie!' zegt hij.

Het is waar.

Het is verschrikkelijk waar.

Zonder het in de gaten te hebben is het later geworden dan we dachten. We zijn allebei melancholisch door dit gesprek en we besluiten om morgen meer van de stad te gaan zien en nu maar eerst te gaan eten.

'Zin in een kreeftje?' vraagt hij.

Altijd.

'Dan op naar een richtige Lebenserfahrung. Het is vlakbij.'

Met de zelfverzekerdheid van iemand die al jaren in deze stad woont draait hij een hoek om en stevent met trotse passen af op Sam's Grill.

'Hoe vind je het met me?' vraagt hij.

'Verrukkelijk. En hoe vind jij het met mij?'

'Dat zal ik je precies zeggen: ik ga heen en weer tussen totale verzaliging en tomeloze paniek.'

Daarna neuriet hij It's Now or Never.

We lopen allebei met een aantekenboekje op zak. Hij krabbelt een aantal keren per dag hele en halve zinnen neer, dwars over de ruitjespagina, aantekeningen voor *De Dikke Man*. Ik schrijf in een langwerpig, rood schoolschriftje, ook op geblokt papier, alles netjes op de onderste lijnen van de vakjes, hele zinnen, gedachten, opmerkingen van hem. Mijn handschrift is heel klein en voor hem zonder bril onleesbaar. Hij vindt het echt een handschrift van een filosoof, zegt hij.

Het zijne ontroert me. Ik zeg hem dat ik eraan kan aflezen hoe hij als kind was, hoe hij voorovergebogen aan een tafel zit met het puntje van zijn tong tussen zijn tanden en zijn best probeert te doen om netjes te schrijven en daarmee zijn vader te plezieren.

'Maar het is toch een volwassen handschrift, vind je niet?'

'Ja, maar er schemert ook een jongetje in door.'

'Vind je mij een volwassen man?'

'In wording, lieverd,' zeg ik, 'in wording.'

'I don't want money

I want Connie,'

dichtte hij.

Jack Kerouac is niet iemand van mij, het is iemand van mijn oudste broer Pierre. Wanneer we op de ochtend van de tweede dag in San Francisco de wandeling naar Columbus Avenue maken om de beroemde boekhandel City Lights te zien, stuit ik op een groot bord met Jack Kerouac Street. Het hangt op de hoek van een steeg. Het adolescentenhoofd van Kerouac kijkt me aan in zwart-wit en ik word helemaal wee van de gedachte aan mijn broer, omdat hier een beeld hangt van een man uit zijn jeugd. Hij en zijn beste vriend waren veertien of vijftien, toen ze zich omdoopten tot Dean Moriarty en Jack Kerouac. Vervoerd in de veilige auto van mijn vader waren ze nooit verder geraakt dan de Belgische Ardennen, maar in hun verbeelding waren ze roekeloze zwervers, zelfdestructieve dronkelappen, de gekwelde vertegenwoordigers van The Lost Generation. Ischa zegt dat ik altijd heel lief ben over mijn broers en dat is zo, dat gaat gewoon vanzelf, omdat ik veel van ze hou, maar ik weet dat het mij niet alleen amuseerde, maar ook irriteerde, dat spelen van Kerouac en Moriarty, net zoals het me amuseerde en irriteerde als mijn broer op een onzichtbare gitaar een solo mee-speelde, terwijl hij nog nooit een echte gitaar had aangeraakt.

'Jij bent veel te streng. Het is toch schattig, dat deden toch alle jongens op die leeftijd.'

'Weet ik wel, tenminste dat weet ik nu, maar toen dacht ik ook: get real!'

Ischa heeft bij City Lights zo'n enorme stapel boeken gekocht, dat we een taxi terug nemen naar het motel. Het zijn allemaal biografieën, waaronder die van Nancy Reagan, door Kitty Kelley. Ik vraag hem waarom er zo veel gedoe is rondom die biografie. Volgens hem komt het omdat de biograaf de historicus is van de contemporaine Amerikaanse geschiedenis en dat Reagan het historische toppunt heeft bereikt van het Amerikaanse heldendom: de filmster die president wordt van de Verenigde Staten. Hij zegt dat hij zelf een verschuiving heeft meegemaakt in zijn interesse. Dat hij vroeger, als hij mensen interviewde, het idee had dat hij achter hun verzwegen verhaal moest zien te komen, dat hij bij iedereen een geheim veronderstelde en dat hij dat aan de oppervlakte wou krijgen. Nu is hij het interview steeds meer gaan zien als contemporaine geschiedschrijving, waarbij al die levens een kijk bieden op onze werkelijkheid en de tijd waarin we leven. Als ik hem vraag wat dan het verschil is tussen de wetenschappelijke historicus en de biograaf, zegt hij zonder een seconde na te denken: 'Libido, Con.'

Later zal ik hem nog eens vragen naar het waarom van die ver-schuiving, waarmee het te maken heeft dat hij ophield te zoe-ken naar het geheim en zich voor de geschiedenis van iemand ging interesseren en dan zal hij zeggen dat het met zijn vader te maken heeft.

'We gaan die wijk waarin jouw vriend ronddoolde eens bekij-ken,' zegt hij in de middag. Ik begrijp het niet direct, maar met mijn vriend bedoelt hij Michel Foucault en met die wijk Castro. Dat is dus weer zoiets. Ik heb die biografie van Michel Foucault door Didier Eribon verslonden, maar ik heb zelfs op papier geen enkel gevoel voor omgevingen, dat de plaatsen waar iemand geboren en geweest is ook daadwerkelijk bestaan en dat je ze kunt bezoeken.

'Jij zet alles onmiddellijk om in fictie, zelfs je eigen leven,' zegt Ischa, 'dat is voor jou de manier om de werkelijkheid te kunnen hanteren.'

Iedere opmerking van hem maakt indruk op me, deze ook, maar ze is maar half waar. Ik kan niet zo snel vinden waar het hem precies in zit, of het een onvolledigheid is of iets anders en daarom zeg ik tegen hem dat het niet helemaal is zoals hij zegt. Het is geen omzetten, geloof ik. Fictie maakt deel uit van de werkelijkheid. Zodra je op een straathoek in San Francisco opeens in de ogen kijkt van Jack Kerouac en dan aan je oudste broer moet denken, aan zijn en aan je eigen jeugd, dan ben je toch niet bezig om fictie te maken van je bestaan, maar dan loop je tegen de fictie aan, dan is ze werkelijkheid, want wat is er wer-kelijker dan een straat, dan zie je hoe die schrijvers, personages, boeken, letters en verhalen onlosmakelijk verweven zijn met je dagelijkse leven, daar deel van uitmaken en daardoor in strikte zin geen fictie meer zijn, maar een levendig deel van je bestaan, van je geest en je blik.

'Heb je dat *On the Road* gelezen?'

'Nee, het liet me niet binnen. Mijn broer zat er al in.'

'Bezet,' zegt hij en ik vind zijn begrip zo liefdevol dat het pijn doet en ik er de tranen van in mijn ogen krijg.

'Weet je wat je met mij doet?' vraagt hij als we *De Dikke Man* naar Nederland gefaxt hebben. 'Je roept voor het eerst het verlangen naar bewaren in me op. Ik ga een fijn plakboek maken van mijn stukjes.'

Hij houdt me stil, kijkt me aan, loopt dan weer verder en zegt met een mengeling van verlegenheid en wanhoop: 'Soms denk ik: mijn God, hoe lang kan die verhouding duren. Maar dan denk ik: bij Connie duurt alles lang, ik moet me geen zorgen maken, zij knapt het op. Of is dat laf?'

'Je wilt ook dat het duurt,' zeg ik tevreden.

'Ik wil me niet hechten,' zegt hij ernstig, 'maar bij jou moet ik wel, het gaat vanzelf, ook al is het tegen mijn zin in.'

Wat hij zegt maakt me gelukkig. Ik draai wat danspasjes om hem heen en sla mijn armen om zijn nek.

'Rampzalige, ongelukkige vrouw,' zegt hij met een gemaakte hulpeloosheid, 'I love you en ik kan er niks aan doen.'

We zullen de volgende dag doorrijden. Voor het eten drinken we een wodka bij Laszlo en na het eten bezoeken we hem nog even om afscheid te nemen.

'Thanks for the memories,' zegt Ischa terwijl hij zijn hand schudt.

Laszlo houdt zijn hand stevig vast en pakt kruislings de mijne.

'You're so good together,' zegt hij ernstig. Ischa en ik kijken elkaar aan alsof we voor het altaar staan en worden daar verlegen van. Daarna grinniken we. We vinden het allebei wel in orde dat er een eigenaardig soort huwelijk bezegeld wordt door een barkeeper in een donkere bar, in de Zevende Straat te San Francisco, Californië.

Via de Golden Gate Bridge rijden we de stad uit. Het is een brug die ik al tientallen keren heb gezien en waarvan de echtheid me nu weer zo overdondert dat ik moeite moet doen om tegelijkertijd die Chevrolet te besturen.

Ik heb geen idee hoe en waarom we in Jackson terechtkomen. Waarschijnlijk hebben we ons voorgenomen om via het Yosemite National Park richting Las Vegas te rijden, maar wordt het vroeg donker door zware regenval. Het heeft geen zin een befaamd natuurgebied te doorkruisen als je er niks van kunt zien en het is vrijdag, dus Ischa moet die avond nog een *Dikke Man* schrijven. In de auto vraagt hij het en aan zijn stem kan ik horen dat hij weet dat ik het hem zal weigeren.

'Mag ik dat van je hebben,' vraagt hij, 'dat van die honderd minuten eenzaamheid in Macy's?'

Jackson is niet meer dan een straat die uitkomt op een hotel. Het ziet eruit als een saloon uit een cowboyfilm en zo heet het ook: Hotel Saloon Dining. Op het uithangbord staat met kleine letters vermeld dat het inderdaad een oud hotel is, since 1862 staat er. Ischa vindt het aandoenlijk, zo'n vermelding.

'1862,' mompelt hij. 'De eerste de beste ijscoman in Italië kan met het grootste gemak teruggaan tot 800 voor Christus.'

Binnen is het warm en gezellig. Al ben ik nooit eerder in mijn leven in een saloon geweest, alles is er zoals het hoort, dat weet ik en die kennis bezorgt me een vreemd gevoel. Er is een piano en achter de piano zit een pianist die er een tingeltangelachtig geluid uit te voorschijn haalt dat mij aan tijden herinnert die ik nooit beleefde. Aan de tafels en aan de bar zitten wat mensen die opkijken als wij binnenkomen en ons taxeren zoals mensen uit een dorp met vreemdelingen plegen te doen. Er ligt zand op de vloer en alles is van hout. Van de man achter de bar krijgen we een middeleeuws grote sleutel. We moeten twee krakende trappen beklimmen en ploffen neer op een ouderwets smal bed met piepende veren. We zijn lacherig.

'Nu zul je eens wat meemaken. Je zult zien dat we hier een bijzondere avond gaan beleven,' voorspelt Ischa monkelend. We nemen ons voor het pand niet meer te verlaten tot de ochtend aanbreekt. Het liefst gingen we meteen weer naar beneden, terug naar die warme saloon, maar het is verstandiger dat hij eerst De Dikke Man schrijft, dan hebben we de verdere avond vrij.

Van de acht Dikke Mannen die Ischa schrijft over onze eerste reis door Amerika, bewaart hij de laatste voor die avond in de saloon in Jackson, Californië. Ik lees hem pas anderhalve week later, als we terug in Amsterdam zijn en niet langer vierentwintig uur per dag bij elkaar. Dan herinner ik me weer volop wat er die avond gebeurde, zowel door wat er staat als door wat er niet staat. Het bevreemdt me dat ik De Dikke Man nodig heb om die avond zo helder in mijn herinnering te krijgen en in de Reestraat uit ik mijn verbazing daarover tegen Ischa. Hij zegt dat het komt omdat ik te gelukkig was, dat ik tegen de extase aanhing en dat het geheugen met een te groot geluk misschien hetzelfde omspringt als met een te groot verdriet: het zet het even opzij, op een ander spoor, waardoor je er niet zo gemakkelijk bij komt.

'Geluk is toch ook onverdraaglijk!' gilt hij. 'Toch wel weer leuk,' zegt hij daarachteraan. 'De Dikke Man wordt een beetje ons dagboek. Dan kan ik die stukjes later nog eens bewerken tot Scènes uit een huwelijk.'

Ischa herkent alle deuntjes die de man op de piano speelt. Gershwin, mompelt hij dan, of Cole Porter. Zo nu en dan zingt hij wat zinnen mee. De Dikke Man die hij vandaag schrijft speelt zich voor het eerst af in Amerika, op de pier in Santa Barbara, maar de column is doorspekt met herinneringen aan zijn jeugd, aan de eerste Coca-Cola die hij dronk, aan de witte boterhammen met pindakaas die hij at.

In

je jeugd

leef je

voorgoed,

dichtte hij.

Hij laat iets wat we meemaakten op het terrein bij het William Hearst Castle gebeuren op een pier ergens tussen Los Angeles en San Francisco. In vogelvlucht pikt een angstaanjagend forse meeuw een hotdog uit de handen van een klein meisje. De moeder van het meisje schiet in de lach en let helemaal niet op dat kind, hoe geschrokken en bang het is. Ze kan maar niet ophouden met lachen, die moeder, en ik ontsteek in een radeloze woede en schreeuw haar in het Nederlands toe: 'Pak haar nou vast, trut!' De moeder staakt haar lachen en kijkt mijn richting uit. 'Hold her, damn it!' sis ik haar iets zachter toe en maak daarbij de gebaren van een omhelzing. Ze haalt haar schouders op, geeft het meisje een onhandige aai over haar hoofd en zoekt steun bij de andere omstanders door opnieuw te gaan lachen. Niemand doet met haar mee. Pas als ik naar Ischa kijk zie ik dat hij een beetje bleek om zijn neus is, maar me stralend aanstaart.

'Dat had ik nooit gedurfd,' zegt hij zacht. 'Mag ik in de oorlog bij jou onderduiken?'

De Dikke Man is moediger en durft die vrouw wel degelijk toe te sissen dat ze dat meisje vast moet houden. Dat het een mooie

Dikke Man is, het gedichtje ook, heb ik gezegd en dat de literatuur alles kan goedmaken wat in ons leven fout gaat.

's Avonds, in de saloon, hebben we het over de liedjes die er klinken. Zijn bewondering voor songwriters is groter dan die voor de oude en nieuwe poëten.

'Dit zijn de ware dichters van Amerika. Iedereen kent ze, dat is toch het meest fantastische wat een dichter kan bereiken. Net als in Frankrijk, daar kennen de mensen ook de chansons van Ferré, Brassens en die teksten van Charles Trenet.'

Ik merk aan hem dat hij ontroerd raakt, ook al weet ik niet precies waarom. Zonder te begrijpen wat het ermee te maken heeft, schiet me te binnen dat hij me enkele weken geleden vertelde wat het lopen door een supermarkt bij hem teweegbrengt, dat het hem ontroert dat alle mensen dezelfde merken kopen en dat hij hetzelfde zal eten wat duizenden anderen eten. Dat ik daar nu aan moet denken, zeg ik.

'Ik vrees dat ik echt van je hou,' mompelt Ischa heel zacht. Het is opeens rumoerig in de saloon. Stoelen verschuiven en boven het gedempte geluid van mensen die met elkaar praten, klinkt de hardere stem van een vrouw. Zij is degene die met veel misbaar haar stoel naar achteren geschoven heeft en nu op de pianist toeloopt, hem iets toefluistert en na enkele introducerende klanken een lied begint te zingen dat Ischa als *So in Love with You* van Cole Porter herkent.

Hij schiet vol en grijpt mijn hand. Hij probeert me iets te zeggen, maar hij moet huilen. Hij knijpt in mijn hand en slikt heftig om zo snel mogelijk aan mij kwijt te kunnen wat hij kwijt wil.

'Als ze er zulke liedjes over schrijven, dan moet het toch ook echt bestaan.'

Omdat hij huilt en om wat hij zegt, huil ik opeens ook en ik zeg heel vaak achter elkaar dat het echt bestaat, lieve, lieve schat, echt waar, het bestaat en het hoeft niet over te gaan, het kan er voor altijd zijn en het is het mooiste wat er is en helemaal niet moeilijk.

Eenmaal bedaard weten we ons niet zo goed raad met elkaar en na me eerst met een droevige grijns toegelachen te hebben, staat hij op, loopt naar de pianist en komt dan weer bij me aan tafel zitten. Bij de eerste tonen van It Had to Be You zingt hij het dwars door zijn tranen mee.

'I wandered around
and finally found
the somebody who
could make me be true
could make me be blue
or even be glad
just to be sad
thinking of you.'

Voordat we gaan slapen zegt hij dat hij nooit tegen me wil liegen.

Op weg naar Las Vegas doorkruisen we het ene natuurgebied na het andere. Donkere wouden, sneeuwtoppen, valleien, we rijden uren achter elkaar, langs of door parken en plaatsen met namen als Fresno, Sierra Nevada, Canyon, Aberdeen, namen die me net zo vertrouwd voorkomen als St. Odiliënberg, Roermond, Den Haag en Vondelpark. Mijn opwinding over de ontdekking hoezeer mijn leven gekleurd is door Amerikaanse liederen, boeken, films en televisieseries en wat dat allemaal met Ischa te maken heeft, neemt niet af. Ik voel me de hele dag overvol, enthousiast, koortsachtig gelukkig.

Tegen de tijd dat we de grens van Death Valley bereiken, begint het blauwe uur. De zon is heel groot en lijkt dichtbij. Het is alsof hij niet ondergaat, maar hier tussen de heuvels een plek opzoekt om uit te rusten.

'Vind je het landschap mooi?'

'Nou!' zeg ik.

'Als het je niet bevalt moet je het zeggen, dan laat ik het een beetje voor je bijpunten.'

Aangestoken door zijn manier van lezen en kijken, probeer ik mij, nauwkeuriger dan ik kan, te herinneren wat er ook al weer met Michel Foucault gebeurde in San Francisco of op zijn reizen door Amerika. Er was iets, zoveel weet ik nog, maar wat zich hier voor hem afgespeeld heeft, ben ik vergeten. Het vervult me met een gevoel van spijt en die spijt breidt zich uit over alle boeken die ik in mijn leven las en waarbij het mij ontbrak aan de kijk op landen en omgevingen. Dan zou ik nu in Amerika nog meer hebben kunnen zien. Ischa probeert vergoelijkend te zijn, omdat hij merkt dat het tekort me opeens verdriet, maar het gaat hem niet zo goed af, want hij is tegelijkertijd trots op zijn manier van lezen en op het besef dat hij op dit punt een voorsprong op mij heeft.

'Maar wat heb je dan wel onthouden van al die boeken?' vraagt hij met een niet te onderdrukken sardonische toon.

Dat is natuurlijk de vraag.

Het lezen van de biografie van Foucault sterkte me in een idee dat ik tijdens mijn studie filosofie ontwikkelde en waarvan ik op het einde van mijn studie zo overtuigd was, dat ik zin had om daar een boek over te gaan schrijven. Meer dan aan de hand van het leven van welke andere filosoof ook, meende ik te begrijpen hoe autobiografisch zelfs zoiets als het abstracte, filosofische denken was, dat abstracties voortkwamen uit de persoonlijkheid van de filosoof zelf en veel minder ontwikkeld waren om het leven in het algemeen te begrijpen, dan om helderheid te krijgen over het eigen leven.

'Ik onthou vooral wat ik zelf bedenk als ik een boek lees,' zeg ik wat verloren tegen Ischa en dat ik door het lezen van Foucault het vlechtwerk van fictie en waarheid beter doorzag en mij van-af dat moment ben gaan afvragen welke verhalen, verzinsels, meningen en boeken er achter de waarheden die ik er zelf op na hield, schuilgingen. Ik ben steeds minder van mijzelf en van anderen voor lief gaan nemen. Zo de studie filosofie me ergens in geschoold heeft dan is het in het herkennen van het verhaal achter iets wat voor oorspronkelijk, nieuw, authentiek of juist voor van God gegeven moet doorgaan, voor het maakwerk erachter, zeg maar. En al dat maakwerk noem ik gemakshalve fictie. Natuurlijk heb ik die houding zelf ook weer ontwikkeld omdat ik last heb van hoe ik ben, omdat ik me beter teweer wil stellen tegen invloeden, illusies, afhankelijkheid en bedrog. Het is een filosofische traditie die met Kant begint en die onder een iets feller en brutaler vaandel dan het aloude 'Ken u zelf' vaart, namelijk onder 'Sapere aude', dat zoiets betekent als dat je het lef moet hebben om te weten.

'Dat het hebben van kennis en moed bij elkaar horen, dat vind ik mooi,' zeg ik.

De omschrijving van fictie als iets wat aan de werkelijkheid en de waarheid is tegengesteld deugt natuurlijk van geen kant. God, de liefde en zelfs de waarheid zelf zijn werkende ficties die ons leven, ons geluk, onze verhoudingen en ervaringen, dus onze werkelijkheid iedere minuut beïnvloeden. Het maakt wel degelijk iets uit of en op welke manier je ze toelaat in je leven. Zwaartekracht zie je ook niet, maar daarom heeft ze nog wel effect.

Wat hij Dikkemannen noemt, dat is toch ook zoiets, dat is een werkwoord voor wat hij met de werkelijkheid doet en omdat hij Dikkemant gaat hij anders met de werkelijkheid om dan wanneer hij het niet zou doen. Waarin ik me heb willen scholen is dat ik van mezelf weet hoe en waarom ik denk wat ik denk, meen wat ik meen, welk verhaal daar bij mij achter steekt en hoe ik aan dat verhaal gekomen ben.

'Je ziet dus altijd een boek achter iemand,' zegt Ischa.

'Zoiets,' zeg ik, want daar is het niet mee gezegd.

'Maar de mensen dan die geen boeken gelezen hebben?'

We rijden door Death Valley. Ik probeer hem uit te leggen dat zelfs dit, het doorkruisen van een Amerikaanse woestijn in een Chevy Cavalier, iets wat ik nooit eerder in mijn leven deed, dat zelfs zo een unieke belevenis geen onbeschreven iets kan zijn, dat ik Death Valley ongetwijfeld al eens in een reclame of in een film zag, dat er beschrijvingen door mijn hoofd gaan die ervoor zorgen dat ik weet wat voor een soort ervaring het is om door een woestijn te rijden en dat die ervaring dus al voor een deel ingevuld is, dat ik me begeleid voel, om het zo maar eens te zeggen, dat hoe ik dit nu beleef deels voorgeschreven staat en dat daaraan bijna niet te ontkomen valt. Fictie is overal, is er net zoveel als de werkelijkheid en daar hoef je allang geen boeken meer voor te lezen. Film, televisie, de bijbel, de billboards, de krant. Het voordeel van het lezen van boeken is dat je eerder het oerverhaal achter je eigen en andermans ervaringen herkent, een structuur die steeds weer opduikt in een andere vorm. De reclamespots van Camel en Marlboro die het stoere heldenverhaal vertellen, the lonesome ranger die genoeg heeft aan het gezelschap van zijn witte vriend, waardoor de aard van dat gezelschap juist zijn eenzaamheid versterkt, maar haar tegelijkertijd de allure van heldhaftigheid geeft. Dat is roken, heroïsche eenzaamheid.

'Misschien doet iedere verslaving dat wel,' voeg ik eraan toe, 'heroïek verlenen aan de eenzaamheid.'

'Je bent aan het werk!' krijst Ischa gespeeld verontwaardigd. 'Rijdt ze een beetje door Death Valley en zit ze intussen doodgemoedereerd haar volgende boek te schrijven.'

Zonder noemenswaardige pauzes rijd ik al twaalf uur achter elkaar en het wordt donker in de woestijn. Omdat ik niet weet hoe die cruise control werkt, heb ik mijn voet ook al twaalf uur stevig op het gaspedaal en zo langzamerhand voelt mijn rechterbeen aan alsof het voor zichzelf begonnen is. Wanneer voor het eerst sinds uren aan de kant van de weg een motel opduikt, stelt Ischa voor dat we hier overnachten en dat we morgenochtend doorrijden naar Las Vegas. Dat is goed, ik kan niet meer. Het motel bestaat uit een terrein met verschillende appartementen. Ischa loopt naar het hoofdgebouw en krijgt daar te horen dat alle appartementen bezet zijn, er verder geen hotel of motel meer is op de weg naar Las Vegas en het tot de stad nog ruim vijf uur rijden is.

'Lukt dat nog?' vraagt Ischa.

'Natuurlijk.'

Hij omhelst me. In een winkel op het terrein kopen we nog wat extra proviand voor de verdere reis en proberen in een paar minuten de stramheid uit onze benen te huppelen. Dan rijden we verder. Tot nu toe hebben we ook twaalf uur zitten praten, maar vanaf het moment dat ik het terrein bij het motel afrijd, de duisternis van Death Valley in, zegt hij geen woord meer.

'Wat is er?'

'Laat me maar even.'

Dat doe ik. Hij begint pas na enkele uren weer te praten. Hij zegt dat hij daarstraks helemaal akelig werd.

'Toen je zei dat we door zouden rijden, vond ik je zo sterk, en ik hield even meer van je dan van mijn eigen dochter,' zegt hij. En dat hij daar doodsbang van werd.

Als je dan toch bekaf bent, zestien uur gereden hebt en het tegen drieën in de nacht loopt, dan kun je maar het beste een stad als Las Vegas zien opdoemen in het midden van een kale vlakte. Ik ben verbijsterd door wat ik zie. In de verte gloort een soort kermis met flikkerende lichten, zwenkende laserstralen, de knipperende contouren van torenhoge kastelen in allerlei kleuren van de regenboog. Zonder dat er al enig geluid doordringt in de stilte van de woestijn, schreeuwt die stad het uit en hoor ik het geschetter van de kermis, van tinkelende gokkasten en het rumoer en gejoel van massa's mensen.

Ischa is zo trots alsof hij eigenhandig deze stad even in de woestijn heeft neergepoot om mij zo'n verrassing te bezorgen. Aan het begin van die ene hoofdstraat waaraan alle hotels, casino's en feestpaleizen liggen, zien we al een aantal motels waar we terecht kunnen, maar Ischa vraagt of ik nog even de Strip wil afrijden. We draaien de ramen van de Chevy naar beneden, leunen met onze ellebogen naar buiten en rijden stapvoets. Het geluid van de stad is overstelpend, de gekte ervan ook. Ik ben te moe en te perplex om iets te zeggen, maar als zijn hand zo in mijn nek ligt hoeft dat ook niet.

'Las Vegas overdag is als een vrouw in avondtoilet aan het ontbijt,' zegt Ischa 's ochtends. Het is waar, het is een stad die het daglicht niet verdraagt. We lopen over de Strip en Ischa stelt een wandeling voor naar de buitenwijken. Hij vraagt zich af hoe de duizenden mensen die hier in de hotels en casino's werken, wonen en leven.

Rondom het middaguur begint de buik van de stad weer te rommelen. Uit de geopende deuren van de casino's klinken de geluiden van de gokkasten op. Waar je ook binnengaat, overal hangt de verleiding en de spanning van de nacht. Barmeisjes in hoogopgesneden bodysuits lopen op pumps en ellenlange, in glimmende nylons verpakte benen tussen de gokkers en bezoekers door, de dienbladen hoog boven hun hoofd geheven. De eerste Bloody Mary's en straight-up whisky's gaan over de toonbank en belanden naast mannen en vrouwen die zwijgend tegenover een gokkast staan of, niet minder solitair, tussen andere gokkers aan de roulettetafel zitten.

Wij gokken niet.

'Wie niet waagt, wie niet valt,' zegt Ischa.

Ik moet erom lachen, maar ik neem me voor om hem later op de dag te herinneren aan wat hij nu zegt. Ik vind natuurlijk dat hij het met mij moet wagen en daarmee het risico moet lopen om te vallen, dat er anders van die liefde niks terechtkomt.

We zitten in de lounge van Bally te wachten tot we de zaal in kunnen waar de bokswedstrijden worden gehouden. Ischa heeft kaarten gekocht voor de strijd om het kampioenschap bantamgewicht, die over een uur begint, en voor vanavond heeft hij plaatsen gereserveerd in Dunes, waar om halfelf *The Goodfellows Tour* op de planken staat, een optreden van Al Martino en Eddie Fischer.

Intussen heb ik de hele middag lopen nadenken over gokken, verslaving en over Ischa's vervorming van dat cliché.

'Sommige mensen dromen vooruit en sommige dromen achteruit,' zeg ik tegen hem, 'en jij behoort tot de mensen die achteruit dromen.'

Hij is onmiddellijk enthousiast.

'Ik zal niet zeggen dat ik direct begrijp wat je bedoelt,' zegt hij, 'maar ik weet dat je gelijk hebt.'

Door zijn reactie durf ik door te gaan, durf ik hem te zeggen wat ik bedoel. Dat ik meen dat hij door alles wat hij doet en laat nog steeds hoopt dat hij iets aan zijn verleden kan veranderen, het goed kan maken, of dat hij het zover kan brengen dat zijn ouders op z'n minst zien, horen en erkennen wat zij voor hem betekenen. Daardoor kan hij zo roekeloos omspringen met de mensen die hij in het heden ontmoet, want het maakt hem niet

zoveel uit wat ze doen, of ze blijven of gaan, of ze hem liefhebben, erkennen of veroordelen. Zijn liefde en trouw zijn toch
niet voor hen bestemd, maar voor zijn ouders. Zoals anderen
dromen van de toekomst, droomt hij van het verleden. Ik zeg
hem dat hij nog steeds dat jongetje is dat alles goed wil maken
en dat ik ook moet denken aan dat gedichtje laatst, in De Dikke
Man, waarin hij zegt dat je in je jeugd voorgoed leeft.

'Kunst!' zeg ik laconiek, omdat ik me een beetje begin te
generen voor mijn zwaarwichtigheid. Maar daar heeft hij helemaal geen last van, hij is onder de indruk en hij legt zijn arm om
mijn schouder.

'I love you, I need you. Ik heb veel aan je,' zegt hij ernstig. 'Als
je al niet de vrouw van mijn leven bent, word je in ieder geval de
vrouw van mijn dood.'

Ik vraag hem wat hij daarmee bedoelt.

'Weet ik niet,' zegt hij. 'Ik weet niet waarom ik dat zei, maar ik
meen het wel.'

We zitten aan een rond tafeltje dicht bij het podium. Ischa's
hand ligt onafgebroken op mijn hoofd of in mijn nek. Rondom
de tafels met gasten beweegt zich omzichtig een dame met een
uitzonderlijk grote camera. Na ieder lied buigt ze zich tijdens
het applaus in het halfdonker over een tafel en vraagt aan de
bezoekers of ze een foto van hen mag maken.

'Sure!' zegt Ischa als ze tegenover ons staat. Hij trekt me tegen
zich aan, legt zijn hoofd tegen het mijne en wacht geduldig totdat ze haar plaatje geschoten heeft. Zij is met een foto niet tevreden. Ze neemt er nog een paar, totdat Ischa gaat dollen en zegt
dat het nu wel genoeg is.

'You're so in love,' zegt ze tegen ons, 'it's marvellous to see.'

'I am,' zegt Ischa.

Nog voordat de voorstelling is afgelopen komt ze naar ons toe met de ontwikkelde foto's. We zijn afgedrukt in de vorm van een hart.

Ik schrik ervan.

Ik heb mijzelf nog nooit zo gelukkig gezien.

Onderweg van Las Vegas naar Los Angeles begint Ischa erover dat hij het zo prettig vindt van Amerikanen dat ze hun oude sterren eren. Met een mengeling van mededogen en bewondering ziet hij weer die twee crooners voor zich, van wie de een irritant flauwe grappen maakte en de ander nog maar nauwelijks bij stem was, en hoe het publiek het die bijna zeventigjarigen al bij voorbaat vergeven heeft, dat het de Amerikanen daar ook niet om gaat, maar veel meer om hun verlangen trouw te blijven aan die sterren, aan wat ze bereikt hebben en wat ze met hun liedjes voor die mensen betekenden.

'Thanks for the memories, dat is het,' zegt hij en ik hoor dat hij ontroerd is als hij eraan toevoegt dat hij dat de Nederlanders nog niet ziet doen.

'Daar heeft het natuurlijk alles mee te maken,' meen ik, 'met dat vermeende gebrek aan geschiedenis.'

In tegenstelling tot de Amerikanen hebben wij een heiligencultus. Bij ons wordt iedereen die de aandacht op zichzelf vestigt heimelijk beschouwd als een godslasteraar, ook al zal dat voor het merendeel onbewust gebeuren. Sterren worden gezien als concurrenten van de heiligen en daardoor bestaat roem in Europa nooit uit onversneden bewondering, maar is ze altijd vermengd met afgunst, neerbuigendheid en verwijt. Wij bewonderen onze sterren, maar zullen ze tegelijkertijd beschuldigen van blasfemische hoogmoed en we kunnen het ze in ons hart nooit vergeven dat ze een verlangen naar verering in ons oproepen, omdat ze op dat moment God en de heiligen, die wij daarvoor gereserveerd hebben, naar de kroon steken. In Amerika horen de heiligen bij het beeld en bij het leven, in Europa horen ze bij het woord en bij de dood. Voor een Mozes, Kaïn en Abel en een Maria Magdalena, hebben zij een Burt Lancaster, een Laurel en Hardy en een Marilyn Monroe.

We hebben het er de hele dag over. In de voormiddag komen we aan in Los Angeles en nadat we een hotel betrokken hebben in de buurt van Venice, op vijf minuten wandelen van het strand, pakken we alweer de Chevy om wat door de stad te rijden en naar Universal Studios te gaan. Ischa laat verlekkerd en met een zo Amerikaans mogelijke uitspraak de namen van straten en wijken door zijn mond rollen. Sunset Boulevard, Hollywood, Beverly Hills, Pasadena, Marina del Rey. We zijn net op tijd om deel te nemen aan de laatste vijf uur durende rondleiding door Universal Studio's en het is alsof we het illustratiemateriaal aangereikt krijgen voor het gesprek dat we die ochtend begonnen. We mogen een blik werpen achter de schermen van een Amerikaanse God en het maakwerk van de illusie zien. In Universal Studio's is het splijten van de Rode Zee geen wonder, maar een truc.

'Het is de semantiek van de mythe,' zegt Ischa een beetje besmuikt, omdat hij zo'n woord als semantiek gebruikt. 'Als ik het bij het rechte eind heb, moet Universal Studio's voor jou zo ongeveer je filosofische paradijs zijn.'

Hij heeft gelijk. Ik kan me niet herinneren gedachten over de vorming van de schijn ooit zo verbeeld gezien te hebben als hier. Het roept een gevoel van dankbaarheid in me op dat zich in mijn keel nestelt, daar de boel dichtsnoert en mij vijf uur lang laat slikken. Volgens Ischa heeft het met mijn katholicisme te maken.

'Dat is ook kitscherig in de vorm en religieus in de inhoud,' zegt hij.

In het treintje dat ons door een ineenstortend, brandend New York rijdt, klamp ik me aan hem vast.

'Ik voel me zo door jou gekend,' zeg ik in zijn oor, maar ik word overstemd door een brullende King Kong.

'Wat zei je nou?' vraagt hij als we het daglicht in rijden. Ik zeg het nog een keer. Hij glimlacht.

'Als je me het komende half uur als een genie behandelt, heb je verder de hele dag geen omkijken naar me,' zegt hij glunderend.

Vanuit de hotelkamer belt hij eerst met Het Parool, daarna met onze uitgever. Mai wil mij ook even spreken en hij vertelt me dat de Zwitserse uitgeverij Diogenes de rechten van De wetten wil kopen, maar dat Daniel Keel, de uitgever, mij graag eerst persoonlijk zou willen spreken. Mai vraagt of ik straks te bereiken ben op mijn hotelkamer. Ik geef hem het telefoonnummer door. Keel belt rond drie uur 's nachts en ik moet mij in het Duits verstaanbaar maken terwijl Ischa op de achtergrond luidruchtig zit te mokken dat het krankzinnig is, telefoon om drie uur 's nachts, of ik nou helemaal gek geworden ben, dat we vakantie hebben en of dit niet kon wachten. Hij saboteert een gesprek dat voor mij belangrijk is en ik word triest en woedend.

'Ein Moment, bitte,' verontschuldig ik me bij Keel. Ik leg mijn hand op de hoorn en snauw Ischa toe dat hij onmiddellijk zijn mond moet houden, nu. Het is voor het eerst dat ik mijn stem tegen hem verhef. Ik ken hem nog niet goed genoeg om te weten hoe hij daarop reageert, maar hij zwijgt. Met de last van het besef dat hij luistert naar hoe ik vertel over mijn boek en Keel bezweer dat het geen eendagsvlieg is en er heus meer boeken zullen volgen, zet ik het gesprek voort. Nadat ik de hoorn heb neergelegd wil Ischa opnieuw tegen me uitvallen, maar ik heb er geen oren naar, kruip tussen de dekens en draai mijn rug naar hem toe. Ik troost me door zijn gedrag te verklaren in mijn voordeel, dat hij het ook een rampzalig vooruitzicht vindt dat er een einde komt aan onze reis en we overmorgen weer naar Nederland vliegen.

Hij begint er zelf over, bij het ontbijt. Ik weet niet wat ik moet kiezen, omdat ik vandaag alles als een afscheid beschouw. Zal ik voor de laatste keer pancakes nemen en daarop onze initialen druipen met maple syrup, twee sunny sides up of toch maar weer de scrambled eggs met toast?

'Je moet rekening houden met mijn jaloezie, lieverd,' zegt hij bedeesd.

'Jaloezie? Waar ben je dan jaloers op?'

'Op je boek, op het succes van je boek, op je vertaling, op dat je Marilyn Monroe kunt nadoen, op dat je vrouw bent, je kunt beter vragen waar ik niet jaloers op ben.'

'Ho ho,' zeg ik. Jaloezie op het succes van het boek kan ik nog begrijpen, maar dat het jaloezie opwekt dat ik een vrouw ben, kan ik niet volgen.

Hij zegt dat hij altijd heeft gedacht dat een mooie vrouw nooit ongelukkig kon zijn, geen enkele moeilijkheid ondervond, het leven haar dagelijks in de schoot geworpen werd en zij geen enkele verantwoordelijkheid hoefde te dragen voor het verloop ervan.

Ik kijk hem verbaasd aan. Daarna zeg ik iets tegen hem wat ik al een aantal keren heb gedacht, dat het is alsof hij nog nooit een vrouw echt heeft gekend.

'Misschien is dat ook wel zo,' zegt hij bedeesd.

Nadat we Sunset Boulevard helemaal zijn afgereden zegt hij dat ik dit nooit zal vergeten, dat ik in het vervolg, als ik in een boek lees dat iemand Sunset Boulevard afrijdt, precies weet wat dat inhoudt, hoe lang die weg is en hoe hij zich omhoog kronkelt. Ik zeg tegen hem dat hij toch een waarachtige zoon van een historicus is. Die opmerking maakt hem verlegen en ontroerd.

'Ik ben een wees met ouders,' zegt hij.

Met een grote schaal oesters tussen ons in maken we plannen voor de komende dagen, als we terug zijn in Amsterdam. Over twee weken gaan we alweer een week naar New York en hij voorspelt me dat hij me alle hoeken van die stad zal laten zien. De plannen en vooruitzichten geven me een groot gevoel van veiligheid en ik heb er daardoor minder last van dat we vertrekken uit Amerika en er een einde komt aan het iedere minuut bij elkaar zijn. Bovendien ben ik moe van het geluk.

'In Amerika overvalt mij steeds weer het verlangen om te verdwijnen,' zegt Ischa onschuldig, maar over die opmerking ontketen ik een enorme stennis. Zonder hem duidelijk te kunnen maken dat ik het onverdraaglijk vind dat hij in mijn bijzijn alleen al op het woord verdwijnen komt, dat hij ook maar een seconde deze gedachte heeft gehad tijdens onze reis, hak ik kwaaiig op hem in, over het verlangen om te vluchten als een vorm van gebrek aan verantwoordelijkheid, over de last van de geheimen die hij met zich meedraagt en dat hij zich door zijn geheimhouding eigenhandig in een situatie manoeuvreert waarin hij gedwongen wordt om alles te doen waardoor hij zichzelf gaat haten, het liegen en het bedriegen en zo, en waardoor hij, in plaats van in de gaten te hebben dat hij zichzelf achter het prikkeldraad verschanst heeft, zich door een ander opgesloten gaat voelen, zodat de enige ontsnappingsmogelijkheid vanzelfsprekend dat idiote verdwijnen is waarover hij het heeft en dat ik niet wil dat het zo tussen ons gaat, dat ik niet wil dat hij het ooit zover laat komen dat hij ernaar verlangt te verdwijnen.

Hij kijkt me verbijsterd aan en zegt beteuterd dat hij dat helemaal niet bedoelt, maar die opmerking begrijp ik niet en ik raas nog door totdat hij zelf boos wordt en mij verwijt dat ik een opmerking die helemaal niet op mij sloeg, op mijzelf betrek en dat hij een mooi restaurant heeft uitgezocht en we lekker rustig zouden kunnen eten en dat ik nu zo nodig onze laatste avond moet verzieken. Het dringt opeens tot me door dat hij gelijk heeft en ik begin me te schamen.

'Sorry,' zeg ik.

'Je hebt te veel gedronken, Con,' zegt hij rustig en daarna schenkt hij mijn glas nog eens vol, neemt het zijne en heft het in de lucht.

'Never a dull moment,' toost hij glimlachend, maar ik zie aan zijn gezicht dat ik hem verdriet heb gedaan en ik heb een nauwelijks te verwerken gevoel van spijt.

Op weg naar het vliegveld staart hij voor zich uit. Ik voel me schuldig over de vorige avond en net op het moment dat ik nog een keer tegen hem wil zeggen dat het me spijt, van gisteravond, draait hij zich naar me toe, legt zijn hand in mijn nek en vraagt of we straks, als we eenmaal boven de Atlantische hangen, erop terug kunnen komen, op wat ik gisteravond tegen hem zei, over die geheimen en dat hij zichzelf daardoor opsloot, of ik dat nog een keer voor hem kan herhalen.

'Ik heb het gisteren niet helemaal begrepen en jij was te lam om het goed uit te leggen, maar ik voel dat er wel iets aan klopt.'

Het antwoord laat ik door mijn wijsvinger opknappen. Die kan dat nog het beste.

Ik ben vijfendertig en ik heb een jarenlange leerschool achter de rug in het verzwijgen. Ik kan me goed van de domme houden.

De prijs die ik ervoor betaal is de eenzaamheid van het verstand. Pas als ik schrijf kan ik mezelf verraden en vertellen wat ik gezien heb, anders kan ik het niet, durf ik het niet. Behalve nu, bij hem. En dat niet alleen. Voor het eerst word ik bemind om precies het gedrag waarvoor ik vroeger de afkeuring kreeg van de mensen van wie ik hield.

'Protective clowning,' noemt Ischa het. Daarin zit niks meer wat walgelijk, afkeurenswaardig, aanstellerig, schaamtevol, ontrouw en hoerig is. Het zijn andere woorden voor hetzelfde gedrag, dat luidruchtig schreeuwen, gillen, lachen en grappenmaken dat wij doen, zodra we in een gezelschap zijn dat volgens ons geamuseerd moet worden.

Kennis is liefde. Hij ziet mij doen wat hijzelf doet en hij schrijft mij dezelfde beweegredenen toe.

'Connie is zo vrolijk wanhopig, die schat,' hoor ik hem een keer tegen een van mijn broers zeggen. Of hij zegt dat hij een videocamera wil gaan kopen en mij de hele dag wil filmen, omdat ik een entertainer ben en hem dat ontroert.

Omdat hij van me houdt en ik van hem, ligt opeens het scenario van mijn liefde overhoop. Tot nu toe heb ik mijn mannen en vrienden niet gezocht onder de theatralen zoals ik, maar onder de zwijgers, de gewetensvolle, de betrouwbare, de goede mensen die de waarheid spraken en alles konden behalve liegen, overdrijven, toneelspelen, voorwenden, huichelen, verdraaien, paaien en kraaien. Hun anti-theatraliteit staat gelijk aan betrokkenheid en goedheid en mijn luidruchtigheid en theatraliteit aan egocentrisme en onbetrouwbaarheid.

Door mijn liefde voor Ischa staat dat op zijn kop. Er bestaan wel degelijk schapen in wolfskleren, eerlijke leugenaars, schreeuwerige zwijgers, hyperintelligente narren. Zodra hij ergens binnenkomt is het feest. Hij maakt mensen vrolijk, gelukkig en wijzer. Hij maakt iets in ze los en door hem daarbij te bekijken, zie ik opeens de goedheid, gulheid en de intelligentie van het vermaak. Er zit veel liefde in het amusement en in het vertellen van verhalen.

Hij ziet wat er met me gebeurt. Hij ziet dat ik dankzij hem ophoud mezelf heimelijk af te keuren voor het spel. Hij vindt mij geestig. Hij zegt dat ik het toneel op moet, dat we samen het toneel op moeten en we maken onze eerste plannen voor het schrijven van een stuk.

'Jij moet het schrijven. Het gaat over Faust. Een opvoering voor twee mensen,' zegt hij.

We hebben het over wat het losmaken, dat in de definitie en het doel van de analyse ligt, met vermaak te doen heeft en dat ik langzamerhand die opmerking snap die hij in Amerika maakte over het verschil tussen een wetenschappelijk onderzoek en een biografie.

'Libido, Con.'

Om hem aan het lachen te maken doe ik Marilyn Monroe voor hem na. Aan de verlegen, onbedaarlijke manier waarop hij dan schatert, raak ik zo verknocht dat ik mijn hele kast met acts voor hem openruk. 's Avonds in de slaapkamer wiebel ik hooggehakt als Bette Midler over 42nd Street, snauw als Sophie Tucker, of beken hem mijn liefde als Miss Piggy, totdat hij kreunt en me smeekt op te houden, dat hij niet meer kan en met een scheefgetrokken gezicht van de gêne en de lach onder het dekbed duikt. Zodra hij zich weer vertoont doe ik het nog een keer.

Het is meer dan vermaak. Zodra ik geilheid, verlangen en begeerte speel, is het voor hem verdraaglijker, dan hoeft hij niet te geloven dat ze echt zijn, dat die gevoelens door hem zijn opgewekt en voor hem zijn bedoeld, dan hoeft hij ze niet te ontvangen.

'Daarom ben je dik, omdat je niet kunt ontvangen,' zeg ik tegen hem. 'Geven is voor jou geen probleem, maar ontvangen wel. Dikke mensen ontvangen niet, ze nemen.'

Dat hoerenlopen, dat compulsief vreemdgaan en dat onvermogen om te liegen zodra hij een podium beklimt en een microfoon voor zijn neus heeft, dat begrijp ik eigenlijk allemaal zo goed.

'Ik wil je aan een aantal mensen voorstellen,' zegt hij, 'en een daarvan is Margaretha Halbertsma. We bezoeken haar donderdag.'

Margaretha komt uit Groningen en ze is mooi en oud. Niemand weet hoe oud. Ze woont met haar veel jongere man Justus in een hotelkamer van drie bij vijf meter. De kamer is vol als Ischa en ik plaatsnemen op de twee stoelen, tegenover Margaretha, die op het bed zit. Ze is blij om Ischa weer te zien en ze maakt in een prachtig verzorgd Nederlands met een licht noordelijk accent stekelige opmerkingen tegen en over hem, waaruit blijkt dat ze hem goed en lang kent.

'Vertel Connie eens dat verhaal over de HEMA, dat vindt zij prachtig,' zegt Ischa tegen haar.

'Oh, maar dat heb ik al zo vaak verteld,' begint ze plagerig, om dan uitgebreid verslag te doen van die keer dat Justus en zij elkaar kwijtraakten in de HEMA op de Nieuwendijk. Ischa liep er op dat moment ook rond en kende Justus en Margaretha nog niet. Justus had maar een manier geweten om Margaretha terug te vinden: hij was gaan huilen als een wolf. Ischa was op het stel afgelopen en vuurde zonder zich voor te stellen een vraag op ze af.

'Hoe komen jullie aan elkaar?'

Vanaf die dag was een jarenlange vriendschap begonnen. Margaretha kan kaarten lezen en Ischa had regelmatig een beroep op haar talent gedaan. Geamuseerd en levendig vertelt Margaretha hoe hij iedere keer weer opdook met een nieuwe vriendin en zij maar zelden snapte wat hij nu weer in deze vrouw zag.

'En nu heb je haar gestrikt,' zegt ze met de directheid die in al haar zinnen ligt, 'en ze is gek op jou. Logisch. Dat ben ik ook.'

Intussen heeft ze een pak kaarten in haar handen en schudt die, zonder ernaar te kijken. Ze houdt daar abrupt mee op, scheidt het pak in twee delen en kijkt naar wat ze voor zich heeft liggen.

'Wat zie je?' vraagt Ischa.

'Duur, eeuwigheid,' zegt ze ernstig.

'Oh mijn God!' gilt Ischa.

'Ik heb je nog nooit naar een vrouw zien kijken, maar haar kijk je echt aan,' voegt ze eraan toe. Daarna wendt ze zich naar mij en zegt: 'Sterkte.'

Hij werkt ook voor de Nieuwe Revu. Iedere week maakt hij een interview voor ze en nu hebben ze hem gevraagd of hij iets voelt voor een reportage over hotels in New York. Op voorwaarde dat ik mee mag wil hij het wel doen en nadat ze hem dat toezegden, hebben we het iedere dag gehad over onze reis naar zijn lievelingsstad.

'Met mij heb je het daar wél heel leuk,' belooft hij.

Aan New York bewaar ik onaangename herinneringen. Na mijn doctoraalexamen filosofie vloog ik in mijn eentje voor het eerst over de Atlantische Oceaan, achter mijn efemere geliefde, Pieter Holstein, aan. Het geld voor de reis had ik verdiend met schoonmaken en serveren, maar na het kopen van de ticket had ik nauwelijks meer dan honderd dollar over om in New York te spenderen. Pieter had een appartement en een impasse in Brooklyn. Hij worstelde met de kunst.

Natuurlijk vergeet ik nooit de aankomst op Kennedy Airport, de eerste keer dat ik de geluiden hoor van Amerika, de filmische auto's en dan die overweldigende blik van herkenning op de skyline van Manhattan. Natuurlijk niet.

Pieter wachtte me op, wierp zachte en verliefde blikken op me en dat was dan ook voor het laatst. Er ging iets mis. We gingen met elkaar naar bed zodra we in zijn huis waren en ik merkte het pas de volgende dag, bij het ontwaken. In de acht maanden dat we met elkaar waren, beminden we elkaar vaak, op elk uur van de dag, maar die ochtend niet. Hij was al uit bed. Hij stond met een ondoorgrondelijk gezicht achter zijn tekentafel, een kwast in zijn hand. Hij wenste me geen goedemorgen. Ik keek naar hem, hij keek terug en toen zag ik aan die ontstellend lege blik dat ik een vergissing had gemaakt. Het was voorbij. Die ziel die ik de afgelopen maanden met zo veel moeite week gehouden had, was verhard. Ik had nooit naar New York moeten komen. Ergens in een hoekje van de kamer hing een foto van de vrouw met wie hij al tien jaar was toen hij mij ontmoette. Dat was wreed en duidelijk.

Daarna heb ik veertien dagen voornamelijk in de ondergrondse van New York doorgebracht. Pieter wilde overdag werken. Het was november en ijzig koud. Ik was verdrietig, angstig, arm en alleen. Zodra ik bij een metrostation de trap op liep die me naar het geluid en een straat van de stad voerde, kromp ik in elkaar van angst en keerde terug onder de grond, waar het warm was en ik op een bank een boek kon lezen, totdat het tegen etenstijd liep en ik weer de metro naar Brooklyn nam, naar hem en de beklemming van het zwijgen toe. Hij maakte de maaltijden klaar. Een keer nam hij me mee naar een Japans restaurant. We deelden de kosten. Daarna was een tweedehands exemplaar van Lawrence Durrells *Alexandria Quartet* het enige wat ik nog bezat.

Een knappe jongen die me sedertdien nog een metrostation in krijgt.

Ischa vindt het een hartverscheurend verhaal. 'Arme schat,' zegt hij. 'Was je niet woedend?'

Maar ik was niet woedend, toen niet. Ik vond mijzelf een stom rund. Ik word het pas nu ik het aan Ischa vertel, nu ik hem ken en ik het pact ontrafel dat mijn liefde en verlangen gesloten hadden met de afkeuring en de angst.

'Jij bent als ik,' zegt Ischa. 'Jij bent alleen en jij hebt ook nog nooit een band met iemand gehad.'

Voor de tweede keer binnen veertien dagen zitten we in het vliegtuig boven de Atlantische Oceaan. We hebben ons op de reis verheugd. We vinden het allebei prettig om urenlang naast elkaar in stoelen vastgebonden te zitten en popelend te wachten op een maaltijd, waarvan we geheid uitroepen dat het weer vies lekker is en dat het ons fantastisch smaakt. Ik ben het nog niet gewend om geld te hebben en Ischa dringt erop aan dat ik dingen voor mezelf koop. Mijn eerste aanschaf is een Sony-walkman, voor in het vliegtuig. Ischa heeft het *Requiem* van Verdi voor me gekocht en dat komt nu in een bijna onverdraaglijke afzondering bij me binnen.

Muziek is me vaak te mooi. Dan verdraag ik de schoonheid ervan niet en doet ze me pijn, net als de liefde en het geluk me pijn kunnen doen. Tegen de tijd dat het *Agnus Dei* er zit aan te komen plug ik me snel in bij Ischa, die met een veel minder gekweld gemoed naar de hese stem van Adamo luistert en daarbij vergenoegd op zijn pink sabbelt.

Het New York waarin ik op een maandagavond in april rondloop met hem, heeft niets meer te maken met het New York uit mijn verleden. Ik herken het niet eens. De treurigheid die me dreigt te overvallen als ik de skyline terugzie, wordt onmiddellijk weggenomen door de aanwezigheid van Ischa, die zijn warme, stevige hand in mijn nek legt en iedere piek van een naam voorziet. Hij legt me uit hoe de stad gebouwd is, waar East ophoudt en West begint, wat een avenue is en een street, en hoe zelfs ik, die gespeend ben van ieder oriëntatiegevoel, er met het grootste gemak de weg zal kunnen vinden. Omdat het een kwestie is van nadenken.

Zeven hotels in New York zijn geboekt op naam van Mr. en Mrs. Meijer. Dat betekent dat we gedurende negen dagen van de ene buurt naar de andere trekken, dat we zeven keer onze koffers in- en uitpakken en zeven keer in- en uitchecken. We beginnen in het Algonquin in de 44th Street.

'Och,' zegt Ischa als de taxi voor de ingang van het Algonquin stopt. Het hotel blijkt praktisch zij aan zij te liggen met het eerste hotel waarin Ischa logeerde, toen zijn moeder hem na de oorlog meenam naar New York. Ze waren uitgenodigd door de oudste van haar drie broers, om in Amerika bij te komen van het kamp. Ischa was twee. Hij at er zijn eerste waterijsje, kreeg daar kinderverlamming en encephalitis van en werd vervolgens samen met zijn moeder door die oom op straat gezet.

'Tot nu toe zocht ik dat ook altijd in New York,' zegt hij, 'iets van dat verleden met mijn moeder. Daar moet ik ook maar eens mee ophouden.'

In de uren dat ik thuis zat en niet genoeg had aan een stroom van woorden van hem die via kranten, radio, telefoon, televisie en tijdschriften op me af kwam en nog meer wou, niets anders wou dan alleen hem horen, lezen, over hem nadenken, heb ik *Hoeren* en *Brief aan mijn moeder* opnieuw gelezen. Daarin had ik dit kunnen lezen, dat hij in New York was met zijn moeder en hier zijn eerste taal leerde, maar dat is weer eens van die informatie die ik maar half en half onthouden heb.

Het zijn andere passages die ik eindeloos herlees en onthoud, passages over hoeren, vriendinnen, een huwelijk dat binnen een maand gesloten en ontbonden wordt, over een scène in een hotelkamer in New York, waar hij op een vriendin scheldt als ze naakt en nietsvermoedend uit de badkamer komt en het haar borsten zijn waarvan hij walgt. 'Godverdomme, sta daar niet zo vies te doen.' Over na een maand abrupt ophouden om met een vrouw naar bed te gaan en dat een van die vrouwen tegen hem gilt: 'Waarom ga je niet met me naar bed. Wat heb ik? Wat heb ik niet?'

Twee passages lees ik zo vaak dat ik ze uit mijn hoofd ken.

Ik heb veel en veel minder vriendinnen gekend dan prostituees; de ervaringen met betaalde vrouwen staan stuk voor stuk duidelijker in mijn geheugen gegrift dan die met eerzame meisjes, wier liefde ogenschijnlijk belangeloos verleend werd. Misschien klinkt hier een onbedoelde bitterheid in door; het is alleen zo met mij gesteld geweest, dat ik de persoonlijk door mij veroverde vrouw na verloop van tijd als regel begon te haten — al haar charme die mij in het begin aangelokt had, bleek te berusten op een met eentonige regelmaat weerkerend misverstand.

Zij bracht mij weg naar Kennedy Airport. Een fatsoenlijke, aardige vrouw, leuk om te zien — zo'n vrouw is mij niet toegestaan dacht ik.

Op een avond in een van de hotelbedden in New York, herhaal ik ze in grote verlegenheid voor hem, letterlijk, uit mijn hoofd. Dat het hem ook verlegen maakt, vind ik alleen maar eerlijk. Nadat ik gezegd heb wat ik wil zeggen, ben ik niet meer verlegen en hij ook niet. Ik huil zacht en hij streelt me.

Het lezen van zijn boeken brengt een mengeling van opwinding en verdriet met zich mee. De opwinding voel ik omdat ik me verheug op het leven met dit moeilijke karakter dat me vreemd is en vertrouwd, maar waarvan zelfs de meest akelige beschrijvingen van verlatingen, afkeer en haat, bij mij de overtuiging onaangetast laat dat hij mij onverminderd zal liefhebben en mij nooit zal verlaten. Het verdriet voel ik omdat het me met een precies eendere zelfverzekerdheid duidelijk is dat er dingen zijn die ik niet kan veranderen, die pijnlijk zijn en onoverkomelijk. Voor het eerst in mijn leven dringt het tot me door dat het niet alleen gaat over iets van hem, dat het geen kuilen zijn waaruit hij niet zou kunnen of willen klimmen, maar dat het gaat om iets waarbij ik hem niet kan helpen.

Met de man kies je ook het verdriet waar je het meest van houdt.

Ik sta niet aan de rand van de kuil om hem een hand te reiken. Ik zit er zelf in.

Wat ik hem al die tijd niet durfde zeggen, heb ik nu tegen hem gezegd en dan nog niet eens in de bewoordingen die ik er in mijn hoofd voor heb, maar veel voorzichtiger, omdat ik me er zelf voor schaam en omdat zijn verlegenheid soms zo onverdraaglijk groot is, dat ik me geweld moet aandoen om haar te verdragen.

'Je wordt me vreemd als je met me vrijt,' heb ik tegen hem gezegd en dat het bed het enige podium is waarop hij echt toneelspeelt, waarop hij niet meer gewoon Is is, maar een ander, onecht, een bundeling clichés, een gespeelde man, iemand die zijn schaamte, angst, kuisheid en misschien wel zijn afschuw van seks overschreeuwt. En ik zeg hem dat ik hem zeer begeer, dat ik als een waanzinnige naar hem verlang, maar dat ik hem nog nooit ben tegengekomen in bed en dat ik het niet in huis heb om hem daaruit te bevrijden, dat ik niet zou weten hoe ik dat zo een-twee-drie moest doen.

Urenlang lopen we door de straten van New York, met de armen om elkaar heen. Iedere ochtend pakken we onze koffers en vertrekken naar een ander hotel, The Waldorf Tower, Malibu Studio in de buurt van Harlem, Chelsea Hotel, The Royalton, Carlton Arms en ten slotte The Paramount.

's Avonds neemt hij me mee naar zijn favoriete restaurants, naar Pete's Place en Pete's Tavern, naar Les Halles, naar Palm, naar Sparks, naar Gallagher's en 's ochtends, als we op ongemakkelijke uren wakker worden, schieten we ongewassen in onze kleren en struinen zolang door de straten tot we een plek vinden waar we kunnen ontbijten.

Met two coffees to go keren we terug naar het hotel en duiken er nog even in of beginnen met het standaliseren, want dat moet ook gebeuren.

Restaurants die hij nog niet kent, zoekt hij op in de *Zagat*. Overal in Amerika zullen we op de eerste dag van onze aankomst een boekhandel induiken om de *Zagat* te kopen. Het wordt onderdeel van onze gesprekken om de meest geestige omschrijvingen van restaurants te citeren of om te praten in het puntenstelsel, waarmee de *Zagat* de waardering voor restaurants uitdrukt.

'Een typische 24,' of 'Deze leunt volgens Palmen en Meijer toch wel tegen een vette 28 aan.'

Een fotograaf van de *Nieuwe Revu* komt iedere ochtend naar het hotel waar we ons op dat moment bevinden. Minstens drie ochtenden zit Ischa achter zijn kleine rode tikmachine, aan *De Dikke Man* te werken, wat hem de mogelijkheid biedt om de fotograaf niet eens te begroeten en zonder op of om te kijken door te gaan met tikken. Een enkele keer moeten we wachten tot de fotograaf er is en zodra hij, altijd keurig op het afgesproken tijdstip, aan de deur klopt, begroet Ischa hem chagrijnig en hij laat hem duidelijk blijken dat hij helemaal geen zin heeft in die foto's.

'Waarom doe je zo vervelend tegen die jongen?' vraag ik.

'Ik weet het niet,' zegt hij.

Hij weet zoveel van deze stad, van Amerika. We kunnen niet in de buurt van de Chrysler of The Flatiron Building lopen zonder dat hij verliefde blikken de lucht in werpt en zijn bewondering uit voor de schoonheid van die gebouwen. Moeiteloos loopt hij naar de oudste kroeg in New York, Mc Scorley's. 'We were here before you were born,' staat op de ruit. Binnen vertelt hij over Jo Mitchell, die een heel boek wijdde aan deze plek en hij citeert het motto van Carmiggelts *Kroeglopen*, dat uit Mitchells boek stamt: 'The people in a number of the stories are of the kind that many writers have got in the habit of referring to as "little people". I regard this phrase as patronizing and repulsive. There are no little people in this book. They are as big as you are, whoever you are.'

Voor de zoveelste keer zeg ik hem hoezeer ik hem bewonder voor die kennis en voor dit fabuleuze geheugen.

'Orthodox-joodse opvoeding en veel knallen voor mijn kop,' zegt hij zo droog mogelijk, maar niet zonder van mijn bewondering te genieten.

'Chester Himes. Ooit van gehoord?'

Nooit van gehoord.

Hij wel. Chester Himes schreef ergens dat het niet belangrijk is of je eerlijk bent of niet, als je maar fair bent.

'Ik realiseerde me opeens dat dat iets anders is.'

Ook zonder een woord te zeggen weet hij dat ik, als ik zo naar hem glimlach als ik nu doe, weet waarom hij me dat vertelt.

'Het is voor jezelf beter als je niet liegt,' zeg ik, 'daar word je gelukkiger van, zeker met mij.'

'Ik ga je zo een compliment geven. Je bent de meest begaafde vrouw die ik ken. Multi.'

Ik ben toch zo dol op zijn complimenten, ik word er helemaal uitgelaten van.

Op woensdagochtend verlaten we direct na het inchecken ons hotel en lopen naar het Rockefeller Centre. Ischa wil zien of we nog toegangskaarten kunnen krijgen voor de talkshow van Phil Donahue. Het lukt. Om halfvier 's middags zitten we in een donker zaaltje en na eerst instructies te hebben ontvangen over hoe we ons als publiek moeten gedragen, komt die man binnen voor wie Ischa zo'n bewondering heeft dat hij het langst van iedereen doorgaat met klappen, zonder dat hij dat in de gaten heeft. Het is een keurige man met een kostuum en een bril en met dik, wit haar. Hij is niet cynisch of ironisch, hij probeert de zaal niet aan het lachen te krijgen met flauwe grappen, hij is serieus en begrijpend. Het gaat over travestieten. De zonen zijn er en de moeders.

'They are drugfree, they are working, they don't harm anyone with their lives,' zegt Donahue en als even later een moeder haar zoon omhelst en tegen hem zegt dat ze van hem houdt, knijpt Ischa in mijn hand. Hij zit iets weg te slikken.

Er is maar een vrouw voor wie ik bang zal moeten zijn in de komende jaren en dat is die beheerste vrouw uit zijn boeken, die koele, berckenende, ongenaakbare en zo afwezige moeder.

Ik zal haar nooit zien.

Ik zal haar iedere dag bespeuren.

Op de ochtend van de vierde mei worden we wakker in The Royalton Hotel, in de 44th Street. De inrichting is ontworpen door Philippe Starck en het is maar goed dat Ischa bij me is, want anders was ik eruit weggevlucht. Alles in het hotel dwingt me iets te denken, iets te lezen en te interpreteren en van al die zich opdringende, eenkennige tekens word ik claustrofobisch. In zijn hoofd is Ischa bezig met het stuk dat hij over deze hotels voor de *Nieuwe Revu* moet schrijven en terwijl hij me alles kon vertellen over de ronde tafel in The Algonquin, over Dorothy Parker en Robert Benchley, en over de gasten die verbleven in The Chelsea Hotel, weet ik meer over postmodernisme en ik grijp de inrichting van dit hotel aan om hem daarover iets uit te leggen. Hij luistert naar me met een mengeling van schroom en afweer. Die horen bij elkaar als het gaat om dit soort kennis.

'Je hebt een vernederd verstand,' heb ik tegen hem gezegd.

Ik heb nog nooit een man gekend die zo intelligent is en die er zelf zo weinig vertrouwen in heeft dat hij het is.

'Tas zegt ook weleens dat hij me het typische voorbeeld vindt van een gevoelige intellectueel. "Ik vind het fijn dat je het zegt," zei ik tegen hem, "maar ik geloof het niet."'

'Het is zo,' heb ik gezegd en ik blijf het al die jaren tegen hem zeggen, hoe intelligent hij is, hoe briljant, geniaal, hoe zelfstandig in zijn denken.

'Jij bent de rebbe van de Reestraat,' zeg ik tegen hem.

Ik heb veel slimme mannen gekend, maar niemand was zo slim als hij. Twee keer in mijn leven heb ik deze opluchting ervaren, die ik nu met hem ervaar. De eerste keer was toen ik de uitslag kreeg van een intelligentietest en in een kolom kon aflezen dat ik met dat cijfer behoorde bij 1% van de wereldbevolking. Ik was achttien en oneerlijk. Honderden manieren kende ik om te verbergen wat ik wist en het was me tegelijkertijd duidelijk dat het verbergen van kennis en inzicht me opzadelde met een door mij diep verafschuwde eenzaamheid. Op het moment dat ik die kolom onder ogen krijg barst ik in tranen uit. Die ene procent is het cijfer van mijn eenzaamheid. Het vertelt me dat het niet mijn aan verhullen verknochte karakter is, waardoor ik mijzelf onmogelijk kan binden aan iemand, maar dat het mijn verstand, mijn lot is, dat me veroordeelt tot een leven met weinigen.

En nu, deze keer, nu ik voor het eerst in mijn leven de man gevonden heb met wie ik wil en kan leven, wordt het me duidelijk wat ik zolang zocht en nooit kon vinden, van wat voor een soort verstand ik zo beestachtig houd. Het is zijn intelligentie, zijn taal, het is zijn manier van analyseren en duiden, die me zowel van mijn eenzaamheid als van mijn bedrog en schaamte bevrijdt. Ik doe me niet langer dommer voor dan ik ben, omdat dat niet nodig is. Hij begrijpt wat ik zeg. En hij houdt ervan als ik doorzie wanneer hij liegt en dat dan ook zeg. Hij weet toch dat ik nooit bij hem zal weggaan.

'Kijk me aan als je tegen me liegt,' lach ik dan.

We hebben die ochtend een onbedwingbare zin in cinnamonbagels. Ik schiet wat aan om naar buiten te gaan. Voor de deur ligt een opgevouwen *New York Times*. Ischa ligt nog in bed en ik loop even naar hem toe om hem de krant te geven.

'Ach, wat erg,' hoor ik hem ontzet uitroepen als ik al op de gang sta. Ik ga terug de kamer in om te horen wat er gebeurd is.

'Jerzy Kosinski heeft zelfmoord gepleegd.'

Ik weet niet waarom, maar ik vind dat ook heel erg.

We lopen anders door New York die dag. Vandaag is het de stad waar Kosinski in de nacht van 2 op 3 mei zelfmoord pleegde, toen wij in het Chelsea sliepen, waar roem, verlangen en vergane glorie ons tegemoet kierden, maar wij geen weet hadden van het drama van die schrijver in de 57th Street.

's Nachts word ik misselijk wakker en moet ik overgeven. Ischa komt achter me aan en legt een hand in mijn bezwete nek als ik over de wc-pot hang.

'Wat is er?'

'Kosinski,' zeg ik. 'Het is alsof zijn dood iets met jou te maken heeft, ook al weet ik dat jij nooit zelfmoord zult plegen.'

Zodra we de kleine hal van het Carlton Arms betreden wil ik deserteren en rechtsomkeert maken, omdat het hotel me onmiddellijk tegenstaat. Het ruikt er naar de jaren zestig en zo ziet het er ook uit. Er hangt een weeë geur van patchoeli, wierook en hasj, de wanden zijn beschilderd en overal hangen batiklappen.

Tussen psychedelische wandtekeningen en lachwekkende flower-power-flauwekul delen we onze weerzin tegen de jaren zestig en we proberen erachter te komen wat het precies is dat ons erin tegenstaat. Wijzend op de manier waarop de scheuren in het behang ludiek zijn omgetoverd tot wriemelige tekeningen van bloemenkransen, dansende, halfnaakte mensen en kinderlijke slingers en slierten, zeg ik tegen Ischa dat voor mij daarin de essentie van de cultuur van de jaren zestig besloten ligt, in het verhullen van een scheur met een bloem, in het verbloemen van de waarheid.

Het is de cultuur van de leugen, fulmineer ik, van de versiering, de verhulling, de verbloeming, van woorden die je nooit meer zonder ironie kunt gebruiken, dat vreselijke ludieke, dat weet-je-wel, dat love and peace, dat freewheelen. Het is de leugen van de gelijkheid, vermomd in dat zinloze imperatief dat je van iedereen moet houden, dat iedereen een kunstenaar is en liefst ook nog dat iedereen biseksueel is.

Midden in een kamer staan we bedremmeld rond te kijken. We hebben onze koffers nog in de hand en ik hoop dat hij met me meegaat, naar buiten, weg uit deze geuren en kleuren, maar hij zegt dat de wet van de journalistiek hem dwingt te blijven. Wanneer hij daarachteraan zegt: 'Ik heb het ik-tijdperk niet meegemaakt, toen was ik te veel met mijzelf bezig,' val ik om

van de lach, op het bed, op een muf geurende sprei in een ver-
blindend oranje, waar we die nacht van lieverlede toch maar
onder kruipen.

'Sombrerootje de Vries,' mompelt hij voordat hij in slaap valt,
'Sombrerootje de Vries, dat is pas een mooie naam. Zo heet ik in
het vervolg, Sombrerootje de Vries.'

We maken een lange wandeling naar het meest zuidelijke deel
van Manhattan. Door een bos van hoge gebouwen bereiken we
de kade, waar we de boot nemen naar Ellis Island.
   'Connie, ik wil nooit meer zo verlaten worden als ik door mijn
vader en moeder verlaten ben,' zegt hij.
   'Ik zal je nooit verlaten,' zeg ik.

Hier in New York zie ik het beter. Het is niet meer onvoorstel-
baar en ook al moet ik er niet aan denken dat hij het werkelijk
gedaan had en ik hem dan waarschijnlijk nooit ontmoet zou
hebben en ik hem bovendien met dat merkwaardige anachro-
nisme van de verbeelding verschrikkelijk mis wanneer hij er
weer over begint, zou hij inderdaad in Amerika, in New York
hebben kunnen leven. Als hij de moed had gehad om te gaan.
En die had hij niet. Aan ouders die jou in de steek laten voordat
jij jezelf kan losscheuren en bij ze kan weggaan, blijf je voor de
rest van je leven geklonken.
   Met dezelfde blik die ervoor zorgt dat Amsterdam zijn grootste geliefde is in *De Dikke Man* loopt hij door New York, als een
gretige minnaar, als een eeuwig verliefde die blijvend betoverd
is door de schoonheid van zijn vrouw.
   Ik weet nu wel beter, maar voordat hij het gezegd heeft, verkeer ik ook in de waan van degenen die hij beschrijft.
   'De meeste mensen denken van zichzelf dat ze deze taal goed

beheersen,' zegt hij, 'maar ik weet dat ik dat niet doe. Dat alleen al is voldoende reden om niet naar Amerika te verhuizen.'

Om zijn gelijk te demonstreren pakt hij de New York Times en leest drie zinnen hardop voor.

'Weet jij wat investiture betekent, en hoe je je voelt op een jingle-jangle morning? Weet jij wat voor lading het begrip mall heeft voor een Amerikaan? Dat je er als twaalfjarige naar toe ging om je vriendjes te ontmoeten en als veertienjarige om er stiekem met de meisjes van je klas te flirten. Dat missen wij, ja? Voor ons heeft dat woord geen geschiedenis.'

Het is voor de tweede keer, reageer ik, dat hij me iets duidelijk maakt over taal en lezen, dat met een gevoel van schaamte voor mij en met bewondering voor hem gepaard gaat.

'Jij dwingt me tot bescheidenheid,' zeg ik en ook dat ik dat op een mij onbekende manier heel aangenaam vind.

Ik wil er niet aan gaan staan.

'Je moest eens weten hoeveel mannen je moet leren kennen om er zeven te kunnen beschrijven,' probeer ik nog, maar dat pikt hij niet van me.

We hebben het er al vaker over gehad en beginnen er weer over op de dag van ons vertrek, tijdens een lunch bij Sparks, in 46th Street, achter een kleine, keurig gedekte tafel. De ober heeft me een slab voorgebonden, zodat ik de worsteling met de kreeft ongeschonden kan doorstaan, maar Ischa reageert schichtig en weert de ober af als deze zich achter hem opstelt om hem ook zo'n ding voor te binden.

'I can do without.'

'That's what all men think,' zeg ik droog tegen de ober. Hij kijkt me verbaasd aan, werpt dan zijn blik op het, van de lach scheef getrokken gezicht van Ischa en suggereert glimlachend dat we vast uit Europa komen.

Zo'n hele kreeft is eigenlijk niks voor Ischa, daar heeft hij het geduld niet voor. Na het kraken van een poot is al hij doodop.

'Waarom leef ik?' kreunt hij.

Omdat ik toch die wapenrusting aanheb, kraak ik al zijn poten, peur het vlees eruit en leg de flinters kreeft op zijn bord. Het is net als shaggies voor hem draaien, dat doe ik ook zo graag.

Ik weet zeker dat het geen nieuwsgierigheid naar de mannen uit mijn verleden is die hem steeds weer terug doet komen op het onderwerp, want net als ik het niet ben naar zijn vrouwen, is hij het ook niet naar mijn mannen. Iets zegt ons dat we allebei nog nooit iemand hebben gehad, dat dit voor zulke schooiers en schuinsmarcheerders een maagdelijke verhouding is. Wat hem ertoe drijft opnieuw de vraag te stellen, is de zorg voor een genre waarvan hij houdt en heimelijk is het ook de vraag naar het verschil tussen hem en mij, het verschil in schrijven.

'Toch begrijp ik het niet,' zegt hij ernstig. 'Waarom willen mensen koste wat het kost ontkennen dat hun werk autobiografisch is? Waarom zou je niet gewoon toegeven dat De wetten autobiografisch is?'

'Omdat het dat niet alleen maar is, omdat daarmee de lading niet gedekt wordt. Was het maar zo simpel.'

'Och kom op, doe niet zo verfijnd, Con! Maak toch niet iets belangrijker dan het is. Wat is fictie nu helemaal? Daar wordt zo dik over gedaan.'

Zoals de keren daarvoor, doe ik het ook nu: ik begeef me voor mijn doen uitermate voorzichtig op dit terrein. Het is een strijd die ik niet zonder slag of stoot wil opgeven, ook al zal ik nog moeten ontdekken waarin zijn gelijk ligt, dat ik ook wel degelijk vermoed, maar dat op een punt gehaald wordt waarop ik het niet wil geven. Mijn omzichtigheid komt voort uit iets waarvoor hij mij zelf gewaarschuwd heeft en waarvoor ik tot dan toe in mijn leven nagenoeg blind ben, voor zoiets als jaloezie. En er komt nog iets bij, een verhaal over zijn jeugd, over zijn vader, de historicus, die zich samen met zijn vrouw de hele dag opsloot in zijn kamer en haar daar een boek dicteerde. Hij schreef een biografie over Jacob Israël de Haan en het moest zijn magnum opus worden. Uiteindelijk gingen de gesprekken en de ruzies in zijn ouderlijk huis over niemand anders meer dan over die schrijver, Jacob Israël de Haan.

'Er was geen naam die ik meer haatte dan die naam,' heeft hij weleens gezegd. 'Mijn jeugd is vergald door Jacob Israël de Haan.'

Het zal er op z'n minst mee te maken hebben dat hij daarom last heeft van fictie, dat hij zelfs zegt eigenlijk niet van fictie te houden. Ik weet dat dit niet waar is. Ik weet dat hij dat zegt omdat hij bang is dat het gebied van de fictie voor hem afgesloten en verboden is.

'En *De Dikke Man* dan?'

'Dat is iets anders. Dat is de werkelijkheid beschrijven met de middelen van de fictie. Zoiets als New Journalism.'

Nu weet ik niet meer goed wat ik wil verdedigen, mijn boek of mijn werkelijkheid en ik weet bovendien niet hoe, maar ik hou ervan om er door hem toe uitgedaagd te worden zo dicht mogelijk bij de waarheid te raken, om duidelijk en goed te zeggen hoe dat zit met dat autobiografische en de fictie.

In interviews red ik me eruit door te zeggen dat het autobiografische een stijlmiddel is, een literaire ingreep die in dienst staat van het romaneske, maar daar kan ik bij Ischa niet mee aankomen.

'Het is niks voor jou om troebel te zijn,' zegt hij dan. 'Zodra jij met zulke formuleringen aankomt weet ik dat je vooral iets niet wilt zeggen.'

Toch is het niet onwaar, het is hoogstens nog niet waar genoeg.

Met *De wetten* heb ik me wel degelijk in de canon van de bestaande literatuur willen invoegen. Je leidt je leven en je leest veel boeken. Omdat je er zoveel leest, zie je beter dat de literatuur bestaat uit varianten op oude verhalen. Tegen de tijd dat je vijfendertig bent heb je al honderden keren variaties op oerstructuren herkend, dan duikt er in steeds nieuwe vormen wel weer een Don Quichot op of een Hamlet, Faust, Werther, een Odysseus, een Oedipus, een Jekyll en Hyde of een Wandelende Jood, en trekken de vrouwen voorbij in al de mogelijke afsplitsingen van de moeder, de maagd, de hoer of de heilige. Dan zie je dat er steeds opnieuw verhaald moet worden van schuld en boete, van families, van inwijdingen, van een grote liefde, van jaloezie, verlangen, het verstrijken van de tijd en zo meer.

Hoeveel verschillende verhalen zijn er te vertellen?

Hoeveel mogelijke levens zijn er te leiden?

Je eigen leven is doordesemd van thema's, abstracte ideeën, van verhalen die al eerder verteld zijn, als je het er maar in ziet. Ik gebruik mijn leven niet voor de literatuur. Het werkt andersom. De literatuur bestaat uit levens als het mijne en ik zie welke fictie doorwerkt in mijn leven, omdat ik die erin kan en wil zien. Hoe abstracter ik mijn leven beschouw, hoe beter ik in staat ben het oude verhaal erin te herkennen, of elementen van bestaande verhalen en thema's.

'En ik weet wat ik denk,' zeg ik tegen Ischa. Niemands leven dat ik beter ken dan het mijne. Ik ben erbij en ik kijk ernaar. Ik kijk ernaar met een blik die door de filosofie en de literatuur gevormd is. Dan zie je andere dingen dan iemand die wiskunde of biologie studeerde, en je ziet ook andere dingen omdat je vrouw, katholiek, de zus van drie broers en een zuiderling van het platteland bent.

Zodra je abstraheert van de werkelijkheid hou je iets anders over dan de werkelijkheid. Een drama, een komedie, een variant op Faust, een filosofisch traktaat, ideeën.

'Wat ik overhield was niet mijn autobiografie, maar dat was *De wetten*,' zeg ik zo ferm mogelijk en ik kijk hem voortdurend aan, om te zien of het me lukt hem te overtuigen.

'Hoe zou de roman over ons er dan uitzien, als je eens even abstraheert van de werkelijkheid?' vraagt hij half plagerig en half serieus.

'Dat zal ik je precies vertellen,' zeg ik en dan leg ik hem uit dat het natuurlijk om een liefdesgeschiedenis gaat, een verschrikkelijke liefdesgeschiedenis, omdat een grote liefde met deze man en deze vrouw nu eenmaal doet wat een grote liefde eeuwig en altijd doet, ze brengt hen ook terug bij wat hun liefde aankleeft, de pijn, de wanhoop, de angsten en de onvermogens. En dat in dit geval die angsten en onvermogens de mestvaalt zijn waarop het talent van de man en de vrouw groeit: ze schrijven, ze entertainen, ze zijn publiek. De een is een verslaggever en de ander is een schrijver en dat is een verschil.

'Het meest merkwaardige aan onze roman is natuurlijk dat we schrijven en dat een van de geliefden nagenoeg dagelijks in de krant kan lezen hoe haar leven met haar man verloopt. Er zit nogal wat beschreven papier tussen ons.'

'Of ik nu kreeften eet
of zalmen,
het liefst eet ik ze
met Connie Palmen,'
dichtte hij.

'Bedankt Is.'
'Waarvoor?'
'Dat je me New York hebt teruggegeven.'

'Ik verheug me op de jetlag,' zeg ik als we vroeg in de ochtend op weg naar de Reestraat een beetje suf in de taxi tegen elkaar aanhangen. De komende nachten zullen we geheid op onmogelijke uren klaarwakker zijn en opstaan. Terwijl Amsterdam nog in een diepe rust verkeert lopen wij druk pratend door een huis dat ruikt naar gebakken eieren met bacon. Het is ook midden in de nacht dat hij achter de IBM gaat zitten en alvast begint aan het stuk voor de *Nieuwe Revu*. Nadat hij een aantal zinnen getikt heeft roept hij me bij zich.

'Kom gezellig naast me zitten.'

Dat doe ik. Hij heeft het verslag in dialoogvorm opgezet.

Maandag 29 april.

The Algonquin Hotel – 59 W. 44th Street. $ 140.

Ischa Meijer: 'Keurige kamer.'

Connie Palmen: 'Ja.'

'Op het tuttige af.'

'Een beetje benepen.'

'Hè?'

'Erg riant is-ie niet.'

'Wat heb jij dan in godesnaam nodig?'

'Ruimte.'

'En de traditie dan? Dit is het hotel van een Robert Benchley en een Dorothy Parker. En kijk hier: *The New Yorker* – gratis aangeboden door de directie. Gratis! Aardig, hè?'

'Ja, reuze aardig.'

'Lauwe reactie.'

Ischa rolt zijn bureaustoel opzij en zegt:

'Zo, nu moet jij een zin tikken.'

'Zouden we dat wel doen?'

'Dat is toch leuk. Kom op, niet van dat schijterige, schat.'

'Ja, Dorothy Parker had vast een pinniger, vinniger en doeltreffender antwoord gegeven,' tik ik. ' "What kind of fresh hell is this", of zoiets.'

'Leuk antwoord,' schrijft hij terug.

'Dat is de titel van haar biografie.'

'Hotelkamers hebben over het algemeen iets van een fresh hell.'

'In het beste geval.'

'Het blijft surrogaat.'

'Waarvoor, eigenlijk?'

'Voor het idee dat je ervan hebt.'

'Dit is een aardige kamer – laten we het daarop houden.'

'Kom we gaan weer naar bed,' zegt hij, 'dan knallen we morgenvroeg samen wel even die Waldorf-Tower.'

Overdag werk ik aan een lezing over ironie, totdat hij belt en vraagt of ik ook zo moe ben. Het kan om twee uur 's middags zijn, of vroeger of later, maar ik houd midden in een zin op, graai wat spullen bij elkaar en fiets of loop in een ijltempo naar de Reestraat. Het is een angstaanjagende wetenschap, maar met hem ben ik gelukkiger dan zonder hem. Nog steeds komt het voor dat ik ziek van verlangen aan zijn deur sta en van pure opluchting moet overgeven of huilen zodra ik hem weer zie en hij zijn prachtige armen om me heen slaat.

'Wat is dat toch?' vraagt hij weleens bezorgd.

'You're too much,' zeg ik dan of ik zeg dat ik altijd die droom heb gehad om zo bij iemand te horen, om onafscheidelijk met iemand te zijn en dat het misschien enger is als zo'n droom werkelijkheid wordt, dan als hij zijn vertrouwde vorm behoudt en blijft wat hij is, een droom, dat je daaraan gewend was en dat je daarmee kon leven.

Dat bolvormige wezen van Plato, die man en die vrouw die een zijn en dan uit elkaar gehaald worden, dat begrijp ik nu pas echt. Dat wrede van die scheiding, dat is precies zoals het voelt.

'Zonder jou ben ik minder waard,' zeg ik, en dat zoiets niet alleen maar een prettige gedachte is.

Hij heeft haar tot nu toe voor zichzelf gehouden. Hij heeft haar zelf pas twee jaar geleden leren kennen, toen ze vier was en het hem lukte met de moeder een regeling te treffen om haar te mogen zien. Vier jaar terreur, noemt hij het, maar ik zeg dat ik waarschijnlijk hetzelfde had gedaan als ik door een man in de steek gelaten was tijdens een zwangerschap. Iedere woensdagmiddag haalt hij haar om twaalf uur af van haar school in de Jordaan. Hij is altijd bang dat hij te laat komt. Soms zit hij al vanaf elf uur in het dichtstbijzijnde café cappuccino te drinken. Tegen kwart voor twaalf houdt hij het niet meer uit en dan slijt hij het laatste kwartier in de hal van de school, tussen de andere ouders die hun kinderen komen afhalen. Een aantal weken geleden heeft hij mij aangewezen, in de etalage van een boekhandel die ze op weg naar huis passeren.

'Zie je dat gele boek? Dat is van Connie Palmen. Die ga je leren kennen.'

Daarna is hij met haar de boekhandel in gestapt en heeft haar de foto op de achterkant laten zien.

'Dat is haar.'

En passant laat hij haar ook zijn eigen boek zien, natuurlijk.

Ze is inmiddels zes jaar en ze is het gewend om Ischa voor zichzelf te hebben. Behalve Rie, de werkster, zag ze nooit een andere vrouw in de Reestraat.

Ik probeer gelijkenissen te ontdekken met Ischa, maar het zal een tijdje duren voordat ik die zie. Zodra de deur achter ons dichtgaat wil ze niet meer naar buiten. Het liefst zit ze op de bank en kijkt televisie. Ischa zegt dat hij vaak genoeg probeerde haar tot iets te porren waarvan hij wist dat vaders dat met hun kinderen deden, naar Artis gaan of naar de bioscoop, maar volgens hem doet ze dat altijd met tegenzin.

De leren bank is haar domein en daar eet ze de soep die Ischa voor haar maakt en daarop zit ze ook als ik haar voor het eerst zie.

Voorlopig moet zij mij testen en moet zij het zomaar verdragen dat Ischa mij steeds weer zoent en met zijn hand door mijn haar gaat.

'De twee liefste vrouwen op de wereld,' zegt Ischa als hij naar ons kijkt. Daarna gilt hij quasi tegen Jessica: 'Kijk me aan! Wees lief voor me! Aanbid me! Ik ben je vader!'

Onbewogen tilt ze haar hoofd op en kijkt hem even aan. Daarna draait ze zich naar mij toe en kijkt hoe ik reageer. Ik lach. Dan glimlacht zij.

'Doe hem een luier om, stop hem een speen in de mond en je hebt geen kind meer aan hem,' zegt mijn moeder in zijn bijzijn.

Ischa hangt om mijn nek en verbergt zijn gezicht in mijn hals. De tranen rollen over zijn wangen van het lachen. Tussen hem en mijn moeder gebeurt iets waardoor ik zowel hem als mijn moeder zie zoals ze waren toen ik ze nog niet kende. Mijn moeder krijgt iets kokets en meisjesachtigs in zijn nabijheid. Ze wil hem berispen, corrigeren, overheersen en hem laten weten dat zij zich niet zomaar door hem laat strikken, dat hij iedereen om de vinger kan winden behalve haar. Hij is het ondeugende kind dat ze nooit had. Soms zie ik hoeveel moeite ze doet om niet als een blok te vallen voor deze man, om niet om hem te lachen en door hem ontroerd te raken. Ze wil weerbarstig zijn, want ze wil haar dochter niet zomaar aan deze beruchte man weggeven, aan een doerak, een druktemaker, een hoerenloper, een ondeugd, aan zo'n schreeuwlelijk.

En zij wil mij niet zo. Zij vindt het choquerend om te zien hoe ik ben met deze man, hoe verliefd ik ben, hoe ik aan hem kleef, hoe ik mijn ogen niet van hem af kan houden, hoe aanhankelijk, verlangend, week en onmachtig hij me maakt. Zij wil de dochter die ze had, die eigenwijze, ontoegankelijke, onveroverbare, zelfstandige dochter die dertien jaar geleden naar Amsterdam vertrok, die slim is en stoer, die nooit met mannen thuiskwam, die mannen inpalmde, maar zich zelf nooit door een man had laten veroveren.

Hij drentelt om haar heen en jengelt. Hij loopt haar achterna in de keuken en tilt de deksels van de potten op.

'Wat eten we, Mia?'

Hij wil met zijn vinger uit de potten likken, hij wil alvast een garnaaltje van de schaal bietsen, hij wil dat ze hem precies vertelt hoe ze dat vleesgerecht klaarmaakt, wat er allemaal in zit, hij laat haar geen seconde met rust.

In een hoek van de kamer zit mijn vader en hij bekijkt het met een goedmoedige glimlach op zijn gezicht. Volgens mij ziet hij mijn moeder weer zoals ze was toen hij haar leerde kennen en verliefd op haar werd, een dartel ding met een oude droefheid.

Wij zijn zo veel drukte in huis helemaal niet gewend. De enige aansteller in de familie ben ik, maar zo bont als Ischa het maakt, zo kan ik het niet.

Ik zie opeens hoe hij als kind moet zijn geweest en dat hij liever een moeder had gehad die achter het aanrecht stond en bereikbaar was, in plaats van een die achter een typemachine zat, onttrokken aan het oog, achter gesloten deuren, alleen met zijn vader.

'Jij hebt een jiddische memme, ik niet,' zegt hij. 'Die van mij kon niet eens een ei bakken. Als zij een half uur in de keuken bezig was geweest en je kwam er binnen, dan was Auschwitz in vergelijking met die keuken een paradijs.'

Thuis, in Amsterdam raakt hij niet uitgepraat over Mia en Hub en over die jongens. Tegenover vrienden speelt hij na wat hij ziet en hoort tijdens die dagen in het dorp, in het huis van mijn ouders. Dat Limburgse accent heeft hij snel te pakken.

'En dan zit ik daar ergens midden in het Zuiden met Connie en haar broers en dan gaan die gesprekken dus over Kant en Nietzsche en dan legt haar broer Jos tussen de krabcocktail en de asperges even de relativiteitstheorie aan je uit en krijg je van haar jongste broer Eric te horen hoe het in de achttiende eeuw in Rotterdam toeging en dan heeft haar oudste broer Pierre wel even alle boeken gelezen die het laatste half jaar in druk verschenen zijn. En dat dan allemaal in het Limburgs.' En dan doet hij dat na.

Door hem ga ik anders naar ons kijken, naar die vader en die moeder, naar die broers, naar waar ik vandaan kom.

'Weet je wat jullie zijn? Jullie zijn hoogstaand,' zegt hij en hij zegt het met die lichte ontreddering waardoor ook de zin hoorbaar is die daaronder schuilgaat en die hij niet zegt, die ene zin over zijn eigen ouders, die daarvan de tegenstelling is.

's Avonds in bed draait hij Duitse schlagers voor me. Ik lig in zijn armen, met mijn hoofd tegen zijn schouder. Ik voel dat hij net zo gelukkig is als ik, dat die huid trilt van geluk.

'Eindelijk thuis,' verzucht hij. 'Een jood tussen een naar Silan geurend dekbed met rode stippen, die luidkeels *Junge komm bald wieder* van Freddy Quinn zingt en een katholiek meisje in zijn armen houdt.'

Ironie is een lastig onderwerp. Aan Ischa vraag ik of hij mij ironisch vindt, of hij *De wetten* een ironisch boek vindt.

'Jij? Nee,' zegt hij kordaat, 'jij bent laconisch. Jij combineert een relativerende geest met een hang naar het absolute.'

Na twee weken worstelen met een onderwerp waar ik niet echt greep op krijg, heb ik een fragmentarisch stuk over de ironie en heb er bij het schrijven geen seconde over nagedacht dat het om een lezing gaat. Ik weet nog niet hoe dat moet, een lezing geven, want ik doe het voor het eerst. Ik ga ook voor het eerst mensen ontmoeten die ik alleen van naam ken, uit de tijdschriften.

'Het stelt toch allemaal niks voor,' zegt Ischa wanneer we over de grachten lopen op weg naar De Balie en hij merkt dat ik zenuwachtig ben.

'Iedereen wil zo veel diepte van jou, maar ik vind jou juist zo aards. Je bent een Keuls potje met veel gedachten. *De wetten* is toch een soort non-fictie in smoking?'

Aan zijn stem merk ik dat hij irritatie probeert te onderdrukken. Ik heb geen idee waar die vandaan komt, waardoor ze veroorzaakt wordt, maar ik heb er wel opeens spijt van dat hij meegaat, dat hij tussen het publiek gaat zitten om naar mij te luisteren. En ik vind dat jammer die spijt te hebben, doodjammer.

Voor het eerst zit ik op een podium en Ischa zit op de achterste rij, naast Henk Spaan en Theodor Holman, aan wie hij me zonet heeft voorgesteld. Terwijl ik luister naar de lezing van Carel Peeters heb ik voortdurend het akelige gevoel dat ik bij het verkeerde kamp zit, hierboven, op dat podium, naast een stel door Ischa verguisde intellectuelen, naast een hoop verstand waarvoor hij minachting heeft.

Tijdens de pauze beent hij op me af en foetert en tiert over slap geouwehoer, over gortdroge nepkennis, over de arrogantie van een stel volstrekt oninteressante droogkloten die geen sjoege hebben van de werkelijkheid, van het echte leven, en die hebben doorgeleerd voor stoflap en hier een beetje vanuit hun stoflappenmandje groot en gewichtig staan te doen over niks.

Ik ben te beduusd om hem te onderbreken en laat hem razen. Na de pauze moet ik voor het eerst in mijn leven achter een katheder gaan staan om een lezing te geven en hier staat die man van wie ik hou briesend tegenover me en hij schimpt.

'Ben je nu helemaal gek geworden,' zeg ik.

Ik ben ontsteld. Zonder dat ik wil dat het waar is, dat hij me dit aandoet, schiet me het woord sabotage te binnen en herinner ik me in een flits een nachtelijk telefoongesprek in een hotelkamer te Los Angeles en ook wat hij de volgende ochtend tegen me zei om zijn gedrag te verklaren. Van die herinnering word ik ijzig rustig.

'Ik ga naar huis,' zegt hij, 'ik wil met deze mensen niks te maken hebben.'

'Ik ben een van die mensen, Is, en jij bent het hier voor mij grondig aan het versjteren,' zeg ik.

Ik draai me om, loop naar de zaal en lees even later met een levenloze stem voor wat ik geschreven heb. Ik kijk niet op van het papier. Ik wil zijn ogen op de laatste rij niet ontmoeten.

Het is donker als we over de Prinsengracht naar huis lopen en ik tegen hem zeg dat hij me verbaasde vanavond, dat ik jaloezie langzamerhand leer begrijpen, maar niet als het om mij gaat, niet om iemand die zo nerveus en bang was als ik vanavond.

'Ik verwacht veel van je,' zegt Ischa zacht.

'Wat dan?'

'Opvoeding,' zegt hij. 'Ik trek het me allemaal zwaar aan wat je zegt en het blijft me bij. En ook hoe je iets tegen me zegt, zo terloops, zo echt.'

Hij slaat een arm om me heen.

'Home?' smeekt hij.

'Home,' zeg ik en ik haak mijn vinger in de zijne.

'Zul je me nooit verlaten?' vraagt hij.

'Nee,' zeg ik, 'nooit.'

'Morgen ga ik een mooie jurk voor je kopen of wat je ook maar wilt hebben en daarna ga ik een reis naar Amerika voor ons boeken. We gaan heel lang weg, twee maanden. Daarnet wist ik opeens wat wij voor elkaar zullen doen. Weet je wat wij samen worden? Gelukkig. Opeens wist ik dat. Of misschien is geluk te veel gevraagd. Happy, dan. Jij en ik worden samen happy.'

In bed zegt hij dat ik lekker dicht tegen hem aan moet komen liggen, omdat hij een gedichtje voor me heeft gemaakt.

'Soms kijk ik haar aan
en dan denk ik: ze zal me
en die ze
dat is Connie Palmen,'
dichtte hij.

Met een tussenlanding in New York vliegen we door naar Houston, Texas. Anderhalve maand geleden hebben we in New York eindelijk de notitieboekjes gevonden die we wilden hebben, de bruine Boorum Memo Books, 6 1/8 In. x 3 3/4 In., en daar hebben we een voorraad van ingeslagen.

'Wat zijn we toch een gek stel,' zegt Ischa als we naast elkaar in de Chevy zitten, op weg naar het hotel waar we kunnen uitrusten van de reis. Hij zegt dat hij ons tweeën opeens zag zitten zoals anderen ons moeten zien zitten, zo'n wat oudere man en een jonge vrouw, naast elkaar in het vliegtuig, die zich urenlang alleen maar met elkaar bezighouden, eindeloze gesprekken voeren en niet van elkaar kunnen afblijven en die zich dan plotseling van elkaar losscheuren, naar hun binnenzak grijpen om vervolgens een identiek boekje te voorschijn te halen waarin ze, ieder voor zich, driftig notities gaan maken.

'En ik dacht na over onze verhouding,' voegt hij eraan toe. 'We hebben een bijzondere verhouding. Ik ben neurotisch, jij bent neurotisch, maar we hebben geen neurotische verhouding.'

'Neurotisch? Moi?'

Houston is de woonplaats van Jan de Hartog, vertelt Ischa. Hij bewondert hem. Hij zegt dat hij van Jan de Hartog iets geleerd heeft over hoe je taal moet gebruiken.

'Als je een voltooid deelwoord gebruikt hebt in een zin dan hoef je dat in het vervolg van de zin niet te herhalen, dat leerde ik van Jan de Hartog.'

'Je hebt zo'n verbijsterend vermogen tot bewonderen,' zeg ik.

'Bewondering is verkapte jaloezie, volgens Tas. Zodra je iemand bewondert hoef je een veel naardere emotie als jaloezie niet te voelen.'

'Van wie heb je het meest geleerd?'

'Buiten Tas? Van Hans van Manen. Ik vertelde hem over mijn moeilijkheden met de moeder van het kind, dat ik haar was gaan haten en dat ik van haar weggelopen was en hoe ik me daaronder voelde. "Oh, maar dat gaat nog veel langer duren dan jij denkt," zei Hans toen tegen mij. Kijk, dat is een echte vriend die zoiets tegen je zegt. En toen ik daarna voor het eerst een eigen huis had en alleen ging wonen zei hij: "Zo, nu moet je maar eens even alleen blijven en wat homoseksueler gaan leven."'

In twee dagen rijden we door het uitgestrekte landschap van Texas, op weg naar New Mexico, waar we van stad naar stad reizen, Tucumcari, Albuquerque, Santa Fe, Dulce, totdat we in Colorado ergens de weg afrijden en terechtkomen in Durango.

We zijn allebei op slag verliefd op die kleine stad en besluiten er een appartement te huren om er een week te blijven. Het is 1 juli 1991. Op de televisie verkondigen ze de dood van Michael Landon.

Ischa kent Little Joe niet. Met tranen in mijn ogen tetter ik de *Bonanza*-tune voor hem en galoppeer op mijn paard door de vlammende kaart van Virginia, Nebraska.

'Kalmeer, lieverd,' zegt hij, 'kalmeer.'

Rustiger vertel ik hem over de avonden bij ons thuis, hoe ik in die jaren zestig met mijn broers voor de televisie zit en we geen seconde willen missen van die serie over die drie jonge mannen en hun vader Ben Cartwright en dat Little Joe de jongste van de drie was en de lieveling van iedereen. Adam was een donkerogige jonge man, net als onze Pierre en net als hij duidelijk de oudste zoon, die een oogje hield op de dikke, domme Hoss en op zijn onstuimige jongste broer, die niet alleen in naam maar ook in uiterlijk overeenkomsten had met onze jongere broer Jos. Vrouwen kwamen er zelden in voor. De kok was een kleine Chinees die natuurlijk van alle r's een l maakte, dat mocht toen nog. Adam, Hoss en Little Joe waren alle drie zonen van een andere moeder. De enige die nog weleens aan zijn moeder dacht en troost zocht voor haar dood was Little Joe.

'Waar ging het echt over?' vraagt Ischa.

Daar moet ik over nadenken.

'Over familie, geloof ik,' zeg ik na een poos. 'Of nee, over broers.'

Onder het kopje 'Honger' maak ik mijn eerste aantekeningen voor het volgende boek. Ischa heeft er last van dat hij te dik is.

'Ik haat mezelf als ik eet en te dik ben,' zegt hij.

'Daar doe je het om,' zeg ik, 'om die haat te bevestigen en te bestendigen.'

Hij is er de hele dag mee bezig en hij vindt het een vondst dat ik daar een roman aan ga wijden, aan dat onderwerp, aan verslavingen en aan die eeuwige, complexe verhouding tussen lichaam en geest. We kunnen het er uren over hebben.

In zijn koffer heeft hij een korte kaki broek gestopt die hem twee maten te klein is. Thuis in de Reestraat staat hij soms wel tien keer per dag op de weegschaal. Hier moet die te kleine broek de weegschaal vervangen. Hij wil afvallen. Iedere ochtend trekt hij de te kleine broek aan en probeert aan de hand van de afstand tussen de knoop en het knoopsgat van de tailleband te meten of hij smaller geworden is.

'Volgens mij ben ik afgevallen. Zie je het al aan me?'

Op Independence Day heb ik die vraag tijdens de afgelopen anderhalve week net iets te vaak gehoord en zonder op te kijken van de biografie van Jane Bowles, waarin ik aan het lezen ben, mompel ik twee woorden die ik daar op een pagina zie staan: 'Pathetic fallacy.'

'Wat zeg je?'

'Niks,' zeg ik, want hij heeft me toch wel verstaan.

'Vies, vuil type,' zegt Ischa en daar moet ik zo om lachen, dat er van dat lezen toch niks meer terechtkomt.

'Eten en hongeren komt bij jou op hetzelfde neer,' zeg ik tegen hem. En dat hij nog steeds iedere minuut van de dag met eten bezig is, misschien zelfs meer dan ooit. Zijn manier van afvallen lijkt niet minder op een obsessie of een verslaving dan zijn manier van eten. Hij is nu ook de hele dag met niets anders bezig dan met voedsel en met zijn lichaam en dat doet hij natuurlijk om dezelfde reden als waarom hij te veel at.

'Iets anders niet te hoeven voelen en iets anders niet te hoeven denken,' zegt hij gelaten. 'En dat drinken van jou dan,' gooit hij er iets feller achteraan.

'Idem dito, lieverd,' zeg ik, 'idem dito.'

Durango is omgeven door het San Juangebergte, dat onderdeel uitmaakt van de Rocky Mountains. In het meest westelijke deel van het stadje begint de Durango & Silverton Narrow Gauge Railroad. Overdag horen we het archaïsche briesen, fluiten, gillen en knarsen van de Silverton Train, een filmisch mooi gevaarte dat ik enthousiast als een oude bekende begroet wanneer ik het voor het eerst zie, want ik heb hem al wel honderd keer eerder gezien, bestormd door indianen of halsbrekend dapper besprongen door een cowboy vanaf de rug van zijn ros.

De tocht die we met de trein maken, gaat door het gebergte, door de Animas River Valley. Vanuit de open raampjes kijken we in een diep dal, waar de Rio de las Animas Perdidas stroomt. Ik ben verrukt van die naam, De Rivier Van De Verloren Zielen, en ik fluister hem gedurende die maanden in Amerika regelmatig voor me uit of ik zeg te pas en te onpas tegen Ischa: 'Laten we gaan zwemmen in De Rivier Van De Verloren Zielen', of als hij het over zijn ouders heeft: 'Wat maak je toch weer een mooie duik in De Rivier Van De Verloren Zielen'.

Nu, tijdens deze kreunende tocht door de Rocky Mountains blaas ik De Rivier Van De Verloren Zielen woord voor woord in een oor vol roet, alleen om te zien hoe lacherig en verlegen hij daarvan wordt en hoe hij zich onder het genot probeert uit te kronkelen.

'Ik wil dat je eeuwig leeft,' zeg ik tegen hem.

Tas heeft ooit tegen hem gezegd dat het is alsof hij honger en liefde niet kan onderscheiden.

'En pijn, heb ik toen tegen hem gezegd. Ik moet ook veel pijn hebben gehad in het kamp. En daarna ook. Ik ben een mishandeld kind. Tas is het daarmee eens. Mijn vader was een ellendeling, een schoft, een vuile sadist.'

Hij zwijgt even en kijkt pijnlijk fronsend voor zich uit. Daarna kijkt hij me aan.

'Ik heb het nog nooit zo gezegd, maar mijn vader was een slecht mens.'

Wat een verschrikkelijk besef lijkt me dat. Zoiets zeg ik.

'Ach,' zegt hij opeens kortaf, 'jij weet helemaal niet wat slechte mensen zijn, want die ken jij niet, die heb jij nog nooit ontmoet en als je ze al ontmoet dan zie je het niet eens.'

'Niet doen,' zeg ik.

'Wat?' snerpt hij.

'Niet me dichtbij laten komen om me weg te kunnen schoppen,' zeg ik.

'Sorry, lieverd,' zegt hij en hij legt zijn hand in mijn nek. 'Ik schaam me. Ik schaam me voor de slechtheid van mijn ouders.'

'Er is je weinig goeds aangereikt,' zeg ik. 'Het is een mirakel dat je zelf zo'n goed mens geworden bent.'

'Ik goed? Kom nou. Je bent toch werkelijk de enige in het hele universum die dat denkt.'

In Durango hebben we een huis, een buurman en een vaste kroeg. De buurman is een tanige man van om en nabij de zeventig, die iedere dag even bij ons aanschuift als we voor ons huis zitten, naar de San Juanbergen turen en onze turkey-sandwiches verorberen. Hij weet alles van kalkoenen en van echte liefde. Zijn vrouw is twee jaar geleden overleden en hij kan niet over haar praten zonder dat de tranen hem in de ogen schieten.

Om Independence Day te vieren raadt hij ons aan vanavond naar D-Bark-Chuckwagon te gaan.

'Music and food,' zegt hij, 'that's a great combination.'

We nodigen hem uit met ons mee te gaan, maar nee, dat wil hij niet.

'The two of you only want the other and nobody than the other,' zegt hij met een melancholieke glimlach. 'I know what I'm talking about.'

Hij zwaait ons uit als een vader wanneer we die avond met de Chevy naar een terrein in de bossen rijden en alleen op de geur van brandend hout en geroosterd vlees hoeven af te koersen om te weten waar we moeten zijn. Midden in het bos is een podium gebouwd waarop die avond twee countrybands bekende en minder bekende deuntjes spelen. Voor het podium staan een stuk of vijfentwintig ellenlange tafels opgesteld, waaraan nu al ruim honderd mensen op houten banken zijn aangeschoven. De meeste mannen hebben cowboyhoeden op hun hoofd en de vrouwen dragen lange rokken. Voor hen staan grote pullen schuimloos bier, mandjes met broden en plastic borden waarop spare ribs, coleslaw en potatosalad liggen. Om de twee meter staan de fiere iconen van de Amerikaanse eetcultuur, die torens van ketchup en mosterd.

Ischa en ik sluiten ons aan in de rij die nog van voedsel voorzien moet worden. We zijn in een uitgelaten stemming, omdat we hier terechtgekomen zijn, op een terrein in de bossen van Durango, Colorado, op een schemerige warme avond in de Midwest, tussen cowboys en kalkoenfokkers, waar gelaarsde mannen met baarden op violen spelen en de mensen naast ons de muzikanten aansporen met vrolijke kreten.

We kijken elkaar voortdurend lachend aan. Ons geluk amuseert ons.

'Ik ga me zo aan je hechten,' zegt Ischa en hij krijst daarachter aan: 'Maar ik wil me helemaal niet hechten!'

'Dan hecht je je toch niet, lieverd,' zeg ik en haak me lekker bij hem in.

Tegen middernacht is het bos bevolkt door een hossende massa. We dansen ons een weg naar buiten.

'Het is een feest om door jou bemind te worden, een sensatie,' zegt hij op weg terug naar ons huis. 'En ik hoef er niets voor te doen, hè lieverd?'

Na een week Durango nemen we afscheid van de buurman en de eigenaar van de kroeg en trekken verder. We blijven nog twee dagen in Colorado, om en nabij de Rocky Mountains, en rijden dan vanaf Glenwood Springs naar Utah.

Ik ben nog nooit overweldigd geweest door de aanblik van de natuur, maar hier in Utah ga ik voor de bijl. Ik, die het nooit kan laten om de schoonheid van de natuur als oninteressant, vervelend en eenduidig af te doen, iets waarover niks te melden valt, omdat de natuur behoort tot de orde van het lot en daardoor is wat ze is en, net als God zelf, niet meer kan zijn dan ze is, ik kan hier, op de 128 richting Moab, na het nemen van een paar bochten, waarachter steeds grilligere, roestrode bergen opduiken, niet meer verder rijden. Ik parkeer de Chevy aan de kant van de weg.

'Het is alsof ik in de zeik genomen word,' zeg ik tegen Ischa om mijn duizeligheid te verklaren. 'Dit is geen natuur, dit is een grap van God, dit is zijn hoogsteigen zandbak, waarin hij nog iedere dag komt spelen.'

Heel dat Utah werkt me op de zenuwen. Na twee dagen verbaasd te hebben rondgereden door de zandbak van God, nemen we in Salt Lake City een luxe hotel. Ik heb koorts, volgens Ischa. Hij neemt altijd zijn thermometer mee op reis. Er zijn dagen waarop hij drie, vier keer zijn lichaamstemperatuur opneemt.

'Ik heb koorts,' gilt hij dan. '40-45 koorts.'

'Wat ben je toch extreem in alles,' zegt hij als hij de thermometer afleest.

Maar hij is het die bij mij de koorts ontdekt. Ik heb geen goed oor voor mijn lichaam, veel minder goed dan hij, vind ik.

'Dat is Tas,' zegt Ischa, 'dat is de analyse.'

Hij zegt wel te weten waarom ik ziek word in Utah. Hij zegt dat het komt omdat Utah doordrongen is van een religie die niks te maken heeft met wat ik onder religie versta en dat ik daarvan in de war raak.

'De God van de mormonen is niet de God die in jouw zandbak

speelt,' zegt hij. En dat me dat in conflict brengt met wat ik over religie denk, met hoe ik erin ben opgegroeid. Voor mij is het iets veiligs en goeds en hier is het iets bedreigends en engs.

'Heb ik gelijk?'

Hij heeft gelijk.

'Hoe zou je mij willen omschrijven? Ik dacht zelf aan "briljant".'

We zwerven twee dagen door de stad en door de omgeving van Salt Lake City. Ischa is in een mum van tijd in gesprek met wie dan ook.

'Are you a mormon?'

Hij komt alles van ze te weten, hoeveel vrouwen ze hebben en of die vrouwen ook meerdere mannen mogen hebben, wat ze wel en niet mogen, wat ze willen, verwachten, bidden, afsmeken.

Blijkbaar heeft hij ook iets anders gevraagd. Na een bezoek aan de tempel waar alle namen van de wereld opgeslagen zijn en waar ik het helemaal benauwd krijg, neemt hij me bij de hand en loopt, na her en der wat aan een voorbijganger gevraagd te hebben, op een etablissement af, slaat een arm om me heen en gaat naar binnen. Zonder te letten op de gasten aan de tafels, loopt hij aan de bar voorbij, trekt een zwaar gordijn opzij en voert me de ruimte achter het officiële deel van het etablissement binnen.

Hij kijkt me glunderend aan.

'Dat heel Utah droogstaat, betekent nog niet dat mijn vrouw moet droogstaan,' zegt hij.

Ik ben blij dat hij meedrinkt, dat hij ook een Bloody Mary bestelt. Hij zegt dat hij het voor geen goud zou willen missen, die verzaligde blik op mijn gezicht zodra ik mijn eerste slok binnenkrijg.

'Het is mijn liefste vijand,' zeg ik.

We hebben er vaak gesprekken over en ook ruzies. Het kost me veel moeite, maar ik heb me aangewend om bij het eten niet meer dan twee glazen rode wijn te drinken, niet omdat ik zelf geen drie, vier, tien glazen Zinfandel wil, maar omdat ik Ischa niet wil teleurstellen.

'Je drinkt te veel. Na mij zal niemand het ooit nog tegen je zeggen, Con,' heeft hij gezegd en die opmerking raakte me zo, dat ze me steeds te binnen schiet als ik op het punt sta de ober te roepen voor nog een glas. Ik kan me de dag in mijn volwassen leven niet heugen dat ik het toeliet dat iemand zich met mij bemoeide, dat iemand mij iets kon verbieden of aanraden of mijn gedrag wilde corrigeren.

In de week voor mijn eerste boekenbal nam hij me mee naar Agnès B., liep twee minuten langs de rekken, haalde er wat jurken uit en stuurde me daarmee naar het kleedhokje. Die avond ervoor had hij na een gesprek over verlegenheid, schaamte en dat wat ik het lot van het lichaam noemde, gezegd: 'Nu begrijp ik waarom jij in van die verhullende jongenskleren loopt, ook al kan ik nog niet precies uitleggen hoe het zit.' Na de aankoop van een jurk en ter compensatie toch maar weer een leren jack, zei ik hem hoe prettig ik het vond dat iemand zich met mij bemoeide.

'Ik weet nu beter hoe het zit,' zei Ischa toen, 'jij bent veel te streng voor jezelf. Jij hult je in te wijde mantels om je verleidelijkheid te verbergen. Je staat jezelf niet toe een mooie vrouw te zijn en dat is ook een van de redenen waarom je drinkt.'

'Een mooi lichaam hebben is geen verdienste, een mooi lichaam hebben is mazzel,' had ik gezegd.

Hij wil en hij kan me het drinken niet verbieden. Thuis in de Reestraat zorgt hij altijd dat er een aantal Gulden Draakjes in de koelkast staat en nu, hier in Utah, schuimt hij Salt Lake City af om voor mij de geheime plek te vinden waar ik mijn liefste vijand kan ontmoeten.

Boven onze verboden Bloody Mary's hebben we het daar over. We hebben het over die samenhang tussen verbod en geheim, over drank en seks en de verslavingen, over privacy en openbaarheid, over persoonlijk en publiek, over intimiteit en publiciteit.

'Ik begrijp niks van die hysterische hang naar privacy,' zegt Ischa. 'Wat kan het mij schelen dat een onbekende weet hoeveel ik verdien of dat ik naar de hoeren ga. Volgens mij is heel die privacycultus pas ontstaan in de jaren zestig, waarschijnlijk omdat men vanaf toen het gevoel is gaan overwaarderen en heilig verklaren.'

'En voor een gevoel mag je niet betalen.'

'Je mag er geen zakelijke overeenkomst over sluiten, want dan desacraliseer je de persoonlijke emotie.'

'Seks is voor jou geen manier om je persoonlijk uit te drukken.'

'Nee,' zegt hij opeens verlegen. 'Maar hoe komt dat?'

'Er zit niks meer tussen,' zeg ik, 'en daar kun jij niet tegen, daar kun je niks mee zeggen wat je de moeite van het zeggen waard vindt. Het woord is jouw vehikel van de liefde, niet het vlees, dat vind je in het diepst van je hart afschuwwekkend en vies. Daarbij komt nog dat jij nauwelijks persoonlijke aandacht verdraagt.'

Blozend vertel ik hem dat ik laatst over de Wallen fietste en de neiging moest onderdrukken om naar alle hoeren achter de ramen te zwaaien.

'Waarom nu toch?' vraagt hij half wanhopig.

'Omdat ik ze dankbaar was dat ze in jouw leven zo goed voor je zijn geweest.'

'Mijn God, Connie!' roept hij kreunend uit.

Maar ik weet ook niet meer waar ik moet kijken.

Wat een wonderlijk werelddeel is dit Amerika. Grenzend aan de staat van het verbod, ligt die staat van het genot, van de verslaving en van de mateloosheid. Op de landkaart ligt Nevada erbij als een uitgestrekt, verlaten, onontgonnen land, waarin zich alleen in de uithoeken drie steden gevormd hebben. Vlak over de grens met Utah, in het noorden, ligt Elco; bij de grens met Californië ligt Reno en in de uiterste zuidpunt, op de grens met de woestijn en Arizona ligt Las Vegas.

'Het lijkt wel alsof die steden weggekropen zijn in een hoekje van het land om zich te verschuilen,' zeg ik tegen Ischa wanneer ik me over hem heen buig om mee te kijken op de kaart.

'Verslaving heeft natuurlijk ook altijd te maken met schaamte,' zegt hij en met een speels venijn voegt hij eraan toe dat ik dat wél mag gebruiken in mijn nieuwe boek. Gisteren vroeg hij of hij dat 'liefste vijand' mocht hebben voor De Dikke Man en ik had verschrikt uitgeroepen dat hij dat natuurlijk niet mocht hebben, geen denken aan.

'Zo,' zegt hij als we Nevada binnenrijden, 'nu kun je fijn wat veldonderzoek verrichten.'

Reno is de eerste stad waarin ik zoiets als een gemeenschap vermoed. The biggest little city in the world staat er op een boog die over de hoofdstraat gespannen is. De straat is afgezet, omdat er die avond een concert gegeven wordt door het Reno Symphonic Orchestra.

In de late namiddag verlaten we het hotel en schuimen de goklokalen af. Het lawaai herken ik van Las Vegas, maar voor het eerst ruik ik de roestige geur van muntstukken. De gokkers hebben zwarte vingertoppen van het geld en de vrouwen die er werken dragen handschoenen. Vanaf een tafel bij een bar slaan we de gokkers gade en ik vertel Ischa een verhaal over een man uit Duitsland, een vertegenwoordiger van een uitgeverij, die regelmatig al zijn bezittingen kwijtgeraakt was door het gokken en die het toch niet kon laten. Deze man zei ooit tegen mij dat het hem niet om het winnen ging.

'Man will eigentlich nur verlieren,' had hij gezegd.

'Die zin is me altijd bijgebleven,' zeg ik tegen Ischa, 'en niet alleen omdat ik hem oneindig treurig vind, maar vooral omdat ik, zonder nog te weten waar het hem in zit, weet dat in die zin iets heel waars over verslavingen schuilt.'

'Zelfvernietiging,' zegt Ischa.

'Of zelfvergetelheid,' zeg ik.

'Het gaat om contact, om intimiteit.'

'Of om het onvermogen daartoe.'

Dan zegt Ischa dat ik eens goed moet kijken naar de mensen achter die eenarmige bandieten, dat ze langzamerhand vereenzelvigd raken met die machine en zelf gaan lijken op een eenarmige bandiet. Zijn opmerking komt als een klap en ik ga van de opwinding stotteren als ik tegen hem zeg dat ik het me nooit realiseerde, maar die vertegenwoordiger nu opeens voor me zie, of eerder nog, voor me voel, hoe hij eraan gewend is om je bij kennismaking zo snel mogelijk zijn linkerhand aan te bieden, om te voorkomen dat jij in verlegenheid raakt als je naar zijn rechterhand reikt en dan moet ontdekken dat die rechterhand en heel die rechterarm ontbreekt, dat die man uit Duitsland maar een arm heeft.

Tot nu toe heb ik de aantekeningen voor mijn volgende boek gemaakt onder de noemer 'Honger', ook al wist ik vrijwel zeker dat het niet de titel van het boek zou worden.

'Ik heb de titel voor mijn nieuwe boek,' zeg ik opgewonden tegen Ischa. 'Het gaat *De vriendschap* heten.'

'Heb je dat ook een beetje aan mij te danken?'

Ik smoor hem zowat in mijn omhelzing als ik tegen hem zeg dat ik alles wat me in de rest van mijn leven zal overkomen, ook altijd aan hem te danken heb.

Na drie weken reizen door Amerika verlang ik langzamerhand weer naar wat ondoorgrondelijke teksten en metafysische zwaarwichtigheid, naar iets Europees, en het lijkt alsof deze stad dat te bieden heeft. Uit de huizen van Reno stromen mannen, vrouwen en kinderen en ze zoeken een plek voor het podium in de hoofdstraat. Sommigen hebben hun eigen stoelen meegenomen en een picknickmand met drank en sandwiches. De mensen kennen en begroeten elkaar en ik zeg tegen Ischa dat ik me nu pas realiseer hoe weinig we dat de afgelopen weken gezien hebben.

'Hyperindividualisme is afstotelijk,' zegt hij. 'Hier hou ik van. Ik hou eigenlijk niet van progressieve mensen. Ik hou van burgers die de wetten respecteren. Progressieven willen de wetten veranderen, abortus na de geboorte en zo. Het is net als met mode. Helemaal niet met de mode meedoen heeft iets abjects.'

Met een applaus wordt het symfonieorkest begroet dat op het podium heeft plaatsgenomen en het applaus zwelt aan wanneer de dirigent naar voren komt en voor het publiek buigt.

'Dit is leuk,' grinnikt Ischa, 'Beethoven in Reno, Nevada.'

'Ja, dit is leuk.'

'Connie? Ik vrees dat ik gelukkig ben.'

'Ai!'

Bij het wakker worden merk ik het al. Ik hoef mijn arm maar om die mooie, compacte tors te slaan om te voelen hoe het lichaam me afwijst, hoe gesloten het is.

'Ben je weer eens te gelukkig geweest, Is?'

'Hoezo?' gromt hij.

Omdat het steeds zo gaat, leg ik hem uit. Omdat zo veel geluk voor hem onverdraaglijk is, omdat hij zichzelf daarna bestraft door zich van me te verwijderen, want ik ben schuldig aan zijn geluk en schuldig aan zijn geluk betekent schuldig aan een moment van het vergeten van de wanhoop over de afwezigheid van zijn ouders.

'Ik werd vanochtend wakker en ik dacht: als ik zo van Connie blijf houden als ik nu doe, dan betekent dat ook dat ik voor het eerst in mijn leven mijn moeder in de steek zou laten, nee erger, zou verraden.'

Hij zegt het zo lief, zo angstig.

'Het breekt mijn hart als je zo bent, Is,' zeg ik.

'Ik ben bang,' zegt hij.

'Dat kun je maar het beste laten zien, dan.'

'Maar daar ben ik juist bang voor.'

We trekken ruim een week uit voor Lake Tahoe. De eerste drie dagen van de week verblijven we aan de noordkant van het meer, in een houten boshut zonder enige luxe. Er is zelfs geen tv.

'Red je het wel zonder soap?' vraag ik.

'Natuurlijk,' zegt hij, 'ik hoef alleen maar naar onszelf te kijken, wij zijn soap, "Adam en Eva in het paradijs", voor de zondeval wel te verstaan.'

Vanuit de boshut is het tien meter lopen naar de rand van het meer. Er staat een bonkige houten tafel en een bank. Ischa leest en ik lig vlakbij, op mijn buik, met een boek, in de zon.

'Er zijn twee oorzaken voor een plots optredende blindheid,' zegt hij, terwijl hij een blik werpt op mijn fosforescerend roze bikini, 'het licht in North Lake Tahoe en jouw bikini.'

Het loopt tegen enen en ik krijg trek. Op het moment dat ik opkijk van mijn boek doet Ischa precies hetzelfde.

'Cottage cheese,' zeggen we tegelijkertijd en schrikken daarvan. Daarna schieten we in een zenuwachtige lach.

'Dat betekent dat we voor elkaar bestemd zijn,' zegt Ischa ondanks zichzelf.

Drie dagen zonder televisie is het maximum voor Ischa en als we verder trekken om de laatste vier dagen van de week in South Lake Tahoe door te brengen, wil hij een superdeluxe hotel met wel drie televisies.

'Ik trakteer,' zegt hij.

We vinden wat we zoeken, een benedenkamer in een hotel. Vanaf het terras kijken we uit op het meer en een pier. Bij het uitpakken van mijn koffer blijkt dat ik het bovenstuk van mijn bikini heb laten liggen in de boshut.

De omgeving van South Lake Tahoe komt me zo bekend voor, maar ik weet niet waardoor. Het is Ischa die het ontdekt. Stralend komt hij binnen met een folder, die hij in de lobby van het hotel uit een rek gehaald heeft.

'Ik weet het! You're home, baby.'

De voorkant van de folder doet mijn hart al sneller kloppen. Daar staan ze, in de Technicolor van die eerste series in kleur, hecht verbonden naast elkaar, lachend, gelukkig, trots en zelfverzekerd, mijn fijne Bonanza-boys. Virginia City is helemaal niet ver hier vandaan en in Virginia City staat de Pondorosa-ranch en de Pondorosa-ranch kun je bezoeken.

'Laten we onmiddellijk gaan,' zeg ik.

'This is going to be a sentimental journey,' zegt Ischa op een jengeltoon en ik druk me tegen hem aan, sla een been om zijn heup, steek een duim in mijn mond en vlij mijn hoofd tegen zijn borst. Hij moet er op die verslavend verlegen manier om lachen en vanaf dat moment weet ik dat ik die omhelzing er voor de rest van ons leven in houd.

Alleen al de, op houten aanwijsborden geschilderde, naam van de ranch bezorgt mij de bijkans onverdraaglijke mengeling van grote opwinding en weemoed. Ik ben wild van nostalgie.

'Dat wordt me nog wat,' mompelt Ischa als we de auto achterlaten op het parkeerterrein en de heuvel beklimmen die naar de Pondorosa-ranch leidt. Het kan me niet snel genoeg gaan en ik heb de neiging om me aan de arm die hij om me heen geslagen heeft, te ontworstelen en naar boven te hollen.

'Kalmeer, Con.'

En dan doe ik dat ook.

Oog in oog met de ranch ben ik teleurgesteld, omdat ik het gebouw nauwelijks herken.

'Ik geloof dat ik de verkeerde camerapositie heb,' zeg ik een beetje paniekerig tegen Ischa.

'Misschien had je het niet moeten zien,' zegt hij lief. 'Het is te werkelijk. Je mist het televisiescherm en de muziek en de ondertiteling en jullie kamer thuis en de jaren zestig en je broers. Er is hier meer niet dan wel.'

Ik vind het zo aardig van hem dat hij zoiets zegt, dat ik me voor de tweede keer die dag eenbenig om hem heen klem, mijn duim in mijn mond steek en me niks aantrek van al die toeristen die een beetje verbaasd kijken naar een van de lach hikkende man die een duimende vrouw in zijn armen houdt. Nog voordat ik me van hem losgeweekt heb hoor ik opeens de tune van *Bonanza*, pak zijn hand vast en sleur hem mee naar waar de muziek vandaan komt. In de hoek van de schuur hangt een televisie en daarop verschijnt de kaart van Virginia City en omgeving. Het midden van de kaart begint te schroeien en terwijl de vlammen zich naar de rand van het scherm likken, komen mijn boys flank aan flank op paarden aan gegaloppeerd, Ben, Adam, Hoss en Little Joe. Intussen knijp ik Ischa veel te hard in zijn hand.

'Ik kan wel janken, Is,' zeg ik.

'Valt je niks op?' vraagt hij als we al een paar uur rondscharrelen over het erf en een pils drinken aan een saloontafel. Mij valt nooit iets op, mij moet je overal met de neus op drukken.

'Wanneer is die Michael Landon overleden, een week of twee geleden? Er wordt hier met geen woord over zijn dood gerept.'

Het is waar. Zelfs de vlaggen hangen schandalig juichend in de toppen van hun stokken te wapperen.

'Dat is de genadeloze wet van de fictie,' meen ik te moeten zeggen, 'en daar dan de laffe, maar zeer Amerikaanse interpretatie van. Little Joe lives forever.'

Een ster is hier al heilig bij het leven en daarom onsterfelijk. Roem fascineert me, omdat hij volgens mij te maken heeft met de wetten van de fictie. Roem maakt van een persoon een personage in het leven van anderen. Pas nadat ik Ischa mijn doctoraalscriptie filosofie heb laten lezen, is hij opgehouden een aantal onderwerpen voor zichzelf op te eisen. Ik deed het om de angst te beteugelen dat ik op zijn terrein zou komen, dat ik mij onderwerpen zou toe-eigenen die hij als de zijne beschouwde, waarmee hij zich al jarenlang bezighield, God, religie, roem, het persoonlijke en het publieke.

'Het is nog veel erger dan ik dacht,' zei hij nadat hij de scriptie las, 'je lijkt niet alleen op me, je bent ook nog eens met hetzelfde bezig. Als dat maar goed gaat.'

Het weerzinwekkende lot van de oude filosoof Socrates verbijsterde hem.

'Het is alsof je je eigen lot voorspeld hebt,' zei hij en dat het iets beklemmends had. Maar ik had hem tegengesproken en gezegd dat het schrijven geen lot was, maar de keuze voor een manier van leven. Hij zei dat hij het merkwaardig vond, maar toch wel weer typisch iets voor mij, dat iemand eerst de effecten en consequenties van het publiek worden geanalyseerd had voordat ze het zelf werd. Ja, beaamde ik, dat zoiets inderdaad typisch iets voor mij was.

'Je kunt toch niet kiezen voor roem?' gaat hij 's avonds volhardend door. We zitten op ons terras en kijken uit op Lake Tahoe. 'Het is hetzelfde als het principe van de zondebok: je wordt tot zondebok gemaakt om iets op te knappen voor de anderen.'

De analyse van zijn eigen rol als zondebok in het gezin waarin hij opgroeide is ook een van de passages die ik herhaaldelijk opnieuw opsloeg in *Brief aan mijn moeder*. Ze is pijnlijk en knap. Om twee studies te kunnen betalen deed ik in mijn studententijd veel redactiewerk en een van de boeken die ik redigeerde ging over de zondebok, maar wat hij erover schreef was beter en scherper.

Ik vraag hem of hij zich nog herinnert wat hij toen schreef, over zichzelf als zondebok. Hij zegt dat hij het niet meer precies weet, dat hij dat boek in een roes geschreven heeft en er voor hem nog steeds sommige passages duister zijn, waar, maar duister.

Wat ik me ervan herinner probeer ik te parafraseren, dat hij volgens mij inderdaad schreef dat het niet om een keuze ging, maar om iets wat hem aangedaan werd, een rol die hij opgedrongen kreeg, waarschijnlijk om het huwelijk van zijn ouders in stand te kunnen houden en om zijn broer en zus te beschermen tegen de drift en agressie van zijn vader en moeder. Maar wat ik me het beste herinnerde was dat hij daardoor ook uitzonderlijker was dan die anderen en de meeste aandacht kreeg. Ik zeg hem dat me nu die ansichtkaart te binnen schiet die hij me laatst toestak. Op de voorkant staat een tekening en daaronder staat de tekst: 'Er is geen tweede zoals jij' en dat hij toen op de achterkant had geschreven: 'Gelukkig maar!'

Ischa moet er zelf weer om lachen.

'Niet ongeestig, toch?'

Dan ben ik uit mijn verhaal en weet ik helemaal niet meer waarom ik met die ansichtkaart op de proppen kwam en Ischa helpt me door te zeggen dat de enige troost voor de zondebok natuurlijk zijn unieke positie is. En dan weet ik het weer.

'Je kunt wel kiezen voor roem,' zeg ik. 'Je kunt kiezen voor een leven in de marge, voor de positie van buitenstaander en door een worp te doen naar de roem, doe je een worp naar de uitzonderingspositie. Publiek worden marginaliseert.'

'Maar dat is toch geen vrije keuze! Waarschijnlijk maak je een positie waar, waartoe je allang gepredisponeerd bent.'

Dat kan. Zoals lichaam en geest geen onafhankelijk bestaan leiden, doen lot en keuze dat ook niet. Vrije keuze bestaat niet. Iedere keuze wordt gemaakt in een schakel van gebeurtenissen die begint op het moment van je onverkozen bestaan.

'Daar ben ik nou iedere dag mee bezig,' zeg ik vermoeid, want het gesprek windt me op en geeft me tegelijkertijd nog niet de rust van het inzicht waarnaar ik verlang.

'Wat wil je precies weten?' vraagt Ischa.

'Waarom ik geworden ben wie ik geworden ben.'

'Dat is een goeie vraag, lieverd,' zegt hij gul en zacht.

Voordat we in slaap vallen vraagt hij: 'Connie? Als ik één zeg, wat zeg jij dan?'

Ik zeg niks.

'Corinthiërs 13.'

Langzamerhand kijk ik ook naar de wereld met een Dikke Man-blik. Iedere dag doet zich wel iets voor wat aanleiding vormt tot de uitroep: 'Dikke Man!' Dat gebeurt ook op de avond van de negentiende juli, wanneer Julio Iglesias optreedt in Circus Maximus, Caesars Palace te Tahoe. We hebben een half uur in de rij gestaan om kaartjes te bemachtigen voor het optreden van deze Spaanse kwal, maar het is tijdens het voorprogramma dat ik Ischa aanstoot en hem toefluister dat dit toch wel een Dikke Man wordt.

''k Dacht het wel,' zegt Ischa.

Op het toneel staat een man als een tonnetje, een zeer kleine en buitensporig dikke uitvoering van Groucho Marx. Aan hem de taak om een publiek van tweeduizend mensen op te warmen voor Julio Iglesias.

'U heeft lang genoeg gewacht op de attractie van deze avond, die latin lover met zijn natte lippen en dat zwoele repertoire. Well, here I am!'

Ik moet daar erg om lachen.

Maar dat is dan ook voor het laatst.

De komiek, die later door Ischa De Zwaarlijvige Man Op Het Toneel wordt gedoopt, staat daar in een kegel van licht op een droge toon grappen te debiteren die te flauw zijn voor woorden, maar waarom het publiek hard moet lachen. Toch heeft hij, zoals hij daar staat, iets ontroerends en als Ischa zijn geopende hand op mijn dij legt, nestel ik de mijne erin. Ik weet niet of hij hetzelfde ziet als ik, of hij ook vindt dat deze man op hem lijkt. Sommige gevoelens kunnen alleen door anderen opgeroepen worden en ik geloof dat ontroering daar een van is. Ik geloof niet dat je door jezelf ontroerd kunt raken. De man op het toneel is aandoenlijk op een manier die me aan Ischa doet denken, als hij achter de microfoon staat in Eik en Linde en daar zijn lied zingt. De ontroering wordt veroorzaakt door de aandoenlijkheid van een lichaam, van een houding, een beweging, in ieder geval van iets wat je zelf niet kunt zien, omdat je in die doos van het lichaam zit en er niet van buitenaf naar kunt kijken. Daarom doen film en televisie iets vreemds met je. Ze plaatsen je buiten de gevangenschap van het lichaam en ze reiken je de blik van de anderen aan. Je ziet jezelf zoals je gezien wordt en vanaf dat moment maak je ook een personage van jezelf. Je krijgt de ogen van anderen binnen.

Vanavond aan Ischa vertellen, denk ik terwijl ik het zit te bedenken en ik verheug me al bij voorbaat op wat hij hierover zal zeggen.

Naast me schiet Ischa in de lach. Op een gortdroge toon heeft de komiek het recept van zijn vermageringskuur aan het publiek prijsgegeven: 's ochtends veertig valiumpillen slikken, dan glijdt het eten vanzelf uit je mond. Het is het eind van zijn optreden en een aantal minuten daarna wordt Julio Iglesias met een enorm applaus begroet.

'Het is wel een heel erg gekamde man,' fluistert Ischa in mijn oor, 'zo'n man uit een tubetje.'

Na zijn optreden zullen we tegen elkaar zeggen dat we nog nooit zo'n consequent foute man hebben gezien als Julio Iglesias.

'I'm happy to be masculin,' herhaal ik 's nachts achter het stuur van de Chevy, op de terugweg naar het hotel, en ik probeer Julio daarbij zo goed mogelijk na te doen. 'I'm so happy to be masculin. You know why? I don't want to be sewed. The first words I learned in America were: I sew you.' Daarna steek ik een vinger in mijn mond.

'Puke, puke. I was early. I was like a rabbit. Puke, puke.'

'Hij hangt een beeld op van de Mediterranee en van Europa dat niks met Europa te maken heeft,' zegt Ischa.

'Puke, puke,' zeg ik.

Ischa smeert een pijnlijke plek op mijn rug een aantal keren per dag in met een vette crème.

'Het zijn allemaal kleine blaasjes en ze breiden zich alleen maar uit,' zegt hij bezorgd.

De pijn is soms ondraaglijk, als een brandwond die ergens diep onder de huid voortschroeit. Ik ben het niet gewend om over pijn te klagen en dat doe ik ook niet.

Tweeënhalve maand geleden verlieten we San Francisco via dezelfde brug waarover we nu weer de stad binnenrijden. Ischa leidt me zonder aarzeling naar 7th Street, waar we intrek nemen in hetzelfde motel waarin we toen logeerden. We verheugen ons op een weerzien met Laszlo. Tijdens de rit kan ik mijn rug niet tegen de leuning aandrukken, omdat die plek zo zeer doet. Ischa zegt dat hij zich zorgen begint te maken, omdat het maar niet over gaat. We vragen ons af wat het is en als hij die avond tegen elven mijn rug insmeert en ziet dat die plek zich alweer flink heeft uitgebreid zegt hij opeens: 'We gaan nú naar een dokter.'

Omdat ik gezegd heb dat het voelt alsof die pijn binnen in me zit en zich daar lopend een weg baant, heeft hij zich in zijn hoofd gezet dat ik weleens een beestje onder mijn huid kan hebben, want dat is een ziekte die hij kent van de tijd dat hij en zijn familie in Suriname woonden. Ik sputter tegen. We kunnen net zo goed tot morgenochtend wachten, ik heb het nu al zo lang. Maar Ischa is paniekerig en hij is ook een beetje kwaad, omdat ik niet klaagde over die rug en hij pas tijdens de rit naar San Francisco zag dat ik veel pijn moest hebben.

In het donker lopen we naar de nachtwacht van het motel. Hij raadt ons de Eerste Hulpafdeling van het St. Francis Memorial Hospital aan en belt een taxi. Het is bijna middernacht als we daar aankomen. Achter een glazen wand zit een vrouw die onverstoorbaar blijft als Ischa zegt onmiddellijk een arts te willen zien en zij rustig eist dat ze toch echt eerst zijn creditcard wil zien.

'But my wife is in pain.'

Ik word niet behandeld voordat hij wat formulieren heeft ingevuld, er een afdruk is gemaakt van zijn creditcard en handtekeningen zijn gezet. Daarna ontstaat er nog wat stennis omdat ik wil dat hij met mij meegaat naar de behandelkamer.

'I want my man to be with me.'

Uiteindelijk mag hij mee in de altijd zo aangenaam schemerige behandelkamer, waar twee artsen na een korte blik op mijn rug constateren dat ik shingles heb en dan valt ook nog het woord chicken pox. Ze vragen aan Ischa of hij met mijn huid in aanraking is geweest en hij antwoordt dat hij, of course, dagelijks met mijn huid in contact is geweest. Is hij zelf in zijn jeugd ingeënt tegen chicken pox?

'Nee,' zegt Ischa grimmig, 'die service leverden ze in het concentratiekamp niet.'

Had hij dan ergens op zijn lichaam dezelfde verschijnselen aangetroffen als die op de rug van zijn vrouw? Dan was er niets aan de hand, dan had er geen besmetting plaatsgevonden, want dan had hij allang zelf de shingles gehad.

Ik weet nog steeds niet precies wat ik heb. Pokken?

'We zoeken het thuis wel op,' zeggen we tegen elkaar.

Bij een nachtapotheek krijg ik een zware pijnstiller, dat is de enige hulp die ze me kunnen geven, hebben ze gezegd. Het eerste wat Ischa doet als we teruggekeerd zijn in het motel, is de *Oxford American Dictionary* opslaan bij het woord shingles.

'A painful disease caused by the chicken pox virus, with blisters forming along the path of a nerve or nerves,' leest hij voor. Aan de manier waarop hij voorleest en het woordenboek vasthoudt, hoor ik dat het woord 'painful' hem weer nijdig maakt, ook al vindt hij het onaardig van zichzelf dat hij kwaad op me is terwijl ik pijn heb. Verbeten bladert hij naar voren, zoekt 'chicken pox' op en leest afgemeten voor dat het een ziekte is die vooral bij kinderen voorkomt en waarbij er rode vlekken op de huid ontstaan.

'Het is klote,' zegt hij.

'Het is pokken,' zeg ik.

'Wil je dat nooit meer doen? Zul je me in het vervolg onmiddellijk zeggen dat je ergens pijn hebt?'

Ik beloof het.

Door het gebruik van de pijnstillers kan ik niet rijden en we blijven een dag langer in San Francisco dan de bedoeling was. We leggen onze bezoeken af bij Laszlo, eten nog een keer bij Sam's Grill en, dankzij een prikkelende omschrijving in de *Zagat*, zitten we op de middag van onze laatste dag culinair te klungelen in House Of Nanking, in San Francisco's Chinatown.

House of Nanking is een soort snackbar, met een vijftal formicatafeltjes en een open keuken waarin grote wokken op het vuur staan en aan de lopende band sissende geluiden en het schuren van de omscheplepels tegen het gietijzer te horen zijn. We nemen licht bedremmeld plaats aan een tafel. Er zijn alleen Chinezen binnen.

'Maak maar wat,' zei Ischa tegen de jonge Chinees die ons bedient. Even later staat de tafel vol met kleine schotels waarin verschillende vlees- en groentegerechten zitten. In het midden van de gerechten prijkt een bord met hele bladen ijsbergsla die als groene kommen in elkaar geschoven zijn. Het enige voorhanden bestek zijn de opscheplepels die bij de schotels liggen. Volstrekt onwetend scheppen we van elk gerecht een hoopje op ons bord en gebruiken de opscheplepels om mee te eten. Plotseling duikt een oude, magere en krijsende Chinees op aan onze tafel.

'No, no, no! Wrong, wrong!'

Hij posteert zich naast Ischa, trekt bijna hardhandig de lepel uit zijn hand en terwijl hij in het Chinees vervloekingen mompelt, neemt hij demonstratief een blad ijsbergsla van het bord, schept het vol met een mengeling van gerechten en reikt Ischa het gevulde slablad aan. Zo moet het dus. Ischa ziet eruit als een kleine jongen, beduusd en schaapachtig grinnikend. We kunnen eigenlijk niks meer op en we durven ook onze schoolkinderachtige nervositeit niet weg te lachen. Ik zit met mijn rug naar de open keuken gekeerd en kan alleen maar horen wat zich daar afspeelt. Met lange tanden happen we in het gevulde slablad en intussen beschrijft Ischa hoe de oude man de jonge bediende staat uit te foeteren in rap Chinees. Pas drie weken later kan ik in een Dikke Man lezen wat daar gezegd werd.

'Wat ben jij toch een luilebol,' schreeuwde De Oude Chinees, in het anders zo geestige stadbargoens dat wel te Peking-Centrum wordt gebezigd. 'Dat die vette bleekscheet daar niet weet hoe je fatsoenlijk moet eten, is nog tot daaraan toe. Maar dat jij niet ingrijpt als hij onze gerechten vermoordt! Wat ben jij toch voor een waardeloos, totaal onnut individu!'

Tot zijn schrik verstond De Dikke Man elke lettergreep die De Oude Chinees uitstiet en hij glimlachte onmachtig naar De Hoogstongelukkige Jongeman Uit Shanghai-Zuid.

Vlak voor ons vertrek naar Amerika heeft Ischa een van zijn dromen waargemaakt: hij heeft met de hoofdredacteur van Het Parool een contract gesloten voor een dagelijkse Dikke Man-column in de krant. Vanaf maandag 5 augustus zal Ischa zes dagen per week iedere ochtend een Dikke Man naar Het Parool faxen. Omdat we pas de tiende augustus terug zullen zijn in

Amsterdam, hebben we besloten de laatste twaalf dagen in Los Angeles door te brengen, zodat hij kan werken. Via Big Sur en Santa Barbara komen we er op een zondagmiddag aan en vinden vlak bij het strand van Marina del Rey een hotel dat ons bevalt en waar we een kamer krijgen die voor Ischa geschikt is om in te schrijven. Het is nog ruim een week voordat hij dagelijks moet gaan, maar soms is hij tegelijk verzonken en nerveus op een manier die ik nog niet van hem ken. Als ik hem vraag of het vooruitzicht op de dagelijkse column hem zenuwachtig maakt, ontkent hij dat. Maar ik hoef me alleen maar op een andere zij te draaien in bed of hij vraagt me wat er is.

'Als je niet zenuwachtig bent, waarom doe je dan opeens zo onzeker over wat er met mij is?' vraag ik nadat hij voor de zoveelste keer tijdens de afgelopen dagen polste naar wat er is.

'Onzeker, onzeker. Ik? Heb je die rotsen daarbuiten aan de kust gezien? In vergelijking met mij zijn die rotsen onzeker. Ze zullen nog eens naar mij toe komen om aan mij te vragen wat ze moeten doen. Onzeker, laat me niet lachen.'

'Go fuck yourself, Ischa Meijer!' zeg ik.

'Hoezo?' doet hij nu heel verbaasd.

Reuben's is onze lievelingsketen en we hebben er een vlak bij ons hotel. Ischa past nu moeiteloos in zijn korte broek en hij wil eindelijk weleens weten hoeveel hij afgevallen is. Bij Reuben's in de hal staat een weegschaal en vanaf het moment dat Ischa die ontdekt heeft wippen we er iedere dag even binnen. Het duurt nog even voordat we de sleutel gevonden hebben waarmee we pounds kunnen omrekenen tot kilo's. We doen dat door mij te wegen en vervolgens ervan uit te gaan dat 110 pound overeenkomt met iets minder dan 50 kilo. Ischa is meer dan zeven kilo afgevallen.

'Omdat ik gelukkig ben,' zegt hij.

'Omdat je jezelf geen geweld aandoet,' zeg ik.

Hij vraagt wat ik daarmee bedoel en dan zeg ik hem dat hij in Amerika, waar we vierentwintig uur per dag bij elkaar zijn, geen geheimen gaat koesteren, nergens over hoeft te liegen en dat hij even bevrijd is van de blik van anderen. Hij kan duizend keer tegen mij zeggen dat het hem nooit opvalt dat in Amsterdam de mensen op straat elkaar aanstoten, zijn naam fluisteren, hem herkennen, ik zal het duizend keer niet geloven. Niet omdat het een leugen is, maar omdat hij niet meer weet dat hij het weet.

Voor mij is het verschijnsel nieuw en ik weet dat de mogelijkheid om herkend te worden iets met je doet. Ik vertel hem wat ik zat te denken toen we het optreden van Julio Iglesias zagen, over de blik van anderen die je binnenkrijgt, terwijl die buiten hoort.

'Het is de structuur van de schaamte,' zegt Ischa. 'Jezelf zien met de ogen van anderen.'

'Dat is het niet eens zozeer,' zeg ik. 'Ik zie mezelf niet met de ogen van anderen, maar ik weet wat anderen zien.'

'Bekend willen worden is herkend willen worden,' zegt hij aforistisch.

'Of erkend,' zeg ik en ik voeg eraan toe dat het grootste voordeel van het openbaren van je dromen of talent is, dat je ophoudt een ingebeeld wezen te zijn, dat je daarmee een einde maakt aan je eigen verbeelding, aan je Kees de Jongen-fantasieën. Je maakt je waar.

'*Kees de Jongen* is het mooiste boek dat ik ken.'

'Ik heb het nooit gelezen.'

'Maar hoe weet je dan wat Kees de Jongen-fantasieën zijn?'

'Fictie is overal,' zeg ik. '*Romeo en Julia* heb ik ook nooit gelezen, maar daarom is het verhaal me niet onbekend.'

We proberen van LA te houden, maar het lukt niet. Aan het strand is het aangenaam, maar Ischa noch ik vinden het een prettige stad.

'Zaten we nog maar aan de oever van De Rivier Van De Verloren Zielen,' heb ik al een paar keer verzucht.

We maken twee keer een Hollywood-tour, volgen een rondleiding bij Columbia Pictures, wonen een opname van *Perfect Strangers* bij, lopen over de Avenue of the Stars, bezoeken Beverly Hills en winkelen in Rodeo Drive, maken lange wandelingen naar Venice, rijden dagelijks even naar Farmers' Market en intussen begrijpen we na een week nog niks van deze stad.

Op maandag 5 augustus vieren we dat Ischa met *De Dikke Man* dagelijks gaat en dat hij en ik een half jaar dagelijks gaan.

'Het is alsof je er altijd was,' zegt Ischa.

We begrijpen allebei niet hoe het kan. Zelfs Ischa, die altijd overal een uur vroeger verschijnt dan afgesproken en met wie ik nu al twee keer twee dralerige uren op Schiphol heb doorgebracht, omdat hij bang is het vliegtuig te zullen missen, heeft zich vergist in de vertrektijd. We zitten om acht uur 's ochtends nog doodgemoedereerd muffins te eten op de binnenplaats van het hotel, als het ons met een klap duidelijk wordt dat we veel te weinig tijd hebben uitgetrokken om in de ochtendspits naar LA Airport te rijden, de auto bij Alamo in te leveren en het vliegtuig naar Amsterdam te halen. Het vertrekt om halftien.

Vanaf dat moment hollen we. We graaien de nog oningepakte spullen bij elkaar, proppen ze in onze koffers, gooien met een ruwheid die bij geen van ons beiden past, onze tassen met boeken in de achterbak van de Chevy en dan jaag ik die auto met hundred miles an hour door de straten van Los Angeles. We volgen de aanwijzingen op van de hoteleigenaar en verdwalen. Ischa is woedend, maar te redelijk om die woede op mij bot te vieren. Nu moet die man het ontgelden, die domme hufter die te achterlijk was om ons duidelijk te maken hoe we moesten rijden en wiens schuld het is dat wij nu de weg kwijtraken en het vliegtuig gaan missen.

'Stop!' schreeuwt Ischa.

Ik ben ook kwaad en zenuwachtig en ik stop met gierende remmen.

'Kamikazetrut!' snauwt Ischa me toe als hij het portier opent en naar het dichtstbijzijnde café holt.

We moeten precies de andere kant op. Op de weghelft aan de overkant rijdt heel veel verkeer en ik moet me er stapvoets invoegen. LA Airport blijkt dan heel dichtbij, maar we ontspannen pas nadat het vliegtuig is opgestegen en we onze wijsvingers ineenhaken.

Voorlopig hoeft hij even niet naar Amerika, heeft Ischa gezegd. Hij heeft het nu wel gezien. Ik heb het nog lang niet gezien, maar ik laat het betijen. Net als ik vond hij Los Angeles vreselijk en De Dikke Man heeft hem te lang aan die stad gekluisterd.

Overdag zwerft hij door Amsterdam. Soms belt hij een aantal uren niet. Ik word wild van onrust en ongeluk, maar ik laat hem, en 's avonds als hij thuiskomt ben ik er en dan hou ik me groot. Aan zijn gezicht zie ik dat hij zich schuldig voelt, maar wat heb ik daar aan? Na een week zeg ik dat tegen hem, dat ik geen idee heb wat hij overdag uitvreet en dat ik het ook niet hoef te weten, maar dat ik er niks aan heb dat hij zich ook maar ergens schuldig over voelt.

'Dat het pijn doet, hier,' zeg ik terwijl ik op mijn hart wijs, 'dat betekent niet dat jij me daar opzettelijk gestoken hebt.' Dat ik het onontkoombare voor lief neem, voeg ik daaraan toe, maar dat schuld een schild is waar ik niet tegenaan wil lopen.

Een week lang heeft De Dikke Man zich nog afgespeeld in Amerika. In de vroege ochtend geniet ik van het weerzien met de buurman uit Durango en met de neger in de wasserette van Los Angeles, eet ik weer in House of Nanking, erger me aan een buitensporig dikke vrouw in een coffeeshop te Santa Barbara en krijg dan eindelijk te horen welke conversatie ze met haar eveneens zeer dikke dochter voerde, loop naast hem door een minimarket en zie de komiek het publiek opwarmen voor Julio Iglesias, woon de opname van *Perfect Strangers* bij en herinner me dan pas weer die merkwaardige man die ons als publiek moest warmstomen om The Perfect Public te zijn.

'Ik zou veel kwijt zijn als ik *De Dikke Man* niet had,' heb ik tegen hem gezegd.

Tot laat in de nacht heeft hij muziek voor me gedraaid, Charles Trenet en Leo Ferré en als die ochtend de wekker om halfzeven afgaat zegt hij dat ik maar moet blijven liggen, dat ik nog wat moet slapen. Een paar uur later word ik wakker. Hij staat naast het bed en kijkt lief.

'Hier, mijn stukje en koffie.'

Ik ben het gewend om *De Dikke Man* te lezen terwijl hij naar mij kijkt en van mijn gezicht probeert te lezen wat ik ervan vind, maar dit keer loopt hij de slaapkamer uit.

Het is een brief, denk ik.

De Dikke Man ontmoet De Licht Cynische Vriend die aan zijn vriendin heeft opgebiecht dat hij is vreemdgegaan.

'Ojee,' zei De Dikke Man.

'Heb jij dat weleens gedaan? Zoiets aan vriendin of echtgenote verteld?' vroeg De Licht Cynische Vriend.

'Ik heb nog nooit, in mijn hele leven, ook maar het lichtste vergrijp aan iemand verklapt,' fluisterde De Dikke Man, tamelijk mismoedig.

Schuldgevoel

is doorgaans

niks anders

dan

schijterigheid

dichtte hij.

Nog voordat ik de column uitgelezen heb kijkt hij om de hoek van de slaapkamer naar binnen.

'Geknald?'

'Je wilt alleen maar weten of ik huil, maar ik huil niet, schijterd,' zeg ik, terwijl de tranen over mijn wangen rollen, 'het is de wind.'

Hij duikt zo onstuimig op me dat het bed ervan kraakt.

Die dag belt hij als vanouds weer ieder half uur.

'Daarnet liep ik over de brug en toen moest ik opeens iets denken. Niet lachen, het is heel serieus en ik kan het alleen via de telefoon zeggen. Ik dacht: stel dat het nu eens echt waar is. Nee, laat ik het goed proberen te zeggen. Stel dat ze meent wat ze schrijft en dat ze echt op zoek is naar geluk, dacht ik. En ik wist dat je het was en daar werd ik heel gelukkig van.'

We schrijven allebei een artikel voor Esquire over het tweemaandelijkse verblijf in Amerika. De beschrijving van zijn Amerika is de beschrijving van een overgang, van de tocht van een man die alleen reisde naar de tocht van een man die met een ander reist. Het is de tocht van de ontluistering van een jeugddroom, waarin een werkelijkheid gezocht en een illusie gevonden wordt. Amerika was, is en zal blijven: een idee. Filmsterrenplaatjes bij Maple Leafkauwgum.

'Ik wist niet dat je zo teleurgesteld was door Amerika,' zeg ik nadat ik het gelezen heb.

'Ik durf me die teleurstelling voor het eerst in mijn leven toe te staan,' zegt hij. 'Dat heeft met een gevoel van veiligheid te maken, zei Tas.'

Ischa is elders. Vanochtend vertrok hij met zijn koffertje en cassetterecorder naar Leiden om een sinoloog te interviewen over zijn vertaling van Chinese poëzie. Ik maak mijn dagelijkse gang over de Rozengracht, op weg naar de Allard Piersonstraat en de onrust van het missen van Ischa.

Er lagen zulke hoge stapels boeken op de vloer van de woonkamer in de Reestraat, dat Ischa een timmerman verzocht heeft vandaag, tijdens zijn afwezigheid, een nieuwe boekenkast toe te voegen aan de al drie bestaande boekenkasten. Zonder me af te vragen hoe het zit met de sleutels, heb ik vanochtend de timmerman binnengelaten. In de loop van de middag gaat de telefoon. De timmerman is opgesloten in de Reestraat. Hij kende alleen mijn voornaam en kon mijn nummer niet opzoeken in de telefoongids. Zijn oog was gevallen op *De Dikke Man* van vandaag, die boven op de stapel getikte vellen lag.

Dametjes

niet talmen

en

wordt

net

als

Connie Palmen

dichtte hij, vertederd,

   las de timmerman en toen wist hij het weer.

De foto is groot en opgerold als een affiche. Hij is in zwart-wit en toont een twintigkoppige familie. Een van de vrouwen moet de zus van Ischa zijn. Ik bekijk alle vrouwen en herken niemand als zijn zus.

Fons geeft me de foto en zegt dat ik haar mag houden, dat hij er toch niks mee doet. Hij zegt dat het misschien wel wat betekent voor Ischa.

Fons is een van mijn oude vrienden. Tijdens mijn studie redigeerde ik niet alleen boeken; ik poetste huizen, was secretaresse op een reisbureau, bediende in restaurants en ik werkte in een galerie voor kunstenaarsboeken en in een galerie voor moderne beeldhouwkunst, die van Fons. Iedere maand bezocht ik een atelier en schreef de persberichten voor de komende tentoonstelling.

Fons heet Welters, maar zijn moeder is een Chorus. Hij wist dat een van zijn neven met de zus van Ischa getrouwd was, maar hij had geen contact met die neef. Hij herinnerde zich een aardige man, maar helemaal in de haak was hij niet. Hij had hem ooit in een discussieprogramma op de televisie rechtse meningen horen verkondigen en hij had zich daar plaatsvervangend voor geschaamd.

'Fout na de oorlog,' zegt Ischa als ik hem vertel over de familie Chorus. De vader van de man van zijn zus publiceerde na 1945 een nationalistisch, psychologisch portret van ons Nederlanders, maar de man van zijn zus had hij nooit ontmoet.

Ischa herkent haar ook niet onmiddellijk op de foto.

'Ik denk dat dit haar moet zijn,' zegt hij als hij een kleine, donkerharige, dikke vrouw aanwijst. 'Ze lijkt op mijn moeder, ze is alleen een stuk lelijker.'

Het is heel gemakkelijk om via Fons aan het adres van zijn zus te komen, zeg ik en dat ik, als hij dat ook wil, kan proberen om hem weer met haar in contact te brengen.

'Het is toch je zusje,' zeg ik en dat het hebben van familie zo weer wat reëler wordt.

'Ze wil me toch niet zien,' zegt hij, 'ze haat me.' Daarna zegt hij dat ik het gerust mag proberen, maar hij wil zelf met het zoeken van contact niks te maken hebben. Het idee dat hij haar weer terug zou kunnen zien vindt hij fijn en eng.

Eind augustus schrijf ik een brief aan Mw. Chorus-Meijer. Zonder van enthousiasme over te lopen, reageert ze behoedzaam maar welwillend en na met haar gebeld te hebben, rijd ik Ischa op een mooie, herfstige oktoberochtend naar Mechelen in België, naar zijn zus, haar man Rogier en hun drie kinderen. We beginnen voorzichtig, we zullen bij hen een kop koffie gaan drinken. De spiertjes bij zijn rechteroog trekken al de hele ochtend.

De deur van het huis in Mechelen wordt geopend door een lange, slanke man met vriendelijke ogen en een gesoigneerd voorkomen. Achter hem duikt een kleine vrouw met zeer brede heupen op, die er in vergelijking tot deze man, slordig en onverzorgd uitziet. Iedereen is een beetje zenuwachtig, maar de enige die dat niet toelaat is zijn zus. Daardoor heeft haar gezicht iets grimmigs, hards en afwijzends. Dat gaat er in de komende uren ook niet vanaf.

Koffie, katholicisme, eigengemaakte appeltaart, kinderen en een man, daar gaat het over. Mirjam is jood-af en heeft zich katholiek laten dopen. Ze praat aan een stuk door. Het is een exposé van haar geluk, van haar normaalheid, van het katholieke gezinsleven dat regelrecht uit De Katholieke Illustratie van de jaren vijftig komt en dat zelfs ik goddank nooit heb meegemaakt. Ze speelt een plaatjesgezin uit een vergeeld tijdschrift. Ze speelt vergevingsgezindheid, gezondheid, nuchterheid, barmhartigheid, geloof, hoop en liefde. Ik heb nog nooit zo veel onechtheid gezien en kijk haar in een voortdurende verbijstering aan. Ik ben volkomen door haar gefascineerd en ik vraag me niet eens af of ik haar aardig of onaardig vind.

'Het ontbrak er nog maar aan dat we God voor de appeltaart

moesten bedanken,' zal ik later tegen Ischa zeggen in een poging hem op te vrolijken.

Ischa zit beduusd naast me op de bank. Hij grijpt geen enkele kans om haar woordenstroom te onderbreken. Ik heb hem nog nooit zo zwijgzaam meegemaakt.

Het schiet door me heen dat hij bang voor haar is.

Mirjam vertelt hoe ze jaren geleden, na de geboorte van haar eerste kind, nog eens een poging ondernam om met die vader en die moeder in contact te komen. Ze had het ouderlijk huis in Heemstede bezocht met haar kind in de armen. Haar vader had het raampje in de deur geopend, haar aangekeken, haar gevraagd wie ze was en vervolgens het deurraampje gesloten.

'Hè Rog?' zegt ze na iedere derde zin en kijkt daarbij haar man aan met een blik uit een B-film.

Over haar vader heeft ze het consequent als over 'de man die zich mijn vader noemt', over haar moeder is ze milder. Ze heeft met haar te doen. Het is een zielige vrouw, haar moeder, ze is bedorven door het slechte karakter van haar vader. Ze heeft nog niet gezegd dat haar moeder in wezen een goed mens is, of ze laat er een gruwelijke herinnering uit haar jeugd op volgen, de herinnering aan een winter en de koude voeten die ze had, omdat haar moeder de kinderen niet goed kleedde. Mirjam had een hartenwens, gevoerde laarsjes, zoals ze die gezien had bij de andere kinderen op school. De moeder had haar mee uit winkelen genomen, maar ze had de laarsjes niet gekregen. Een dag later was ze uit school thuisgekomen en had haar moeder Mirjam lachend op haar eigen voeten gewezen. 'Kijk eens,' had ze gezegd. Ze droeg de gevoerde laarsjes waarnaar Mirjam zo verlangd had. Vooral die gemene lach zal ze nooit vergeten, vertelt Mirjam onaangedaan en ze voegt eraan toe dat het verder een goed mens was, dat ze mededogen met haar heeft en haar vergiffenis heeft geschonken.

Tegen het einde van ons bezoek moet het huis bezichtigd worden. Ischa laat zich door Rogier rondleiden en ik ben voor het eerst met Mirjam alleen. Ze zegt dat ze het Ischa uit het diepst van haar hart gunt dat hij nu eindelijk gelukkig is, want dat ziet ze. Het doet haar goed dat hij in zijn leven krijgt wat zij al jarenlang heeft, veiligheid, zekerheid, vertrouwen en warmte. Ze heeft hem nog nooit zo gezien, zegt ze, zo vol liefde en zo zacht.

Bij het afscheid zegt Ischa dat hij de hele familie graag wil trakteren, op een lunch of een diner, wat ze maar willen.

'Dag oom Ischa,' zeggen de kinderen als we het pad aflopen.

We rijden naar de markt van Mechelen. We moeten even bijkomen. In het café van Raymond Ceulemans gaan we tegenover elkaar aan een smal tafeltje zitten.

'Het was toch het mooiste mislukte gesprek dat je kon hebben,' begint Ischa. Met iets wat op het eerste gezicht op een lach lijkt, barst hij daarna in tranen uit. Hij wou iets zeggen over Tas, maar hij kon zijn zin niet afmaken. Ik sta op, loop naar hem toe en sla mijn armen om hem heen. Hij klampt zich stevig aan me vast en wil telkens doorgaan met praten, om die huilbui te doen stoppen, maar het lukt hem niet. Het duurt even voordat hij bedaart. Als ik dan zijn gezicht in mijn handen neem en hem aankijk, zie ik dat hij bang is.

'Waar ben ik?' zegt hij als grap, maar we lachen er allebei niet om.

Ik ga weer tegenover hem zitten.

'Wat een mislukking,' zegt hij. Hij moet diep ademhalen om te kunnen praten. 'Ze weet niets van zichzelf,' zegt hij en hij grijpt mijn beide handen vast. Hij knijpt er harder in dan ik van hem gewend ben en wat hij nu wil gaan zeggen kan hij alleen maar half huilend doen.

'Je kunt van die ouwe Tas zeggen wat je wilt,' begint hij, maar hij kan de zin niet afmaken.

'Ik ben natuurlijk bang dat hij doodgaat,' zegt hij, 'of aftakelt. Hij is daar zelf ook bang voor. Daarom zegt hij tegen mij dat het gaat om de methode. Mijn analyse is toch de zege van de methode. Mirjam heeft er niks mee gedaan, met die ouders niet en met haar verstand niet. Ik heb altijd gedacht dat ik het dommerdje van de familie was en tegen haar opgezien. Twee studies, een briljante carrière in het vooruitzicht, bewonderd door haar professoren, maar het is een ongelooflijk domme vrouw. Wat een gekakel! Wat een oerdom, oppervlakkig, non-analytisch gekakel! Ze is volkomen non-introspectief. En ik dacht even, toen ik daar zat, dat ik het dan toch beter heb gedaan. Dankzij Tas. En dat ik, als ik Tas niet had gehad, ook zo geworden was als zij.'

Zodra hij de naam van Tas noemt, krijgt hij het weer te kwaad. Ik zit glimlachend naar hem te kijken. Ik vind hem zo lief en ik hou zoveel van hem. Dit is een huilbui die niet mijn hart breekt, maar waarvan ik zie dat, hoeveel pijn ze ook doet, ze ook lekker is en oud, dat ze er allang zit.

'Hoe is het mogelijk dat ik al die jaren zo tegen haar heb opgezien, en tegen die wetenschappelijke studie, dat zij zich wel kon concentreren en kon studeren en ik niet? Maar ze heeft die wetenschap gebruikt om alles te verdoezelen in plaats van te onthullen en iets over zichzelf te leren. Tas is toch mijn universiteit geweest. Ik heb mijn leven, of mijn ratio, toch gebruikt om mijn persoonlijkheid te ontplooien?'

'Ja, dat heb je.'

'Ze heeft niet één keer naar mij gevraagd, of naar mijn kinderen, niet één keer.'

'Jij bent bang voor haar en zij is bang voor jou.'

'Maar waarom dan?'

'Jij, omdat zij onbetrouwbaar is. Zij, omdat je schrijft, de waarheid spreekt en onechtheid haat.'

'Het is voor mij natuurlijk ook een heel aantrekkelijke vrouw. Dat gespeelde, die onechtheid, dat flemerige en valse, dat is precies mijn moeder.'

Even later bedankt hij me.

'Ben je blij dat je haar weer ziet?'

'Ja, ondanks alles.'

In *De Dikke Man* van de volgende dag is het verhaal verwerkt van Mirjam die haar ouders opzoekt met haar eerste kind.

'Je zet het weer onmiddellijk op het spel,' zeg ik ongerust tegen Ischa.

'In Mechelen leest niemand *Het Parool*.'

'Dat is toch zo infantiel van je. Alleen kinderen denken dat ze de zonde niet begaan hebben, zolang ze niet ontdekt is.'

Op verzoek van Ischa gaan we in de zomer van 1992 niet naar Amerika. In de weekenden huren we een auto en gaan naar Antwerpen, Brussel, Maastricht, naar mijn ouders in St. Odiliënberg en naar mijn oudste broer in Sittard. In het huis op het kerkplein, waar mijn broer Pierre woont met zijn vriendin Ine, hebben we een eigen kamer. Het is het enige huis waarin Ischa, die zich alleen op zijn gemak voelt als hij ergens voor mag betalen, wil logeren.

We vliegen voor een weekend naar Parijs en voor tien dagen naar Portugal, waar we een aantal dagen doorbrengen in een hotel aan de kust en een aantal dagen in een hotel in Lissabon.

De dag voor Quatorze Juillet vertrekken we voor een maand naar Frankrijk. In de weken daarvoor heb ik mijn oude gewoonte opgepakt om cassettetapes samen te stellen. Urenlang heb ik in zijn en mijn huis muziek gedraaid en de nummers opgenomen waarvan we houden.

'Heel die schmalze muck staat op tape,' zeg ik tegen hem op de dag van ons vertrek.

Hij heeft me weleens gevraagd hoe ik aan al die woorden kom, aan nasjen, muck en sjluk, sjleppen, sjmuck en sjmutz en toen heb ik gezegd dat het allemaal woorden zijn die voor mij uit mijn eerste taal komen of daaruit zouden kunnen komen, dat het voor mij woorden uit het Limburgs zijn.

'Ik zou een paar woorden wel in dat Nederlands willen binnenloodsen, zodat over een paar jaar niemand het nog heeft over een vaatdoek, maar iedereen dat ding een sjuttelsplak noemt.'

Hij zei daarop dat ik de enige vrouw was van wie hij een Limburgs accent en Jiddisch zou kunnen verdragen.

'Er is niks wat je doet, dat ik niet bij je vind horen,' zei hij.

Via een bezoek aan mijn ouders in Limburg en aan zijn zus en haar gezin in Mechelen, beginnen we onze reis naar Frankrijk. Ischa heeft zich voorgenomen deze zomer een boek over zijn vader te schrijven. De titel heeft hij al: *Ten tijde van mijn vader*. Al op de A2 richting Maastricht beginnen we erover, hoe dat boek eruit moet gaan zien, waarover het gaat, wat hij wil beweren.

'Het gaat vooral over religie,' zegt hij.

Pas als we onze familiebezoeken hebben afgelegd en richting Dinant koersen, duw ik een van mijn cassettebandjes in de recorder. De onbesmuikte opgewektheid van Pussycats *Smile* vult de Opel Vectra. Ischa zingt het keihard mee. Zodra het nummer afgelopen is, spoelt hij het terug en laat het opnieuw spelen. Hij zwaait met zijn knuisten in de lucht. Als ik even opzij kijk, zie ik dat de tranen over zijn wangen stromen.

'Je was ook zo moe,' zeg ik.

'Soms ben ik bang dat dat boek over mijn vader mijn dood wordt,' zegt hij met zo'n keel waarin de lucht overdwars ligt.

Pas later op de dag, als we in Dinant voor het huis van Sax van de saxofoon staan en Ischa zegt dat je leven dan toch de moeite waard is geweest, als je zoveel hebt achtergelaten dat de mensen, na je dood, de moeite nemen om een plakkaat op je woonhuis te timmeren om te vertellen dat jij daar geboren of gewoond hebt, pas dan zal ik tegen hem zeggen dat ik denk dat het een schrijver bij ieder boek dat hij schrijft, telkens weer overkomt dat hij bang zal zijn eraan te sterven, dat ik het niet zo'n gekke angst vind om te denken dat een boek je het leven zal kosten.

'Je levert het leven er toch ook een beetje bij in,' zeg ik.

Via de binnenwegen reizen we door het noorden van Frankrijk. In de auto luisteren we naar mijn tapes en praten over zijn boek. In ieder dorp dat we aandoen koopt Ischa een of meerdere ansichtkaarten en in de auto of op een dorpsplein beschrijft hij de kaarten met trefzinnen. Het is zijn archief voor het boek dat hij wil gaan schrijven.

'Wat zei je vanochtend ook alweer over dat bedrogen willen worden?'

'Mundus vult decipi,' zeg ik.

'Jij vertaalt het als: de wereld wil bedrogen worden, maar ik maak ervan: de mens moet bedrogen worden.'

Ik zeg hem dat me dat herinnert aan zijn vertaling van de beginzin van Prediker. Ik ken het alleen als: 'IJdel, ijdel, alles is ijdelheid,' maar Ischa maakte ervan: 'Vergeefs, vergeefs, alles is vergeefs.' Nu vraag ik hem waarom hij zelfs een uitdrukking als mundus vult decipi naar zijn hand zet en hij leest zijn eerste ansicht voor en antwoordt dat ook de non-fictie zich aan de wetten van de fictie moet houden en dat het wezen van de tragiek daarin besloten ligt, in de noodzaak van het bedrog.

'Nietzsche,' zeg ik vals.

'Nee,' zegt hij overtuigd, 'mijn eigen gegenseitiges Ich.'

Sinds ik, in een documentaire over popmuziek, Elvis Presley tijdens een van zijn laatste optredens heb gezien, heb ik een nieuwe act voor Ischa. Elvis staat op het podium en zingt *Are You Lonesome Tonight*. De band speelt de tune door op de achtergrond. Elvis wil de parlando doen, maar is de tekst kwijt. In een hotelkamer in Semur-en-Auxois probeer ik de act voor het eerst op hem uit en doe een murmelende, glimlachende, heupwiegende Elvis na en bral Ischa in het Amerikaans alles toe wat ik hem nog wil zeggen, maar wat ik niet durf zonder erbij te spelen.

'De imitatione,' zegt hij en hij krabbelt het op de achterkant van een ansicht.

Hij vraagt me waarom ik dat zo goed kan, iemand nadoen en ik zeg hem dat het een poging is om iemand te begrijpen, dat volgens mij iedere imitatie voortkomt uit het gevoel van verwantschap en uit liefde voor degene die je imiteert.

'Bestaat er een filosofie van de imitatie?' vraagt hij.

Er schiet me niet zo gauw iets te binnen. Het enige waar ik op kom is de verklaring van Freud, dat imitatie een onderdeel is van het vormen van een identiteit.

'Maar dat is niet wat jij aan het doen bent als je Marilyn Monroe of Elvis Presley doet.'

'Nee,' zeg ik.

Hij vraagt me of ik nog een keer aan hem wil vertellen wat ik laatst thuis in de Reestraat tegen hem zei, iets over zijn vader.

Ik weet onmiddellijk waarop hij doelt. Ik zat op de wc en hij trok de deur open en kwam bij me staan. Normaal gesproken zou hij me, zoals ik daar zat, over mijn hoofd geaaid hebben, maar dat deed hij nu niet.

'Kan het niet wat minder!' schreeuwde hij gespeeld. Direct daarna zei hij dat zijn vader dat vaak tegen hem zei, als hij langs de wc liep waarop Ischa zat. 'Kan het niet wat minder!'

'Je oefent op mij,' heb ik toen tegen hem gezegd. 'Je doet je vader na om te begrijpen hoe iemand zoiets kan zeggen, hoe iemand een kind onzeker kan maken omdat het misschien stinkt als het poept. Je vraagt je af of er nog liefde schuilgaat achter zo'n opmerking, daarnaar ben je op zoek.'

Nu vertel ik het hem weer, in de woorden waarin ik me het herinner. Hij zegt niks. Hij krabbelt iets op een nieuwe kaart.

'Ik heb veel aan je,' zegt hij dan. 'Je maakt me kalm en ik heb die kalmte nodig om het allemaal te kunnen begrijpen. Heb ik je ooit echt bedankt dat je me weer bij mijn zus hebt gebracht? Nu ze weer bereikbaar is, kan ik juist meer afstand nemen en juist door de afstand krijg ik meer inzicht in de verscheurdheid. Daar gaat het boek over, over verscheurdheid, over de synthese van de religie en over het al dan niet hebben van een persoonlijke geschiedenis.'

'Maar wat moest je nou met die imitatie?'

'Dat wat jij zei. Ik denk dat het waar is, ik denk dat de imitatie een poging is om mijn vader beter te begrijpen.'

Soms voelt het als een bedreiging, dat eindeloze praten dat we doen. De bedreiging ligt hem dan in welke gedachte van wie is en of er een eigendomsrecht bestaat op de inhoud en de vorming van ideeën. Ik denk na over mijn volgende boek. Ischa weet dat het over vriendschap en verslaving zal gaan en dat ik, toen hij vroeg waarover het echt ging, antwoordde dat het bij mij altijd over verbintenissen gaat, altijd. Nu gebruikt hij voortdurend het woord 'verbintenissen' en als we na een week toeren door noordelijk Frankrijk een appartement huren in een rustoord, kaart ik het aan, dat ik er ook weleens zenuwachtig van word, van het praten en elkaar prikkelen bij het denken.

'Het is een angst die ik af en toe ook heb bij *De Dikke Man*,' zeg ik, 'dat ik me voortdurend sprekend zie opduiken in die column en dan bang word dat ik zelf niks schoons meer overhoud om over te schrijven, maar dat het allemaal al een keer gebruikt is en tweedehands geworden is, omdat het al bij jou geschreven staat.'

'Zo vaak gebeurt dat niet,' zegt hij verontwaardigd.

'Best wel,' zeg ik.

'De Dikke Man is helemaal van mij,' zegt hij nog kwader.

'Ja,' zeg ik, 'dat ontken ik ook niet. De Dikke Man is helemaal van jou en niemand anders zou hem zo kunnen schrijven, maar je vindt nogal wat zinnen en onderwerpen binnenshuis en op straat.'

'Dat kan ook niet anders, met een dagelijkse column,' zegt hij grimmig, maar ik zie dat hij tegelijkertijd verontrust is en dat laat ik even zo.

We verblijven een week in de Auvergne. De plaats waar we een appartement gehuurd hebben heet Châtelguyon. Het is een kuuroord, bevolkt door langzaam kuierende, oude mensen en onmodieuze honden als collies en kunstig verknipte poedels. Volgens de folder is de Auvergne de streek waar het vuur en het water zich met elkaar verzoend hebben.

Over straat lopen de mensen met rieten mandjes, waarin ze hun eigen glas bewaren om dagelijks wat heilzaam water uit de bronnen te kunnen drinken.

'Ik heb vier weken om weer gezond te worden,' zei Ischa op de eerste dag van onze reis.

'Je moet uitrusten en dan is zo'n kuuroord zo gek nog niet,' zei ik over Châtelguyon.

Na drie dagen hebben we weer het ritme van thuis, van Amsterdam, met dit verschil dat we nu alles samen doen. In Amsterdam doet Ischa de boodschappen, hij wast, strijkt en kookt meestal. Ik kan ook boodschappen doen, wassen, strijken en koken, maar hij zegt dat ik hem beroof van iets leuks als ik dat van hem zou afnemen. Daarom heb ik het zo gelaten. Overdag belt hij me, vanuit de winkels waar hij is, op.

'Lieverd? Voor vanavond had ik je een goudgeel gegrild parelhoentje beloofd, maar ik sta nu in de winkel van mevrouw Witschge, en zij heeft hier een paar prachtige eendjes liggen. "Even mijn vrouw bellen," heb ik tegen mevrouw Witschge gezegd, "want ik heb Connie dat parelhoentje beloofd en zij houdt nogal voet bij stuk, dat is haar aard," dus ik wou even met je overleggen of je het lekker zou vinden als we vanavond even gezellig doorknallen op twee schattige eendjes. Ik heb net al een pond salade à negenhonderdnegenennegentig gulden per half ons gekocht bij De Dure Groenteboer en toen heb ik bovendien nog een joviale Opperdoes voor je geknald en als we daar dan eens twee van die vrolijke eendjes bij zouden savorinaliseren, lijkt me dat het toppunt van onze totale standalisering.'

Hier doen we samen boodschappen. Iedere ochtend lopen we even over de markt of duiken de delicatessenwinkel binnen. We eten veel sla, voorgekookte artisjokken, kazen, patés en voor hem is er iedere dag wel wat van dat liederlijke voedsel als pens, darmen en worst waarin lever, maag, nier en hersens verwerkt zijn.

'Het is zo gek,' zeg ik tegen Ischa, 'maar ik moet voortdurend aan Amerika denken, aan het eten daar, aan die weinig verfijnde verrukkelijke steaks en lobster tails, aan de fantasieloze saladbars en de ontbijten, met aardappelen, saus, eieren en bacon en waarom het eten hier zo anders is.'

'Dat komt door *De vriendschap*,' zegt hij.

Sinds ik in een goklokaal te Reno begreep dat mijn boek maar een titel kon hebben, maak ik verder mijn notities onder die noemer. Telkens als Ischa de naam van mijn boek in zijn mond neemt en bijvoorbeeld zegt dat De vriendschap toch over dit of dat gaat, word ik wee als een zwangere vrouw, die het in de grootste intimiteit met haar man niet heeft over het kind, maar over Max of over Sallie. Op hetzelfde moment loopt Ischa ook rond met zo'n ongebaard boek en valt de naam van het zijne meerdere malen per dag.

'Wat een vreemd verbond,' zeg ik tegen hem, 'dat je van je man weet waaraan hij denkt.' En ik zeg tegen hem dat ik er zo nieuwsgierig naar ben, naar mijn eigen boek en naar het zijne en om te zien of ze van lieverlede op elkaar zijn gaan lijken.

Hij is een maand geleden gestopt met roken. Zonder dat hij er ook maar een seconde over klaagde, hebben we het er veel over.

'Wees gerust, het komt allemaal goed,' zegt hij vaak tegen mij als hij ziet dat ik bang ben of als ik kwaad op hem ben omdat ik het op een kilometer afstand ruik wanneer hij bij een andere vrouw is geweest en hij daarover wil liegen. 'Ik heb tot nu toe in mijn leven al mijn verslavingen overwonnen.' Hij vertelt dat hij van zijn achttiende tot zijn vijfendertigste zo veel valium slikte dat hij onder een stolp leefde, niks echt meemaakte en alles op afstand hield.

'Ik ben er in een keer mee opgehouden. Pas toen ik stopte ging ik weer wat voelen en ik kan je wel vertellen dat dat helemaal niet leuk was.'

In dezelfde periode dronk hij ook excessief en daar zette hij een jaar na het valiumslikken een punt achter.

'Je doet het toch allemaal om iets niet te hoeven voelen,' zegt hij.

Zonder in de gaten te hebben waarom het zo is, schiet ik opeens vol. We zitten op een terras en ik zie aan de overkant een man en een vrouw lopen, hand in hand, allebei met zo'n bungelend glas in een rieten korfje aan hun andere arm, ik geloof dat dat het 'm doet.

'Wat is er, lieverd?' vraagt Ischa en ik zeg hem dat ik denk dat het die man en die vrouw zijn, daar aan de overkant, en het besef dat ze elkaar nodig hebben om gelukkig te kunnen zijn, maar dat ze ook nog eens hun heil zoeken in dat ellendige vuurwater van Châtelguyon, dat al het goede allemaal maar van buiten moet komen en ik soms zo te doen kan hebben met ons mensen, met onze afhankelijkheid.

'Een mens is zichzelf niet genoeg,' zeg ik en dat ik daar iedere dag toch wel een paar keer heel verdrietig van word, terwijl ik desondanks besef dat onze afhankelijkheid tegelijkertijd de bron is van ons geluk.

'Connie,' zegt hij zacht, 'je hebt gogme.'

Hij krabbelt iets op een ansicht.

'Loyaliteit en afhankelijkheid: twee kanten van een medaille.'

Omdat ik afhankelijkheid zie als een emotioneel lot, begrijp ik niet direct wat ze met loyaliteit te maken heeft en ik vraag hem het mij uit te leggen. Ischa vertelt dan dat hij weet hoe het boek begint. Hij heeft het beeld scherp op zijn netvlies. In zo'n typische jaren vijftig huiskamer zitten een vader en een zoon samen aan tafel, voorovergebogen over dat ene boek, het enige boek dat ze ooit samen deelden: de thora. Ze lernen. De vader wijst de Hebreeuwse regels aan en de kleine jongen moet ze hardop voorlezen en vervolgens vertalen. Bij ieder fout uitgesproken woord of bij een onjuiste vertaling, slaat de vader het kind, hard, met de vlakke hand in zijn gezicht.

'Toen je net je compassie uitsprak met de mensen, realiseerde ik me dat ik nooit medelijden met mezelf heb gehad, dat ik me die nooit toestond uit loyaliteit met mijn vader en met het leed van mijn vader. En dan heb ik het niet alleen over de concentratiekampen. Een van de belangrijkste dingen die ik wil zeggen met *Ten tijde van mijn vader* is dat ik geloof dat de persoonlijke geschiedenis zwaarder weegt dan zoiets algemeens als de Tweede Wereldoorlog.'

'Linke soep,' zeg ik.

'Er is zoveel wat wij joden niet mogen zeggen, Con, dat er toch altijd weer iemand moet zijn die het toch doet.'

'En wie zou dat beter kunnen dan jij, Is.'

'Niemand toch?'

Nee, niemand.

Midden in de nacht wordt hij wakker en ik word wakker als ik hem niet meer naast me voel. Slaapdronken wandelt hij naar de wc in ons vreemde huis. Hij mompelt iets als hij weer terugkomt en naast me gaat liggen.

'Ken je het tegendeel van manier? Zondaar. Maan hier, zon daar. Het viel me tijdens het plassen in. Slaap goed, lieverd.'

Hij vlijt zijn hoofd op het kussen en valt weer in slaap.

Vloekend lig ik op mijn buik in bed en vat voor Ischa af en toe de passages samen die mij zo woedend maken. Hij moet erom lachen.

'Het is nogal kostelijk om naar jou te kijken,' zegt hij, 'hoe je daar in je eentje zoveel meemaakt en lekker grimmig ligt te wezen.'

Het boek dat me zo'n merkwaardig leesgenoegen verschaft is *L'avenir dure longtemps*, de autobiografie van Louis Althusser.

'Wat een walgelijke man!' roep ik herhaaldelijk uit, 'wat een zeikerd, wat een pathos, wat een zelfbeklag!'

Althusser was vooral bekend als marxistisch filosoof, vertel ik Ischa, maar vanaf 1980 ken ik hem alleen nog als moordenaar. Hij woonde met zijn vrouw Hélène in een appartement van L'école normale supérieure, in Parijs, en daar heeft hij haar op een ochtend gewurgd. Sedert 1980 heb ik nooit meer iets van of over hem vernomen en toen ik vorige week, in een boekhandel in Tournus, zijn autobiografie zag liggen, wist ik ook dat ik nog maar zelden aan hem gedacht had.

'Ik zou niks van hem hebben willen weten als hij zijn vrouw niet vermoord had,' zei ik tegen Ischa.

'Misschien heeft hij het daarom ook wel gedaan,' zei die.

Het is uiterst verwarrend om een autobiografie te lezen van iemand die je op iedere pagina meer gaat tegenstaan en door wiens gedachten, beschrijvingen en duidingen je desondanks gefascineerd bent. Ischa zegt dat hij dat vorig jaar had met Jane Fonda en ik herinner me inderdaad hoe wij daar lagen, op die hotelkamer in Los Angeles, hij half rechtop, met twee kussens in zijn rug, ik naast hem op mijn buik en hij die voortdurend uitriep wat een domme vrouw Jane Fonda was.

'Is dat lezen van die autobiografie dan nog wel te doen?' vroeg ik hem toen.

'Ja,' zei hij, 'ik ben gebaard en opgevoed door de domste vrouw van het westelijk halfrond, in domheid misschien alleen overtroffen door de moeder van het kind, dus ik wil weleens weten hoe die domheid in elkaar steekt.'

'Wanneer jij spreekt over domheid, heb ik vaak het idee dat je iets anders bedoelt,' zei ik.

Hij vroeg waarom ik dat dacht.

'Domme mensen kunnen iemand anders niet zo veel pijn doen,' heb ik toen geantwoord.

Althusser gaat me onder de huid zitten. Het lezen van het boek kost me dagen, omdat ik de marges volkras met aantekeningen die ik voor *De vriendschap* denk te kunnen gebruiken en met aantekeningen waarvan ik meen dat Ischa er iets aan heeft voor *Ten tijde van mijn vader*.

'Hier kun jij vast ook iets mee,' zeg ik dan en ik lees hem een zin voor uit het boek. 'La famille est bien de tout temps le lieu même du *sacré*, donc du *pouvoir* et de la *religion*.'

'Het is niet réligion, maar religion,' reageert hij als ik het woord onjuist uitspreek. 'Lees het nog een keer, want ik heb niet goed opgelet.'

Ik probeer de vinger te leggen op de mengeling van fascinatie voor en weerzin tegen deze man en het gebrek aan compassie dat ik met hem heb.

'Wij houden niet van zelfbeklag,' zegt Ischa.

'Ik vind de psychoanalyse een groot goed,' zeg ik, 'maar ze heeft wel een slachtoffercultus teweeggebracht.'

In de marge van *L'avenir dure longtemps* schrijf ik: 'Twintigste eeuw – slachtoffercultus. De apologie van de moordenaar. Exclamaties. Kan geen uitroepteken meer zien.'

Ischa leest de biografie van Michel Foucault door Didier Eribon, die ik voor hem gekocht heb. Het komt niet vaak voor dat ik hem een boek van voren naar achteren zie uitlezen, maar dit boek heeft hem te pakken en omdat ik er destijds zelf zo van genoot, benijd ik hem soms om wat hij aan het lezen is.

Hij zegt dat hij nu beter begrijpt waarom ik van de filosofie van Foucault houd.

'Die wat genadeloze en filerende geest, die heb jij ook,' zegt hij.

Inmiddels raakt de achterbak van de auto vol met de boeken die hij kocht in Semur en Tournus. In de biografie van Foucault treft hij de naam aan van diens leermeester Jean Hyppolite en als hij de twee banden *Figures de la pensée philosophique*, het standaardwerk van Hyppolite ziet staan, kan hij het niet nalaten om het te kopen.

'Dat is toch leuk,' zegt hij, 'nu kunnen we tenminste lezen

wat er zo bewonderenswaardig aan die meester van Foucault was.'

Ik weet dat hij het waarschijnlijk nooit zal lezen. Net zomin als Sartres *Réflexions sur la question juive*, *Confessions* van Augustinus, *Les confessions* van Jean-Jacques Rousseau en al die tientallen andere boeken die hij met liefde koopt. Het kopen alleen is voldoende. In het kopen ervan ligt het genot.

Voordat we in zuidelijke richting verder trekken, maken we onze laatste wandeling door het bronnenpark van Châtelguyon. Rondom een boom heeft zich een groepje mensen verzameld. Ze kijken naar een man die op de grond zit en zijn bewusteloze vrouw in de armen houdt. Hij streelt haar pols.

'Daar is iemand door haar kuur heen gezakt,' zegt Ischa.

De Auvergne bevalt hem. We rijden maar een klein eind en besluiten na een middagmaal in Le Mont-Dore om hier een aantal dagen in een chique hotel te blijven. Ischa nummert zijn ansichtkaarten. Hij heeft er al acht. Op de vijfde kaart schrijft hij: 'Gisteren weer met roken begonnen. Afhankelijkheid?' Daarna laat hij er een rijtje bijbelse namen op volgen: Kaïn, Noach, Abraham, Jozef, Mozes, Nod, Jacob en de Engel.

Hij vindt het jammer dat hij de bijbel niet heeft meegenomen.

'Ik wil weten hoe God spreekt in de thora,' zegt hij. 'Wat is zijn toon? Is hij gebiedend?'

'Wat ik me ervan herinner is dat hij behoorlijk razend kan zijn en dat hij zich kan vergissen,' zeg ik, maar ik weet niet meer waar hij zich vergist en tegenover wie hij die vergissing toegeeft.

'Noach,' zegt Ischa.

'Ik herinner me hoe groot mijn teleurstelling was toen ik het boek Job las en zag dat zelfs God zich iets door de duivel laat influisteren. Vanaf dat moment vond ik dat hij eigenlijk het recht om te spreken en te oordelen verloren had.'

'Mag ik dat gebruiken in *Ten tijde?*' vraagt Ischa met die typische opwinding die hoort bij het hebben van een inzicht.

'Ja,' zeg ik aarzelend, omdat het altijd even door me heen gaat dat ik er zelf iets mee kan doen, maar tegelijkertijd besef ik dat hij veel meer weet van de bijbel dan ik en dat dit boek van hem, dit boek over zijn vader, in de marge van het verhaal van God geschreven wordt.

'Het verlangen naar God valt voor mij volkomen samen met het verlangen naar mijn vader,' heeft hij gezegd.

Hij kan het me pas op papier laten zien als we thuis zijn, in de Reestraat, waar het boek in de boekenkast staat, maar nu hij het me hier vertelt, op een hotelkamer in Le Mont-Dore, word ik bevangen door een diep medelijden en een grote woede. Ik heb het wel vaker bij hem, dat een verhaal over hoe hij behandeld is me zo razend maakt dat ik zin heb om de persoon over wie het gaat alsnog, voor mijn part dertig jaar na dato, genadeloos op zijn of haar gezicht te timmeren.

'Het was niet leuk, maar ik begreep het wel,' zegt Ischa erover, 'ik ben toch een bürgerschreck.'

'Het is uitstoting door verzwijging, door het doodzwijgen van je naam. Het is een voortzetting van wat je vader en moeder met je doen,' reageer ik verontwaardigd.

Behalve dat ik iedere dag volop geniet van zijn perfecte Frans, heb ik al een aantal keren lucht gegeven aan mijn bewondering voor zijn kennis van de bijbel. Schijnbaar moeiteloos citeert hij hele passages in het Hebreeuws en vertaalt ze dan door de woorden voor me te ontleden.

'Neem nou het begin van het boek Job, de eerste regel, waarin Job wordt neergezet. Hij wordt daarin omschreven als: tam wejashar. Dan kun je tam vertalen als eenvoudig, naïef en wejashar als eerlijk, fatsoenlijk, dan geef je met je vertaling een gunstig beeld van Job. Maar je kunt het ook een veel negatievere connotatie verlenen door tam te vertalen als een beetje imbeciel en wejashar als rechtlijnig, of met oogkleppen voor. Kijk, dan krijg je wel even een ander beeld van Job.'

Hoe het komt dat hij daar zo bedreven in is, heb ik gevraagd. Hij zegt dat hij dat iedere dag deed met zijn vader en als hij daar even later aan toevoegt dat hij in de jaren zestig, toen hij een jaar of zestien was, iedere avond Jitschak Dasberg bezocht om hem te helpen bij zijn vertaling van de Pentateuch en de Haftaroth, hoor ik aan hem dat hij zelf bijna niet meer kan geloven dat het echt waar is, dat hij daar daadwerkelijk avond aan avond bij Jitschak Dasberg zat en hem suggesties aan de hand deed bij het zoeken van de juiste woorden en interpretaties.

In 1970, als de vertaling uitkomt, slaat Ischa onmiddellijk het voorwoord bij de Pentateuch op. Dasberg noemt iedereen die hij wil bedanken bij naam, behalve hem, Ischa Meijer.

'Hij heeft het dan over een jonge vriend, of zoiets vaags.'

'Dat ongeloof van jou zelf, dat is het effect van het doodzwijgen, van de ontkenning van jouw bestaan door anderen,' zeg ik verdrietig. 'Geen wonder dat alles wat jij maakt jouw naam draagt, dat je hem het liefst de godganselijke dag door de ether zou willen laten schallen en dagelijks, liefst op iedere pagina van de krant in kapitalen afgedrukt wilt zien staan.'

'Ach, zo erg is het toch ook weer niet,' zegt hij half vragend.

'Jawel,' zeg ik, 'het is heel, heel erg, je weet niet half hoe erg het is.'

'Ik heet nu Sorario Popcorn. Als je erachter kunt zetten: heeft weer een onvoldoende verdiend, dan is een naam goed. Saronno de Vries-Lepelaar heeft weer een onvoldoende verdiend.'

'Ga nu maar slapen.'

'Ik ga het begin van Ten tijde toch anders aanpakken, Con. Ik ga beginnen met Dasberg.'

De volgende ochtend zit hij al achter de tafel, met de ansichtkaarten voor hem uitgespreid. Op een A4-vel staan zijn handgeschreven eerste zinnen.

Omstreeks het midden van de jaren zestig dezer eeuw zaten te Amsterdam twee joodse mannen gezamenlijk gebogen over de Pentateuch. De een: jong, nerveus; de ander: bezadigd, eerbiedwaardig. Zoals deze twee daar avond na avond met bedekt hoofd de Heilige Schrift aan een eerbiedig onderzoek onderwierpen, boden zij een oud, vertrouwd beeld, geheel naar de traditie van de stam, waartoe zij hoorden; een overlevering, binnen dewelke leraar en leerling dermate in zowel de stof als elkaar opgaan, dat allengs niet meer duidelijk is wie onderricht geeft dan wel neemt. En zo ontstaat een sfeer van bijkans ingetogen extase, volgens het woord van God. De ziel zet zich als een vogel in het nest. Zo hebben, van eeuwen her, de vaders en zonen, rabbaniem met hun pupillen, aan tafel plaatsgenomen, tegenover, of liever, naast elkander – religieuze ruggengraat van Israëls volk.

'Denk je dat het iets wordt?' vraagt hij terwijl ik de passage lees.

Ik antwoord hem dat ik denk dat het een heel mooi boek wordt.

Na drie dagen Le Mont-Dore rijden we door naar het zuiden, naar Collioure. Ischa is er al vaker geweest, ik kom er voor het eerst. Hij houdt ervan, ik niet. Om eerlijk te zijn hou ik eigenlijk even niet van dat hele Frankrijk met zijn kazen en wijnen en zijn geurige baguettes, met zijn pittoreske pleintjes, historische gebouwen, indrukwekkende kathedralen en zijn jeu-deboulende mannen. Ik verlang voortdurend naar dat botte, kale Amerika. Ischa suggereert dat het komt omdat we hier niet, zoals in Amerika, bevrijd zijn van de blik van anderen. Iedere week komt het wel een paar keer voor dat mensen nogal luid-keels zijn naam of onze namen uitschallen.

'Dan word je weer self-conscious,' zegt hij.

Het heeft er ongetwijfeld mee te maken, maar er is meer waar-mee ik niet goed overweg kan. Het duurt een poos voordat ik erachter kom wat het is en dan schrik ik er nog zo van dat ik wacht tot op onze laatste dag in Collioure. Ik leg het pas aan Ischa voor op de avond voordat we vanuit het zuiden weer naar het noorden zullen trekken.

'Het klinkt misschien een beetje overdreven,' begin ik voor-zichtig, 'maar ik heb steeds het gevoel alsof ik datgene waar Frankrijk bij mij voor staat, achter me gelaten heb. Ik ben de hele reis al licht ontheemd, alsof ik terugkeerde naar een huis waarin ik beslist nooit meer wilde wonen.'

Ik herinner Ischa aan wat hij tijdens onze eerste reis door Californië tegen me zei, dat Amerika en hij voor mij hetzelfde betekenen, dat ze staan voor een soort leven, voor iets wat ik mezelf voor het eerst toestond.

'Je had gelijk,' zeg ik, 'en het klinkt een beetje zwaar, maar dan houdt dat ook in dat het reizen door Europa voor mij met de dood te maken heeft, althans met iets wat ik blijkbaar voor een bepaalde tijd dood moet verklaren.'

'De ernst van het academisme,' zegt Ischa.

Hij zegt dat hij het wel fascinerend aan me vindt, de manier waarop ik keuzes maak en het belang dat ik hecht aan het schrijven. Hij was achttien toen hij zijn eerste stukjes in de krant gepubliceerd zag en hij kan zich wel herinneren hoe fan-tastisch hij het vond om zijn woorden en zijn naam afgedrukt te zien staan, maar hij herinnert zich het moment niet als de stap naar een nieuw leven.

'Bij jou heeft alles zo veel gewicht,' zegt hij, 'maar ik ben al zolang bezig, ik heb al zoveel geschreven.'

Hij vraagt me of ik niet eerder had willen beginnen met schrijven en publiceren en ik zeg hem dat het niet eerder kon, dat ik al die jaren studie en afzondering nodig had om op dit punt te kunnen geraken.

'Ik ben pas langzaamaan meer op mijzelf gaan lijken,' zeg ik. 'Voor het eerst heb ik het gezicht dat ik altijd al had, maar nooit aantrof in de spiegel en ik ben ook opeens zo oud als mijn leeftijd zegt dat ik ben.'

'Het klinkt allemaal alsof het heel prettig is.'

'Dat is het ook.'

'En hoor ik daar ook nog bij?'

'Ja,' zeg ik, 'op jou heb ik me ook mijn hele leven voorbereid.'

We hebben vijf dagen uitgetrokken voor de terugreis. De eerste nacht en de daaropvolgende dag verblijven we in Montpellier. Onderweg, in de auto, zegt Ischa dat ik het gevoel van ontheemding weleens nodig kon hebben.

'Voor De vriendschap, om het te kunnen schrijven zoals je het wilt schrijven.'

Die opmerking blijft hangen. 's Avonds, tijdens het eten, kom ik erop terug. Ik vraag hem waarom hij dat die middag zei, wat hij bedoelde.

'Dat zal ik je precies vertellen. Zoals ik het begrepen heb gaat De vriendschap natuurlijk over heel abstracte zaken als verslaving, lichaam en geest, vrijheid, keuze, lot en wat dies meer zij, maar het gaat natuurlijk ook over die grote vriendschap uit je jeugd. Daar kun je alleen over schrijven als ze niet meer is wat ze geweest is. Dat gevoel van ontheemding van jou heeft veel meer te maken met je verleden dan met dit land. Je voelt je niet meer thuis bij mensen bij wie je je altijd thuis hebt gevoeld. Toen je *De wetten* schreef heb je het oude huis verlaten.'

'Het is heel waar,' zeg ik zacht, 'maar nu is het de vraag waarom ik diep bedroefd word in mijn hart als je dit zegt.'

'Dat is verlatingsangst,' zegt Ischa.

'Maar ik ben toch degene die iemand verlaat.'

'Daar kun je ook bang van worden.'

Ik zeg tegen hem dat zij ooit het liefste was wat ik had.

'Je hebt mij nu toch? Ik ben nu toch het liefste wat je hebt?' vraagt hij en ik hoor aan zijn stem dat hij niet eens zeker weet of ik ja zal zeggen.

Maar dat zeg ik wel.

'Ik blijf altijd bij je,' zegt hij.

'Ja,' zeg ik, 'dat weet ik.'

Voor het bed maakt hij een paar rare danspassen.

'Om je op te vrolijken heb ik een ballet voor je gemaakt.'

Hij kijkt me in mijn ogen, spreidt zijn armen en strekt zijn benen wat naar rechts en naar links. Hij doet het wel vaker en ik moet er altijd om lachen.

'Hoe vind je het? Het ballet heet: *Bonzo is alleen maar verdrietig.*'

We willen nog een keer super-de-luxe eten en laten ons leiden door de *Gault Millau*. Ischa vraagt of dat niet te ver voor me is, van Montpellier naar Beaune, maar geen stad of land is me te ver als ik samen met hem ingeblikt ben in zo'n auto. Onderweg zet hij voor het eerst een van zijn eigen bandjes op, *Yves Montand à L'Olympia*.

'Herinner je je nog dat we de afgelopen winter in een taxi zaten en op de radio hoorden dat Yves Montand doodgegaan was. Je schrok vreselijk, je kon het bijna niet geloven,' zeg ik.

'Huilde ik?'

'Toen niet, 's nachts schoot je even vol, toen we naar *Les feuilles mortes* luisterden.'

'Oh, oh, je voudrais tant que tu te souviennes
des jours heureux où nous étions amis
En ce temps-là la vie était plus belle
et le soleil plus brûlant qu'aujourd'hui,' zingt hij luidkeels mee met het bandje.

'C'est une chanson qui nous rassemble.
Toi tu m'aimais et je t'aimais.
Et nous vivions tous deux ensemble,
toi qui m'aimait, moi qui t'aimais.
Mais la vie sépare ceux qui s'aiment
tout doucement sans faire de bruit
et la mer efface sur le sable
les pas des amants désunis.'

'Ik ben altijd licht jaloers als ik jou naar dat nummer hoor luisteren of als jij het zelf zingt. Op de eerste plaats kan ik het niet uitstaan dat je misschien ooit gelukkiger bent geweest dan je nu met mij bent en op de tweede plaats is volgens mij heel je verlangen bij dit lied bestemd voor je moeder.'

'Nee,' zegt hij, 'niet dat het je minder jaloers zal maken, maar om heel eerlijk te zijn denk ik dan meestal aan mijn vader.'

Als ik aan mijn vader denk, zie ik zijn boeken; de wanden geplaveid met meesterwerken; soldaten in het gelid; ofwel een leger van louter generaals – en slechts de rug gaf het boek een gelaat, want het was mij ten enenmale verboden om zelfs maar een vinger uit te steken naar die kostbaarheden, waarvan hij zo hartstochtelijk kon verhalen. Nog bekruipt mij een, door respect én walging opgelegde, huiver wanneer ik aan die boekerij van mijn vader denk. En als ik aan mijn vader denk, denk ik aan zijn boeken.

Dit gebod, 'Gij zult mijn boeken niet aanraken', heeft een diepe vore getrokken in mijn gevoelsleven – dat ik wat hem het liefst was niet aan mocht raken. En omtrent het waarom van dat wrede directief valt louter te gissen, aangezien dat nimmer een onderwerp van gesprek tussen ons beiden heeft mogen zijn.

Mijn vader was de zoon van een marskramer te Winschoten. Van deze grootvader heb ik mij nooit een beeld kunnen vormen, omdat mijn vader in alle talen over hem zweeg. Wél weet ik, dat het tienjarige zoontje zijn vader zag doodbloeden; een geval van vliegende tering. En aan deze gruwelijke geschiedenis was, onverbrekelijk, de volgende anekdote geklonken.

'Op een nacht,' placht mijn vader, met wijdopen gesperde ogen en verstikte stem, te vertellen. 'Op een nacht, kort na de dood van mijn vader, werd ik wakker. En ik hoorde mijn naam roepen. Zacht maar dwingend klonk die naam door het huis. "Jakob, Jakob," hoorde ik de stem van mijn vader. En ik liep naar beneden, door het lege, nachtelijke huis. En daar zat mijn vader in zijn stoel. Hij keek mij alleen maar aan, en sprak geen woord.'

Dan brak het verhaal af.

Als ik aan mijn vader denk, denk ik aan boeken; denk ik aan verdriet. Ik zie dat trillende beeld van mijn grootvader, die zijn kleine jongen wenkt in die donkere kamer zonder boeken. Want in het ouderlijke huis van mijn vader ontbrak enig spoor van intellectueel leven. Daar was – ongetwijfeld – alleen maar de bijbel, en dan hoogstwaarschijnlijk alleen nog maar het Choemasj, De Vijf Boeken Mozes. En daarin ligt ook het geestelijk leven van mijn vader verankerd. Evenals het mijne. Want één boek uit zijn onmetelijke letterkundige schat mocht ik, nee, móest ik, letterlijk en figuurlijk tot mij nemen: die Vijf Boeken Mozes.

Hij leest het over mijn schouder mee, zittend op het bed in een hotelkamer te Beaune.

'Is het wat? Is het wat?' vraagt hij om de haverklap.

Ik knik alleen maar en lees verder. Hij grinnikt schuchter als ik hem de vellen teruggeef en hij aan mijn gezicht ziet dat zijn woorden me aangegrepen hebben.

'Om te janken zo mooi?'

'Ja,' zeg ik, 'om te janken zo mooi.'

Er gaat van alles door me heen die nacht. Ik denk aan de manier waarop hij boeken koopt, boodschappen doet, met vrouwen omgaat, aan zijn liefde voor het verzamelen, veroveren en zijn weerzin tegen het consumeren van wat hij verzameld en veroverd heeft. Ik denk er ook aan dat het verbod van zijn vader om zijn liefste bezit aan te raken, dat het zou kunnen zijn dat dit verbod niet alleen zijn boeken gold, maar ook zijn vrouw, Ischa's moeder.

Ik heb hem gevraagd welke beroemdheden buiten Yves Montand hij nog meer beweende.

'Charles Trenet,' zegt hij. Daarna vertelt hij dat hij zo'n verdriet had om Charles Trenet, op een dag, in de jaren vijftig, toen hij thuis aan tafel zat met zijn vader, moeder, broer en zus. De radio stond aan, want zijn vader luisterde altijd naar het ANP nieuwsbericht. Via de radio hoorden ze toen dat Charles Trenet was aangehouden wegens ontucht met minderjarige jongens.

'Ik was zestien en ik schoot vol. "Wat heb je?" vroeg mijn moeder en daarna lachte ze me uit. "Hij moet janken om een Franse zanger," hoonde ze. Ik haatte haar toen diep en afgrondelijk. God, wat heb ik haar toen gehaat.'

Later vraagt hij om wie ik ooit huilde.

'Om John F. Kennedy en om Elvis Presley,' zeg ik.

'John F. Kennedy? Maar toen lag je nog in de wieg.'

'Het gebeurde een paar dagen voor mijn achtste verjaardag. Mijn moeder zette de televisie aan voor het zeven uur journaal en ze hoorde de omroeper zeggen dat president Kennedy vermoord was in Dallas. Ze sloeg de handen voor haar mond, ze was ontzet. Zoiets als ontzetting had ik nog nooit op een mensengezicht gezien. Ik begon te huilen omdat mijn moeder huilde. Ik herinner me nog goed dat ik, door de aankondiging van de dood van John F. Kennedy, opeens een besef kreeg van wat de televisie deed, dat de zwart-witbeelden die uit zo'n kastje kwamen en toonden wat er ergens, heel ver weg, gebeurde, dat die in onze familie, in ons huis, in ons dorp voor verdriet en beroering konden zorgen en dat je kon houden van iemand die je nog nooit persoonlijk ontmoet had.'

Dankzij een hypernerveuze, onhandige serveerster krijgt het diner in restaurant L'Eccuson comedy-achtige trekken. Het begint met het openen van de fles wijn. Met dat de al wat oudere vrouw puft en zucht dat het weer très chaud was vandaag, drukt ze de kurk in de dure hals. Ze slaakt een gil en roept uit dat ze ook si maladroite is en dat ze natuurlijk onmiddellijk een nieuwe fles zal gaan halen. Haar oprechte onthutsing is zo amusant dat Ischa en ik in lachen uitbarsten. Ze lacht dankbaar met ons mee en wij roepen allebei uit dat het ons niks kan schelen, dat ze die kurk maar moet laten dobberen, maar daar komt niks van in. De wat jongere eigenaresse komt kijken wat er aan de hand is en ze moet op een zeer innemende manier glimlachen om het roodaangelopen hoofd van haar klungelige werkneemster.

Na de doorgestoken kurk volgen nog het omgestoten vaasje bloemen, het bijtijds geredde, van het bord glijdende kwarteltje, de elleboog in mijn oog als ze Ischa's glas bijschenkt en het struikelen dat ze doet als ze langskomt met de borden voor een andere tafel. Zodra we de klapdeur horen die naar de keuken voert, beginnen we al te grijnzen.

'Dit is het meest merkwaardige restaurantbezoek dat ik ooit heb meegemaakt,' kreunt Ischa.

Al die weken heb ik er niet aan gedacht en ik heb het ook nauwelijks tot me laten doordringen, maar ik realiseer me nu pas dat we tijdens onze reis door Frankrijk de wereld niet bezien hebben met een Dikke Man-blik en dat Ischa nagenoeg geen notities heeft gemaakt voor zijn column.

'Ik heb alleen maar nagedacht over *Ten tijde van mijn vader*,' zegt Ischa als ik het opmerk. 'Frankrijk is toch een door en door burgerlijk land,' voegt hij er nadenkend aan toe. Hij heeft daar ooit iets over geschreven, vertelt hij, over de functie van het chanson in zo'n burgerlijke cultuur als de Franse. Hij stelde dat de bloeiperiode van het chanson de laatste stuiptrekking van de Franse middenklasse was om Frankrijk coûte que coûte Frans te houden.

'Je moet maar eens goed luisteren naar die quasi-wufte teksten, dan doemt er een onthutsend truttige wereld voor je op waarin landweggetjes bezongen worden en er een ondeugendheid tentoongespreid wordt waarbij vergeleken John Lanting pornografisch genoemd mag worden. Het chanson is braaf, petieterig volksvermaak en het is in het diepst van zijn wezen griezelig nationalistisch. Het bezingt een Frankrijk dat alleen in de herinnering bestaat en het chanson houdt de herinnering aan deze vergane glorie en grootsheid levendig.'

Ik ben verbaasd. Hij houdt toch van het chanson? Ik zeg tegen hem dat ik vind dat hij er soms zo'n merkwaardige liefdeshuishouding op nahoudt. Het stuk dat hij schreef over Amerika schiet me te binnen en sommige *Dikke Man*-columns, waarin hij niet schroomt om vrienden en kennissen die hij werkelijk mag, genadeloos de grond in te boren.

'Het is alsof je voortdurend de liefde op het spel moet zetten,' zeg ik.

Ik slaap al bijna.

'Connie? Als wij samen op een vlot zitten en het vlot drijft op een rivier, dan noemen wij die rivier het...'

'...'

'... leven, juist. En als wij dan het Ich zijn en met dat Ich drijven we op de rivier van het leven, dan hebben we dus...'

'...'

'... ein fliehendes Ich, ja?'

Ik lach me klaarwakker.

'Waarom lach je?' vraagt hij grinnikend.

'Het is grappig. Schrijf dat toch eens op, die onzin.'

'Opschrijven? Mijn god, nee. Dan moet ik het nog onthouden ook. Nee, vergeten, dat is pas de kunst.'

'Weet je, Is? Ik verlang naar een land waar een Rivier van de Verloren Zielen doorheen stroomt.'

'Ik ook. Volgend jaar gaan we weer naar Amerika.'

De laatste dag van onze reis rijden we van Beaune naar Valenciennes en nemen daar een hotel. Ischa is de hele reis voor zijn doen nogal stil.

'Mag ik vragen waarover je zit te simmen?'

'Over het boek,' zegt hij.

Pas na het inchecken, achter een pastis op een terras, zegt hij dat hij weliswaar niet precies weet hoe hij het allemaal onderling verbonden heeft, maar dat mijn opmerking van gisteren, over zijn spelen met de liefde, hem op het idee bracht zijn interpretatie van de functie van het chanson en de functie van de religie bij elkaar te brengen.

'Het heeft natuurlijk toch allemaal met mijn ouders te maken,' zegt hij. 'Kijk, dat wij sterven is niet erg, maar dat het contact met de ouders verbroken wordt, dat is erg, dat druist tegen de wet in. In God wordt het onmogelijk te verbreken contact en het verlangen naar het contact met de ouders gesymboliseerd. Religie is dus in zekere zin op de hand van de ouders en ze werkt daardoor repressief. De burgerlijke samenleving heeft God broodnodig. Het religieus bewustzijn is een emotie en de geldigheid van die emotie is cultureel bepaald.'

'Maar dat gaat voor iedere emotie op.'

'Laatst zei ik tegen Tas: "Connie praat zoveel over de liefde. Wat is dat toch?" "Oh, dat is zo complex," zei Tas, "dan moet je *L'amour et l'occident* lezen van Denis de Rougemont." Ken jij dat?'

Ik antwoord hem dat ik het vroeger gelezen heb, in het begin van mijn studie letterkunde en dat ik wel begrijp wat Tas wil zeggen, maar dat zijn antwoord me toch teleurstelt.

'Hoezo?'

'Ik zou liever zien dat Tas meer geloofde in de liefde dan uit zijn antwoord spreekt,' zeg ik. Daarna leg ik hem uit wat voor een soort boek het is en hoe enthousiast ik was toen ik het las. Ik was op een leeftijd dat ik nergens zo opgewonden over raakte als over een bepaald soort ontluistering, de ontluistering die ontstond door het op de helling zetten van het blinde geloof in een aantal begrippen en betekenissen, waarvan ik dacht dat ze rotsvast, onwankelbaar en eeuwig waren en die dat dan niet bleken te zijn. En het meest van al gold dat voor het begrip 'liefde'. Denis de Rougemont zet de liefde op de helling door haar ondergeschikt te maken aan de beschrijvingen van de liefde, aan de roman en dus aan de geschiedenis. Ik wou alles zijn behalve een romanticus, daarom genoot ik ervan dat mijn beeld van de liefde geslecht werd. Ongetwijfeld heb ik toen met een satanisch genoegen een tijd rondgekrijst dat de liefde niet bestaat.

'Bevrijd van de last, zwaarte en plicht van het geloof,' mompelt Ischa.

'Ik wil per se zin opleggen aan het leven,' zeg ik, 'ik vind er zonder zin niks aan.'

Hoewel het een gevoel is dat ik slecht begrijp, loop ik, zoals me dat regelmatig overkomt, opeens over van dankbaarheid, geluk, verbazing. Die cocktail bezorgt me een bijna fysieke pijn, alsof ik er in een keer te veel van toegediend krijg.

'Wat is denken toch lekker,' steun ik en ik druk me tegen Ischa aan en zeg dat het toch fantastisch is, het verloop van zo'n gesprek, waarin hij de titel van een boek laat vallen en ik, dankzij zo'n titel, misschien voor het eerst vormgeef aan een gedachte of een inzicht.

'Ik ben schrijver, omdat ik weet dat Denis de Rougemont gelijk heeft en dat de beschrijvingen van de liefde van invloed zijn op de manier waarop we liefhebben. We voelen nu eenmaal wat we denken te voelen, we laten ons nogal wat gevoel voorschrijven. Maar ik ben filosoof, omdat ik in het wezen van de liefde blijf geloven en dat ook blijf zoeken, alle relativering en cynisme ten spijt. Want dat wezen onttrekt zich aan de geschiedenis, aan het particuliere. Het is altijd hetzelfde. Invloeden interesseren me, maar ik hou van wat hetzelfde blijft.'

'Jij bent eigenwijs,' zegt Ischa, 'en ik bedoel het in gunstige zin: eigen wijs.'

De volgende ochtend pakken we onze koffers voor de terugreis naar Amsterdam. Voordat hij de negentien volgeschreven ansichtkaarten wegstopt in zijn tas, leest hij ze nog een keer door. Sommige leest hij hardop voor.

'De dood van de vader van mijn vader wordt de epiloog,' zegt hij en hij leest: 'Zo duidelijk als zijn vaders dood, zo onduidelijk zijn dood voor mij. Dat hij zal sterven, zo werkelijk en onaantastbaar als een gedachte. Hoe stierf Mozes?'

'Misschien ben je niet zozeer bang zelf te zullen sterven aan het boek,' zeg ik, 'maar ben je bang dat je vader sterft voordat je het boek af hebt.'

'Ik ga er vanaf nu iedere avond aan werken,' zegt hij onderweg van Valenciennes naar Amsterdam. 'Dan doe ik 's ochtends De Dikke Man en dan werk ik iedere avond na het eten aan Ten tijde van mijn vader. Zo doe jij dat toch ook? Jij werkt toch ook iedere dag?'

Ik zeg hem dat ik nog wel ruim een jaar over De vriendschap moet nadenken en dat ik dat weliswaar iedere dag doe, maar dat het echte werk pas begint op de dag dat ik achter mijn tafel ga zitten en de eerste zinnen maak.

'Dat heb ik van jou geleerd,' zegt hij gul, 'hoe leuk denken is en dat het tijd kost.'

We hebben geen haast en stoppen regelmatig.

'Ik moet even wat opschrijven,' zegt Ischa en dan doen we een dorp of stad aan met een plein of een uitnodigend terras.

'Die oorlog,' zegt hij nadat hij in een hoog tempo drie kaarten achter elkaar volgeschreven heeft, 'die oorlog heeft voor iedereen die erin betrokken was, hun persoonlijke geschiedenis afgebroken en zelfs voor de tweede generatie is daardoor het persoonlijke weggedrukt of algemeen gemaakt, wat erg is, maar wat ook handig is. Zowel de eerste als de tweede generatie kan daardoor de verantwoordelijkheid voor een persoonlijk leven verschuiven naar een abstractum als de Tweede Wereldoorlog. Het verdriet verleent de oorlogsslachtoffers een onschendbaarheid als schild, waardoor ze onbereikbaar worden of zelfs heilig. Maar dat verdriet kan geen persoonlijk verdriet zijn, het is algemeen, het is geïnstitutionaliseerd, het is van iedereen en daardoor onoplosbaar. Wat ik bij Tas leer is dat het juist om de persoonlijke geschiedenis gaat, dat bij een analyse het persoonlijke doorbreekt, niet het algemene.'

'Het wordt een goed boek,' zeg ik.

'Waarom denk je dat?'

'Voor alle goede boeken is moed vereist om ze te schrijven,' zeg ik.

Het is zaterdagnamiddag en het is druk in Amsterdam. De Opel Vectra staat met knipperende lichten en een opengeklapte achterbak voor de deur van zijn huis. Ik help hem zijn koffers en tassen met boeken naar boven te dragen en neem dan snel plaats achter het stuur. Hij buigt zich nog even naar me over, legt zijn hand in mijn nek en kust me. Het kost me moeite mijn tranen te bedwingen, zo zwaar valt het me om de komende uren zonder hem door te brengen, om een einde te maken aan dat dag en nacht, dat vierentwintig uur met hem verwijlen.

'Wanhoop niet,' zegt hij.

Daarna kromt hij zijn wijsvinger en haak ik de mijne erin.

'Tot zo, lieverd.'

Tot zo.

Hij begint het geluk van de herhaling te leren kennen. Half november zegt hij dat hij zich nu al weer verheugt op de nachtmis in de basiliek van ons dorp en op het kerstdiner van Mia.

'Ik hoop dat ze weer precies hetzelfde maakt als vorig jaar,' zegt hij vergenoegd.

Zodra de eerste hopen kerstbomen voor de Westerkerk liggen te geuren, beent hij erop af, zoekt een kleine, knoestige den uit en tuigt hem op met kleurige lampjes. Vanaf half december is de voorkamer van het huis in de Reestraat verlicht door op de vloer neergelegde kerstlampen, een rij brandende theelichten op de kozijnen en het naar binnen vallend licht van de zwiepende kerstverlichting, die jaarlijks in de smalle straten tussen de grachten wordt aangebracht.

'Langzamerhand begin ik te begrijpen waarom jij altijd alles wilt vieren,' zegt hij.

'Nooit dacht ik na
over des levens zin,
maar nu overkomt het al me
samen met Connie Palmen,'
dichtte hij.

Rondom de IBM op zijn bureau liggen keurig geordende stapels papier. Links van de typemachine hopen zich gedurende een jaar de ruim 500 vellen op, foutloos volgetikt met lyrische, scherpzinnige, aandoenlijke observaties van de Dikke Man. Verdwaald in die stapel bevinden zich de stukken die hij tussendoor schreef, interviews voor Het Parool, lezingen en de teksten voor de musical Deze kant op dames! die hij voor Willem Breuker schreef en die in oktober in première ging.

'Zou jij ze voor me willen bewaren?' vraagt hij op de laatste dag van het jaar, als hij zijn bureau opruimt.

Hij heeft tassen vol boodschappen gehaald, lekkere dingen voor oudejaarsavond. Net als vorig jaar hebben we Olga Zuiderhoek uitgenodigd en net als vorig jaar gaat Ischa ons kaviaar met crème fraîche, rauwe zalm en lamsvlees voorzetten.

'Dat is mijn enige, echte vriendin,' zegt hij over Olga.

In de loop van het jaar is ook het stapeltje brieven op de rechterhoek van zijn bureau gegroeid. De meeste brieven zijn van vrouwen. De brieven lijken op elkaar. De eerste in de reeks is bewonderend, de tweede verliefd en de derde smekend of verbijsterd over zijn wrede wegblijven. Tussen de tweede en de derde brief hoort een stukje papier van de stapel die ernaast ligt, die van de taxibonnen en de knisperige gele creditcardafschriften. Dat is dan een rekening van een juwelier, een kledingwinkel of een chique restaurant. Het ligt er maar aan hoe schuldig hij zich voelt. Dat hij alles open en bloot op het bureau laat liggen, in het huis waarin wij wonen, dat is zijn manier om mij te laten zien dat hij niet tegen me wil liegen.

Net zoals vorig jaar neemt hij ook dit keer op oudejaarsdag de stapel op en gooit hem, zonder nog een brief in te zien, in de prullenbak.

'Ik accepteer het wel, maar ik respecteer het niet,' heb ik tegen hem gezegd.

Het bureau ziet er lui en kaal uit als het leeggeruimd is. De stapel ansichtkaarten boven op twee, met de hand volgeschreven A4'tjes, oogt veronachtzaamd en verlaten. Het is de kleinst mogelijke stapel die hij kan verzamelen en het onvermogen dat ik daar opeens aan aflees, maakt me triest.

'In mei neem ik twee weken vakantie van *De Dikke Man*,' zegt hij als hij me naar het bureau ziet kijken. 'Dan gaan we naar een rustige motelletje, ergens in Amerika, waar het warm en saai is, en dan schrijf ik in veertien dagen het boek over mijn vader.'

Het is een rechtstreekse vlucht naar Miami, Florida. We worden afgehaald door een dame van middelbare leeftijd, de eigenaresse van het autoverhuurbedrijf in Lauderdale by the Sea, waar we een motelkamer aan het strand gehuurd hebben.

We komen aan in schemertijd. Het is begin mei 1993 en in Florida is het warm. Lauderdale by the Sea blijkt een kleine, jaren vijftig-achtige stad, een dorp meer, met weinig hoogbouw, keurig aangeharkte straten, een handvol middelmatige restaurants, een Italiaanse ijswinkel en drie banken op een plein die naar de oceaan gericht staan.

'Hier gaan wij heel vaak komen in ons leven,' zegt Ischa nog diezelfde avond, als we met twee papieren bekertjes dubbele espresso op een van de banken gaan zitten en nogal gelukzalig door de palmen heen naar de waterige einder turen.

Hij pakt de stapel ansichtkaarten niet onmiddellijk uit. Hij is moe en wil eerst rusten. De eerste dagen gaan we Lauderdale nauwelijks uit. Iedere ochtend kuieren we in alle vroegte naar Country Ham 'n Eggs Restaurant en verorberen een stevig ontbijt. Daarna spoelen we de laffe smaak van de Amerikaanse koffie weg met een espresso to go op een bank bij het strand. Een paar uur later zitten we in een donkere kroeg, waar ze countrymuziek draaien, in iedere hoek een televisie hangt en waar we boven een schaal oesters het gedrag van anderen of dat van onszelf onder de loep nemen.

Maar het liefst van alles zit Ischa buiten, voor ons appartement, in een stoel in de zon, met een koptelefoon op zijn hoofd te luisteren naar de opname van wat zijn eigen cd moet worden, de uitvoering van een twintigtal Franse chansons onder begeleiding van The Izzies.

'Weet je hoe de cd gaat heten?'

'Nee.'

'*Aimez-vous Ischa?*'

Oui.

We zien hem iedere ochtend. Hij zit aan de counter van het restaurant waar we ontbijten. Hij zal een jaar of vijfentwintig zijn, dat is moeilijk te schatten, want hij weegt minstens tweehonderd kilo en dat gewicht maakt hem leeftijdsloos. Hij hangt voorovergebogen boven een immens ontbijt en hij bestelt steeds nieuwe gerechten zodra zijn bord leeg dreigt te raken. Ik kan mijn ogen bijna niet van hem afhouden, ook al word ik treurig van de aanblik, maar ik wil het moment niet missen waarop de paniek in zijn ogen verschijnt, de radeloosheid die hem bevangt als hij ziet dat zijn bord gaten gaat vertonen en hij het moment voelt naderen waarop er niks meer te eten valt. De mengeling van angst en schaamte waarmee hij schijnbaar achteloos en altijd mompelend pancakes, saucages, potatoes of eggs bijbestelt, snijdt me door mijn ziel.

'Voedsel is voor hem gezelschap,' zeg ik tegen Ischa, 'en die paniek komt voort uit de angst om de dag in te moeten gaan zonder voortdurend te mogen verkeren in dit gezelschap.'

Ischa vraagt me of hij ook zo eet, of die gruwelijke paniek ook in zijn ogen verschijnt als hij aan het eten is en ik zeg hem dat hij dat alleen heeft bij zijn slaapeten of als hij kant-en-klare muck eet, zoals ijs en nootjes en chips, maar dat hij dat niet heeft als hij of ik gekookt hebben, dat hij dan juist eet alsof hij het met tegenzin doet, dat het er bij hem soms zo uitziet alsof het een kwelling is om het eten dat hij gemaakt heeft ook nog eens te moeten opeten.

'Dat vind ik meestal ook,' zegt Ischa. 'Ik vind alles leuk aan koken, de boodschappen doen en bedenken hoe ik het voor ons ga klaarmaken, lekker braden in Becel, nog een handje rozijnen erbij, snufje peper, blaadje laurier, drie kwartiertjes laten sudderen, heerlijk, maar dat ik het dan moet opeten, dat vind ik eigenlijk verschrikkelijk.'

'Je hebt hetzelfde met boeken en vrouwen,' zeg ik en het is waar, ik word weleens moe van mezelf, van dit soort halsstarrig moeten spreken over alles waarover het moeilijk spreken is en dat ik het niet kan en niet wil laten, ook al is het zeven uur in de ochtend en zitten we tegenover elkaar in een Amerikaans stadje en heb ik net de initialen van zijn naam met maple syrup op een pancake neergedrupt.

'Je hebt hetzelfde met boeken en vrouwen,' zeg ik en daarna

schiet ik in de lach, om mezelf en om zijn gezicht, waarop zoveel geschreven staat, de nieuwsgierigheid naar wat ik daarover ga zeggen, de weerzin tegen en het verlangen naar het spreken over waarover het moeilijk spreken is en de verbijstering en bewondering voor de onvermoeibaarheid waarmee ik zijn wezen onderzoek.

Hij begrijpt die lach en hij lacht met me mee.

'Is het niet een beetje vroeg voor dit gesprek?' vraagt hij.

'Voor sommige gesprekken kan het alleen maar te laat zijn,' zeg ik.

'Laat me er even over nadenken, dan dien ik je bij de oesters van repliek.'

Dat is goed.

'Jij geeft ook nooit op,' zegt Ischa, terwijl hij uit verlegenheid met een half oog naar het televisiescherm in de hoek kijkt.

'Hoe meer ik begrijp, hoe minder ik lijd,' zeg ik.

Het was in Frankrijk, naar aanleiding van het lezen van zijn eerste zinnen voor *Ten tijde van mijn vader* dat ik het bedacht, vertel ik hem, en natuurlijk kan alleen hij zeggen of het te ver gezocht is of dat het hout snijdt, maar dat ik me toen afvroeg of het verbod om de boeken van zijn vader aan te raken, of dat verbod niet ook zijn moeder gold.

'Mijn vader is een jaloerse, egocentrische man,' zegt Ischa, 'en hij was ook jaloers op zijn kinderen en vooral op mij. Volgens mij is hij altijd bang geweest dat ik hem voorbij zou streven, dat ik een betere wetenschapper zou worden dan hij. Hij heeft mijn moeder gedwongen voor hem en dus tegen haar kinderen te kiezen, een andere mogelijkheid was er niet. Ik heb weleens gedacht dat hij ons haatte vanaf ons tiende, dat hij ons niet gunde wat hem zelf vanaf zijn tiende ontnomen was, een vader en een moeder en een thuis te hebben. Daarom zei ik dat ik in *Ten tijde* de persoonlijke geschiedenis prevaleer boven een algemene geschiedenis. Mijn vader is geen rotzak geworden door de oorlog, maar door zijn jeugd, zijn opvoeding en door de dood van zijn eigen vader.'

Wat ik nog het allerallerergste vind, zeg ik tegen hem, is dat hij in zekere zin gehoorzaamt aan het verbod van zijn vader en dat hij zichzelf niet heeft toegestaan om te genieten van het lezen van boeken, om een wetenschapper te worden, om te genieten van seks, om gelukkig te worden met een vrouw, om een gezin te hebben en zelfs om zijn vader op zijn eigen terrein naar de kroon te steken, door bijvoorbeeld zoiets als een biografie te schrijven.

'Ook al wil ik het niet,' zegt hij met een trillend rechteroog, 'in het diepst van mijn wezen ben ik het natuurlijk eens met de afwijzing door mijn ouders.'

'Ik hou zielsveel van jou,' zeg ik.

'Echt waar?'

Ik krijg geen hap meer door mijn keel en zelfs Ischa laat twee oesters verweesd achter in hun schelp. Hij wil terug naar het appartement, even liggen en misschien wat schrijven.

'Ik heb ineens zin om heel veel te drinken,' zeg ik en ik weet zeker dat hij het dit keer niet erg vindt.

'Dan halen we even een mooi flesje wijn voor jou en voor mij een klein flesje whisky.'

'It's going to be a bumpy day.'

Dat vindt hij een leuke opmerking, dat weet ik.

Rond vieren vallen we in een diepe slaap en als ik ontwaak schemert het in Florida. Ischa zit achter de tafel en schrijft.

'Je moet het zo direct lezen,' zegt hij opgewonden.

Ofschoon mijn ouderlijk huis duizenden – ja, letterlijk: duizenden – boeken herbergde, heb ik, tot op heden, geen letterkundige publicatie, van welke aard dan ook, als vanzelfsprekend gegeven kunnen dan wel durven aanvaarden. Tot nu toe biedt elke vorm van literatuur mij in eerste aanleg een zekere bedreiging en iedere poging tot lezen gaat gepaard met het overwinnen van een gewisse weerstand. Anderzijds is geen wereld mij wezenlijk zo vertrouwd als die van Het Boek.

Reeds in de periode voor ik de kunst van het lezen machtig was, onderwees mijn vader mij terdege op het vlak der literatuur. Hij, de historicus, de hebraïcus, de godgeleerde en auteur, wees mij al zeer vroeg op het bestaan van gedichten, romans, wetenschappelijke vertogen, filosofische werken – alle loot een stam. En aldus werd in mij, als zeer jong kind al, het instinct geslaakt dat zowel tot intellectuele verlossing als spirituele ondergang kon leiden.

Ik ben de lezer die geen geschrift van node heeft; de schrijver, wiens vruchten verweesd het publiek bereiken. Nog immer ken ik het geschreven woord meer recht van bestaan toe dan mijzelf; dien ik, op magische wijze, analfabeet te blijven in een wereld die geregeerd, beheerst en gecontroleerd wordt door het schrift. De bibliotheek als gevangenis is mij vertrouwder dan een vrijheid zonder boek.

'Is het wat? Is het wat?'

'Het is dramatisch goed,' zeg ik en ik zwijg en vraag nog niet of hij zich realiseert dat de Reestraat inmiddels dan misschien geen duizenden, maar wel meer dan duizend boeken bevat.

Jarenlang heb ik het volgehouden geen boek in mijn boekenkast neer te zetten dat ik niet gelezen had. Ongelezen boeken wachtten op een stapel naast de boekenkast en later kregen ze een eigen plankje, omdat het er te veel werden en er van een oneerbiedige stapel een groter verwijt uitgaat, dan van een comfortabele plank. Inmiddels is het ene plankje uitgebreid met een ander plankje, maar nog steeds kan ik het niet over mijn hart verkrijgen een ongelezen boek toe te voegen aan die andere, die ik verworven heb door ze te lezen en die ik van mij gemaakt heb door erin te schrijven, door ze in de marge te voorzien van commentaar.

Ischa's boekenbezit is het tegendeel van het mijne. De vijf boekenkasten staan vol met nagenoeg ongelezen werken, waarvan hij weet dat hij ze heeft en waarover ze gaan. Hij weet soms niet waarom hij ze heeft, maar daar komt hij dan op een dag wel achter. Hij kan een boek kopen met als enige reden dat het over iemand gaat van wie hij nog nooit in zijn leven gehoord heeft en dat zo dik is dat de omvang hem fascineert.

Sinds ik een interview met hem las en we op het einde van het jaar 1991 van de uitgever een nieuwjaarsgeschenk toegestuurd kregen dat een voorpublicatie bleek van de vertaling van zijn verhalen, ben ik achter alles aangegaan wat ik van Harold Brodkey kon lezen. Naast Ischa, in bed, las ik kreunend van genot *Stories in an Almost Classical Mode*.

'Wat is er zo goed aan?' vroeg Ischa met een fleem jaloezie in zijn stem.

'Het is genadeloos, briljant, meedogenloos zelfonderzoek,' zei ik en ik smeekte hem om er iets van te lezen, zodat hij wist wat ik meemaakte.

Met de lichte weerzin waarmee ik hem altijd boeken zag opnemen en openslaan, begon hij aan Brodkey.

'Het is veel te moeilijk voor mij,' krijste hij regelmatig, maar hij ging toch door met lezen. 'Dit is fantastisch,' hoorde ik hem uitroepen en hij sprong uit bed, dribbelde naar zijn boekenkast en haalde er de vuistdikke, loodzware biografie uit te voorschijn die we hadden meegesleept uit San Francisco, omdat Ischa het niet over zijn hart had kunnen verkrijgen een kilo zware, 1010 pagina's dikke biografie van een onbekende over een onbekende te laten liggen.

'Moet je horen: Brodkey heeft het hier over een Harold Ickes-toontje en wie heb ik hier in de kast: Th. Watkins, *Righteous Pilgrim. The Life and Times of Harold L. Ickes 1874-1952*. Dat is toch fantastisch!'

'Het is niet vergeefs geweest,' zei ik en ik voegde eraan toe dat hij mij bleef verbazen.

Voordat we gaan ontbijten lees ik opnieuw wat hij gisteren schreef. Boven twee sunny sides up zal ik tegen hem zeggen dat ik nu ook beter begrijp waarom onze gesprekken over het verschil tussen zijn werk en het mijne, over wat journalistiek is en wat literatuur, bijna altijd op ruzie uitlopen.

Als ik hem wil kwetsen zeg ik dat ik niet van de journalistiek en niet van kranten houd. Als hij mij wil kwetsen zegt hij dat hij literatuur minacht en dat hij niet van romans houdt.

Als ik hem wil complimenteren zeg ik dat *De Dikke Man* literatuur is en dat hij gelijk heeft wat de journalistiek betreft, dat een goede journalist inderdaad de hoeder van de waarheid is. Als hij mij wil complimenteren zegt hij dat hij bewondering heeft voor de discipline die ik aan de dag leg om zo lang na te denken over een roman en voor de manier waarop ik iedere dag met schrijven bezig ben.

Het grootste verschil tussen de liefde voor de krant en die voor het boek zit hem in de persoonlijkheid van de schrijver, heb ik tegen hem gezegd. Er zijn dagen waarop ik aan hem vraag of hij de drie kranten die we iedere dag thuis in de Reestraat ontvangen, of hij die stapel vergankelijkheid even aan het oog wil onttrekken voordat ik thuiskom, omdat het dan zo'n dag is dat het me treurig maakt een krant te zien. Al die woorden die dat efemere bestaan leiden van een dag en die toch ergens in dit land en verder overal ter wereld opgeschreven worden door talloze, nijver schrijvende mannen en vrouwen, al die wegwerpzinnen met zo'n schrijnend kort bestaan, die verdraag ik soms even niet.

'Hoezo persoonlijkheid?' vraagt Ischa.

'Vertrauen muss man haben,' zeg ik. 'Vertrauen muss man haben.'

'Hoezo vertrouwen?'

'Dat je ook bestaat als je niet iedere dag je naam in de krant ziet staan,' zeg ik.

In het weekend nemen we de auto voor een wat langere tocht. Tot nu toe verlieten we ons huis aan de zee alleen voor bezoeken aan de mall, aan de bioscoop en aan de supermarkt, waar we blikjes Diet Coke, pakjes Merit en Marlboro en heel veel wasbleek kalkoenvlees kochten. Op zaterdagochtend glijden we in een gigantische Victoria Crown richting Everglades, een natuurgebied in het zuiden van Florida. De autocassetterecorder hapt de tape met muziek van Rowwen Hèze naar binnen en Ischa zingt de Limburgse liedjes mee in een Limburgs waarnaar ik glimlachend luister en dat bij ons thuis, bij mijn ouders en broers, tot hilarisch gelach kan leiden. Speciaal voor hen heeft hij de figuur van pastoor Naaikens in het leven geroepen, van wiens avonturen hij in een mengeling van Nederlands met een zwaar Limburgs accent en het enkele woord dialect dat hij kent, verhaalt.

'En zie, ik kwam bij de Here en de Here zeide: "Sodemieter op, Naaikens!" en deswegen, geachte parochianen, bevind ik mij weer onder u om u het woord te verkondigen. Van de zaligheden die ik aanschouwd heb bij de illustere hemelpoort, ben ik teruggekeerd tot de hel van u, mijn schare schaapkens.'

Bij de aanlegsteiger is de boot aangemeerd die ons met hoge snelheid door De Rivier van Gras zal jagen. Het kan me niet hard genoeg gaan, zo heerlijk vind ik het om door dit hoge riet te suizen, maar Ischa wordt een beetje bang van de snelheid en hij houdt mijn hand vast. De boot mindert vaart om de meevarenden de kans te geven naar de krokodillen in het water te kijken, of naar zeldzame hoenderen en vogels.

'Hoor, het schuifjonkertje,' kirt Ischa opgelucht als we nagenoeg stilliggen. 'Kijk, een kruismajoortje, een scharnierjuffertje en daar hebben we zowaar ook het vierjoffertje.'

Midden in het moerasgebied ligt een eiland. We gaan aan land om een krokodillengevecht te zien. Op het eiland zijn hutten gebouwd, waarin indianen hun handgevlochten tassen, kleurig geweven shawls en lappen, hun kralen en andere treurig stemmende huisvlijt verkopen.

'Is het echt of is het fictie?' vraag ik terneergeslagen aan Ischa. 'Wordt hier indiaantje gespeeld of leven deze mensen op dit eiland, in deze hutten en doen ze de hele dag niets anders dan toeristen ontvangen om zich te laten bekijken?'

'Ze zien er doodongelukkig uit,' zegt Ischa, 'dus ze zullen het zelf wel niet meer weten, want dat is natuurlijk de bron van ongeluk, als je het verschil tussen echt en onecht niet meer kent.'

Op de terugweg vertel ik Ischa dat de structuur van *De vriendschap* me steeds duidelijker wordt, dat ik weet wat ik met elkaar wil verbinden, hoe en waarom ik dat ga doen.

'Daarnet, bij de indianen, wist ik dat het boek daar ook weer over gaat, over echt en fictie.'

'Maar jij houdt toch van fictie?'

'Ja,' zeg ik, 'het is voor mij niet tegengesteld aan wat er blijkbaar met echtheid bedoeld wordt.'

Thuis pak ik mijn notitieboekje en vertel hem bij iedere aantekening het verhaal dat erbij hoort. Hoe ik als kind van een baksteen een hond maakte, van een fiets een paard, van een boom een bloedbroeder en hoe vanzelfsprekend ik het daardoor vond dat ik later niet gewoon ontmaagd werd door een man, maar door een dokter met een eendenbek, hoe logisch mij dat alles leek.

'Het werd wat ik ervan maakte,' zeg ik.

'Je was een machtig kind,' zegt Ischa. 'Je hebt je niet klein laten krijgen door het gemis, maar je hebt je leven naar je hand gezet.'

Een bezoek aan Miami luidt hij in op een manier die me inmiddels zeer vertrouwd is.

'Ik ga je het lekkerste kopje koffie ter wereld offreren dat je ooit aan je lippen hebt mogen zetten,' zegt hij. 'Als het goed is en ze niet heel Miami op zijn kop hebben gezet, dan is het verkrijgbaar bij een Cubaan met een tijdschriftenwinkel op de parallelweg van de Ocean Drive te Miami.'

Anderhalf uur later lopen we op de Ocean Drive. De majestueuze hotels aan de boulevard zijn gerenoveerd en over de brede paden langs het strand glijden gebruinde jongens en meisjes voorbij op rollerskates.

'Alle morsigheid en vervallenheid zijn weggestuukt. Een kleine tien jaar geleden was het hier een mekka van vergane glorie,' zegt Ischa.

Eens boden die verkommerde steenkolossen het meest geavanceerde comfort dier dagen. Juweeltjes van art deco paleizen; verstorven klanken van kekke mambo-rumba-orkesten, trotse bigbands, melancholieke pianobars. Maar de vergane glorie heeft weer haar eigen schoonheid, en ik genoot van die schitterende ruïnes, waaraan de slaapwandelende oudjes een onverwacht cachet verleenden; figuranten in de gebarsten droom van hun eigen verleden, loopt Ischa te denken en hij schrijft het later op in *De Dikke Man*.

'Waarschijnlijk is dat koffietentje ook weggesaneerd,' zegt hij met een pessimisme dat maar zelden bij hem doorklinkt. Maar als we even later een hoek omgaan, klaart zijn gezicht op. De wijk is nog steeds bevolkt door Cubanen en verderop in de straat zien we een groepje mannen dat zich verzameld heeft voor een open, aan de straat grenzende bar.

'Daar is het,' zegt Ischa opgelucht en hij beent ineens zielsgelukkig op de bar af, bestelt two coffees, reikt me met een overwinnaarsgezicht een klein plastic bekertje pikzwarte espresso aan en betaalt glunderend de vooroorlogse prijs van thirty cents each. Alles klopt.

'Niet alles verandert,' zeg ik en hij slaat een arm om me heen en drukt me stevig tegen zijn borst.

'Wat is het verschil tussen een joodse moeder en een pitbull?' vraagt hij retorisch voordat we gaan slapen. 'Een pitbull laat los.'

In het buitenland leest hij nauwelijks kranten. Hij rijdt ook geen ten miles in dit werelddeel om dagelijks in een kiosk waar ze wel Europese kranten in voorraad hebben, een achterhaalde *Telegraaf* te kopen.

'Ik weet dat ik in dit gezin doorga voor degene die niet van kranten houdt, maar hou jij zelf eigenlijk wel van kranten?' vraag ik 's avonds als we op het bankje bij de oceaan zitten en na een zinderend warme dag wachten tot een onweer gaat losbarsten.

'Hoezo?' reageert hij gebeten.

'De pagina's die jij het meest intensief bestudeert zijn de contactadvertenties,' doe ik er nog een schep bovenop.

'Je hebt gedronken, Con, dan word je altijd vals.'

Tegen de tijd dat een bliksemstraal regelrecht vanuit de hemel in het water van de oceaan pijlt, hebben we een ruzie die zich gerust kan meten met het mooiste onweer dat zich ooit voor mijn ogen afspeelde.

'Zo,' open ik de volgende ochtend in alle vroegte opnieuw de aanval, 'ik ben broodnuchter en ik vraag het je nog een keer: hou jij eigenlijk wel van kranten?'

Soms gaat mijn tong haar eigen gang en kan ik domweg geen zachte dingen zeggen.

Hij doet het nooit tijdens onze reizen en hij weet wat hij me ermee aandoet, maar hij zegt het op een manier die duidelijk maakt dat hij in zijn eentje wil gaan en ik protesteer niet. Het is toch mijn eigen schuld.

Hij zegt niet: 'Kom, we gaan even een kopje koffie drinken op het plein.'

Hij zegt: 'Ik ga even een espresso drinken bij de Italiaan.'

Dat is een verschil.

Hij blijft maar twintig minuten weg, maar ik lig bekaf van de wroeging en het gemis op bed.

'Je moet even geen wijn drinken, Con,' zegt hij heel kalm als hij terugkomt.

'Goed,' zeg ik gerustgesteld door zijn rust en overwicht, 'alleen een Bud dan vandaag.'

Soms lukt dat niet, maar ik wil het aardig vragen, want ik wil het weten. Ik probeer het pas een paar dagen later en ik vind dat ik een antwoord verdien, omdat ik er geheel vrijwillig van afzie om wijn te bestellen bij het eten.

'Mineral water please verdomme.'

Afgezien van de nacht van het onweer waren het heerlijke weken, zeggen we tegen elkaar op een van onze laatste avonden. Ischa stelt voor dat we hier in augustus terugkeren en dan een condominium zoeken. Hij wil nog tien jaar werken en vanaf zijn zestigste wil hij suf ergens rondhangen, hier in Lauderdale bijvoorbeeld, op een flatje aan zee, samen met mij en dan wil hij alleen maar gedichten schrijven.

'Dat van die kranten,' begin ik nadat we ieder een steak en baked potato gegeten hebben, 'dat van die kranten, dat zei ik omdat *Ten tijde van mijn vader* almaar door mijn hoofd spookt en dan vooral die schrijnende alinea, over hoe je analfabeet moet blijven in de wereld van het schrift. Dat vond ik zo erg om te lezen en tegelijkertijd wist ik hoe waar het is, hoe groot het obstakel is dat je opgeworpen hebt tussen jezelf en Het-Boek-met-hoofdletters en De-Kennis-met-hoofdletters. Volgens mij doe jij zo veel verschillende dingen tegelijkertijd om dat Ene Boek niet te hoeven schrijven.'

'Het boek als band,' zegt Ischa cryptisch.

Ik kijk hem vragend aan.

'Het Ene Boek, de bijbel, vormde de band tussen mij, mijn vader en God.'

'Bedoel je dan dat jij op de vlucht bent voor een band?'

'Natuurlijk,' zegt hij. 'Ik wil het wel en ik wil het niet.'

'Dubbel is half,' zeg ik zoals zo vaak. Met een felheid die hem meestal amuseert, reageer ik altijd als gebeten op alles wat riekt naar paradoxen of dubbelslachtigheden.

'Berinilikiki,' zegt hij dan, 'ik wil het wel en ook weer niet en eigenlijk ook weer wel en toch misschien niet. Dat is Beriniliki-ki.'

'Zodra je een paradox tegenkomt moet het denken meestal nog beginnen,' zeg ik weleens tegen Ischa. 'Denken doe je toch om een toestand van verscheurdheid op te heffen, om een oplossing te vinden voor het conflict dat je iets wel en niet wilt. Het boek over je vader,' vraag ik, 'wil je dat wel of wil je dat niet schrijven?'

'Ik wil het heel graag,' zegt hij ernstig, 'maar het valt me moeilijk om het te doen.'

'Je wilt het het liefst snel doen,' zeg ik, 'en dit boek staat het niet toe dat je het in een roes schrijft.'

'Hoe komt dat?'

'Misschien wil je de band niet verbreken,' zeg ik.

'Mijn vader had alleen maar een band met zijn boeken, met die banden aan de wand en verder met niemand.'

In den beginne betekende het boek een naam voor mij; de naam van het boek; een nog natrillende speer in het hart van de zaak; de spijker op zijn kop geslagen; het geluid dat zo was, en niet anders – de namen in zijn boekenkast het symfonische gelijk van een hermetisch universum.

Kafka, Freud, Spinoza, Rabbi Schlomo Jitschaki, Rabbi Moses Ben Maimon, Buber, Rosenzweig, Nescio, Polgar, Van het Reve, Heine, Hitler, Tucholsky, Dèr Mouw, Multatuli. Sla maar op de gong, er klinkt een naam.

In mijn leven staan boeken tot namen als namen staan tot boeken – nog steeds. Heel mijn wezen is doordrongen van, verweven met deze formule. En dat heeft ook alles te maken met de wijze waarop mijn vader mij vertrouwd maakte met het woord, het boek, en, bijkans parallel aan deze liefdesgeschiedenis, zijn zoon van zich afstootte.

Ik lees het een paar keer over, maar ik begrijp het niet echt goed en dat zeg ik ook tegen Ischa, dat het blijkbaar belangrijk is, die rol van de namen, maar dat het me niet echt duidelijk is hoe het zit.

'Dat komt nog wel,' zegt hij zelfverzekerd.

Het vliegtuig vertrekt pas om kwart over tien in de avond vanuit Miami. We brengen die laatste dag zoveel mogelijk door in
Lauderdale, op de stoelen voor ons appartement en op het
bankje bij zee. Ischa heeft de afgelopen veertien dagen dagelijks
de opname van zijn liedjes beluisterd en hij kan er nog steeds
geen genoeg van krijgen. Hij is gebruind en zit in zijn zwem-
broek met een koptelefoon op naar de zee te turen. Hij knabbelt
op zijn pink en er speelt voortdurend een glimlach rond zijn
mond. Ik ga naast hem zitten, op de grond in het gras, leg mijn
hoofd tegen zijn dij en reik hem mijn koptelefoon aan, zodat hij
die kan inpluggen op zijn walkman. Hij legt een hand op mijn
hoofd en we luisteren naar hem en The Izzies, naar *Le temps des
cerises*, *Le chat de la voisine*, naar *L'âme des poètes* en *Les feuilles mortes*. Hij
buigt zich glimlachend voorover naar mijn gezicht als *Quand les
roses* bijna afgelopen is en hij grijnst breeduit en lief als hij ziet
dat dan inderdaad de tranen over mijn wangen stromen en ik
voor de zoveelste keer zeg dat ik het bijna onverdraaglijk vind
om hem dat te horen zingen.

'Ik zou wel langer willen blijven,' zegt hij. 'Ik ben gelukkig.'

Drie weken na de dag van ons vertrek uit Lauderdale gaat om
halftien 's avonds de bel in de Reestraat. Ischa en ik liggen in
bed. Hij loopt naar het raam en schuift het open. Beneden staat
Tamarah Benima. Ze komt hem vertellen dat zijn moeder die
middag om drie uur gestorven is. Het is 3 juni 1993. Ze was vier-
enzeventig.

'Wat is je grootste wens?' vroeg ik hem tijdens een van onze eerste avonden samen.

'Familie,' zei hij.

'Goed,' zei ik, 'krijg je van me.'

'Hoe wou je dat dan doen?' vroeg hij lacherig.

'Ik zal samen met jou je ouders begraven,' zei ik.

Een half jaar voor zijn moeders dood zijn we op een borrel in Café Schiller, op het Rembrandtplein. Daar horen we van een kennis dat Ischa's moeder in het ziekenhuis te Haarlem ligt. Hard en kortaf vraagt hij aan die kennis wat ze heeft. Ze weet het niet.

'Een vrouwengeschiedenis,' had zijn vader aan de telefoon tegen haar gezegd. Ischa wil onmiddellijk naar huis. Eenmaal buiten vraag ik hem waarom hij bars was tegen deze vrouw. Hij zegt dat hij aan iedereen de pest heeft die bij zijn ouders over de vloer komt en vrijelijk over de drempel van het huis in Heemstede kan stappen, omdat dat voor hem en voor zijn broer en zus verboden terrein is en dat bovendien iedereen die met zijn ouders omgaat, klakkeloos gehoorzaamt aan de wrede wet van zijn vader, namelijk dat er binnen de vier muren van dat huis nooit over de kinderen gepraat mag worden. Wie hun naam laat vallen vliegt er binnen een minuut uit.

'Iemand die daarmee instemt pleegt toch een soort verraad,' zegt hij. Hij is zelf nog nooit in dat huis geweest.

Het is erger dan verraad, meen ik. Instemmen met het dood-zwijgen van iemand is je medeplichtig maken aan een vorm van moord. Ik zeg tegen hem dat ik die vrouw vanaf nu ook diep minacht en ook die oubollige, zelf gepunnikte, talentloze echt-genoot van haar en verder ieder ander die hem verraadt en dat ik ze voortaan met de nek zal aankijken, het laffe tuig. Hij grijnst.

'Je zou voor mij moorden,' zegt hij.

Zeker wel.

'En je broers ook,' zegt hij.

Ja, die ook.

In de maanden daarna heeft hij pijn in zijn buik. Tijdens zijn wandelingen door de stad probeert hij zoveel mogelijk over de toestand van zijn moeder aan de weet te komen. Hij denkt na over mijn voorstel haar in het ziekenhuis op te zoeken, maar uiteindelijk durft hij dat niet. Voor haar en omdat hij die man niet wil tegenkomen. De pijn in zijn buik is het enige wat hem met zijn stervende moeder verbindt. Bij haar is het kanker, bij hem is het een maagzweer.

Hij heeft Tamarah uitgelaten. Het loopt tegen middernacht en we zitten naast elkaar. We praten en drinken. Ik kijk onophoudelijk naar zijn gezicht. De wanhoop komt niet onmiddellijk. Eerst gaat Ischa op zoek naar een foto. Er moet toch ergens in deze kasten een foto liggen, van hem en zijn moeder? Waar ligt die? Hij is gemaakt als hij net die encefalitis heeft gehad. Ze zijn in New York en staan bij een hek op vliegveld LaGuardia. Hij is twee en zij houdt zijn hand vast. Heeft hij me die nooit laten zien?

Nee. Tot op dat moment heb ik er geen idee van hoe zijn moeder eruitziet. Hij staat op een krukje in de slaapkamer en zoekt in de bovenkasten. Langzamerhand sluipt er in de manier waarop hij dat doet een steeds grotere radeloosheid. Ik sta achter hem. Ik ben bang dat hij valt.

Hij vindt de foto niet en gaat zitten. Ik zie hoe zijn gezicht verandert, hoe de wanhoop zich een weg baant, hoe een pijn binnensluipt waartegen niet op te boksen valt en die voorlopig niet meer zal verdwijnen.

'Alle mensen die ik in mijn leven heb leren kennen waren stuk voor stuk aardiger dan mijn ouders. Ze waren aardiger, menselijker, eerlijker en ze waren niet zo meedogenloos. Ik schaam me voor mijn ouders,' zegt hij, 'ze waren zo onbeschaafd. Ik vind het allemaal zo schraal. Dat het niet goed gekomen is met mijn moeder, dat vind ik onrechtvaardig, dat heb ik niet verdiend. Op mijn twaalfde wist ik het: het leven is afgelopen. Mijn vader was een jaar weg geweest. Hij was na ons vertrek in Suriname gebleven, met een andere vrouw. Na een jaar krijgt mijn moeder een telegram, dat hij die avond aan zal komen op Schiphol. Ik zie hem daar nog staan. Zo'n man in zo'n regenjas. Die belachelijke regenjas, waar dat bruine hoofd boven uitsteekt. Toen is het gebeurd. Mijn moeder ziet hem, stormt op hem af en werpt zich in de armen van deze man. Ik heb nog nooit twee mensen elkaar zo zien omhelzen. Ze klapten op elkaar als twee Maagdenburger halve bollen en ze hielden zich aan elkaar vast. Daarna zijn ze nooit meer van elkaar losgekomen. Het was afgelopen, voor hem, voor haar en voor ons.'

Hij moet praten, dat zie ik. Hij praat en drinkt.

'Ik ben niet verdrietig, ik ben wanhopig. Ik wil dit leven niet, ik wil het anders. Ik ben te klein voor zo'n groot drama, ik ben te klein. Con, ik vind dit lijden te groot, veel te groot, ik wil het niet.'

Even later kijkt hij me angstig aan.

'Ik weet niet of ik het red,' zegt hij bang.

'We zien wel,' zeg ik zo rustig mogelijk en daarna vraag ik hem of hij in gedachten al zinnen aan het schrijven is, voor zijn moeder.

Hij kan me geen antwoord geven. Zijn keel zit dicht en hij slaat de handen voor zijn gezicht.

Het is drie uur 's nachts en hij staat wankelend van het verdriet en de whisky op van tafel. Hij loopt naar zijn bureau, gaat achter de IBM zitten en begint aan een *Dikke Man*. Hij vraagt om nog een glas. Een uur later leunt hij zwaar over me heen, legt zijn hand in mijn nek en leest *De Dikke Man* mee, die voor me ligt.

Toen kwam er een mooie jonge vrouw naast hem zitten, die zei: 'U ziet er een beetje ongerust uit.'

'Ja,' antwoordde De Dikke Man, 'ik moet nog een stukje voor de krant schrijven. En ik heb zojuist vernomen dat mijn moeder is overleden.'

In wat volgt herken ik het verhaal dat Leonie Smit enkele dagen eerder vertelde en dat door Ischa prachtig naar zijn hand is gezet. Het is de zoektocht naar een moeder en naar de antwoorden op zo veel, zo veel vragen. De zoektocht begint pas als de dochter niet meer in staat is om piano te spelen. Het pianospelen heeft ze van haar moeder geleerd en zolang ze dat nog kon doen, zolang ze de melodie van haar moeder kon laten klinken, leefde die moeder voor haar.

'Schrijf nou maar een stukje voor uw moeder,' zei Het Mooie Meisje. 'Laat gewoon een melodietje voor haar klinken. Heus – het lukt.'

'Ja,' mompelde De Dikke Man. 'Ja, ja, ja.'

Hij stond op.

En hij liep snel naar huis.

Om alles, alles op te schrijven.

Dan huilt hij en hij houdt daar niet meer mee op. Hij vraagt me of het geen verwrongen stukje is. Dat is het niet. Daarna vraagt hij waar deze Dikke Man in godsnaam over gaat, wat hij betekent. Ik zeg hem dat ik meen dat deze Dikke Man gaat over wat er behouden blijft en dat hij bovenal betekent dat hij iemand is die behoudt door te schrijven.

'Ik wil alleen maar schrijven,' zegt Ischa.

We kruipen die nacht als dieren door het huis. Zijn pijn wordt steeds groter, feller. Hij schaamt zich ervoor dat hij op een stoel zit. Hij wil sjiwwe zitten, hij wil zijn kleren scheuren, hij wil kaddisj zeggen.

Hij zegt dat ik niet weet hoe moeilijk het is om van een afwezige te houden. Hij zegt dat ik helemaal niet weet wat slechte mensen zijn en hij zegt dat hij ernaar verlangt om mijn ouders te zien.

Tegen de ochtend zijn we uitgeput. We gaan naar bed. Hij vraagt me of ik hem vast wil houden. Ik word wakker als hij me even loslaat. Hij pakt de koptelefoon van het nachtkastje, zoekt een cd uit en komt weer naast me liggen. Hij trekt me tegen zich aan. Vlak voordat ik in slaap val bereikt me nog vaag de stem van Doris Day die kerstliedjes zingt.

De volgende dag hoort hij pas dat er geen begrafenis zal zijn. Zijn moeder heeft haar lichaam aan de wetenschap geschonken. De gedachte daaraan vervult hem met afgrijzen.

'Zelfs geen begrafenis,' zegt hij. 'Ze zijn nog wreed over hun dood heen.'

In de eerste uren van de ochtend heeft hij nog gehoopt dat zijn vader hem zou bellen, maar nu hij weet dat er geen begrafenis zal zijn, heeft hij die hoop laten varen.

Soms weet ik niet wat ik met hem aan moet, wat ik moet doen om hem niet zo alleen te laten lijden. Ik ga de deur niet uit. Ik zorg dat ik er overdag ben, zodat hij me kan bereiken wanneer en waarvandaan hij ook belt. Hij vraagt me of ik het vervelend zou vinden in de Reestraat te gaan werken, zodat ik er ben als hij thuiskomt. De drie trappen die hij in de Allard Piersonstraat moet beklimmen vallen hem zwaar en hij heeft de hele dag het verlangen om me te zien. Af en toe gaat hij naar buiten en komt vijf minuten later weer terug.

'Ik ging de hoek om en toen merkte ik opeens dat ik helemaal niet weg had willen gaan.'

Hij huilt zodra hij me ziet.

'Je loopt over van verdriet,' zeg ik.

Her en der heeft hij navraag gedaan over wat er gebeurt met een lichaam dat ter beschikking van de wetenschap is gesteld en ze hebben hem verteld dat het lichaam naar het oosten, naar Duitsland vervoerd wordt om te voorkomen dat iemand in Nederland het als het lichaam van zijn moeder zou herkennen en een gekend lichaam zou moeten versnijden. Het is een gruwelijk idee.

'Heeft die arme vrouw Bergen Belsen overleefd en wordt ze alsnog abtransportiert,' zegt hij vol ontzetting.

Hij wil niets liever dan praten. We praten. We praten over wreedheid, leugens, schaamte, bedrog, over slechtheid, domheid en genialiteit. Wat dat allemaal is.

'Het was een domme, slechte, leugenachtige vrouw. In de tijd dat ik studeerde zagen we elkaar een keer per maand bij Formosa. Dan gaf zij mij een klein maandgeld en liet mij, zeer nerveus, een briefje tekenen voor ontvangst. Later hoorde ik dat ze op deze manier drievoudige kinderbijslag kregen. We zagen elkaar ook op de dag waarop mijn rijke oom, de broer van mijn moeder, stierf. Ik zei tegen haar dat ze nu misschien wat geld kregen en dat zij en mijn vader dan samen eens een reis konden maken, naar Zwitserland of zo. "Ach nee," zei mijn moeder met die zuinige, dichtgeknepen, hypocriete mond van haar, "wij krijgen niks." De volgende dag las ik in de krant dat mijn ouders een miljoen geërfd hadden. Het bleek twee miljoen te zijn. Ik heb me toen pas gerealiseerd dat ze mij bedroog en ik ben daar vreselijk van geschrokken. Het bedrog van mijn moeder heeft in de rest van mijn leven alles vervormd.'

Hij wil ook met anderen praten. 's Avonds nodig ik vrienden uit, zodat hij steeds hetzelfde kan herhalen en de vrienden steeds iets anders terug kunnen zeggen.

Negen dagen na haar dood staan we op sjabbat om negen uur 's ochtends in een sjoeltje, ergens in West. Het is niet meer dan een huiskamer, maar het is de sjoel waar Ischa's jongere broer Job wekelijks naar toe gaat en waar hij vandaag kaddisj wil zeggen voor zijn moeder. Ischa heeft besloten dat samen met hem te doen. Het duurt een tijd voordat de minje compleet is. Ongedurig en zenuwachtig loopt Ischa rond met een keppeltje op zijn hoofd. Zijn gezicht krijgt de chagrijnige trekken van de verveling. De aanwezige vrouwen, onder wie Jessica en Oda, de vrouw van Job, zitten achter een glazen ruit, waar een vitrine voor hangt. Ik word steeds misselijker, van de geur die in de ruimte hangt, van het achter een raam moeten zitten en omdat ik die jammerende verveling en nervositeit van Ischa tot in mijn maag voel. Vanuit de gebedsruimte kijkt Ischa naar me. Hij rukt het keppeltje van zijn hoofd en komt naar me toe.

'Je bent niet lekker,' zegt hij hoopvol.

'Het gaat wel,' zeg ik.

'Wat doe ik hier?' fluistert hij in mijn oor.

'Kaddisj zeggen voor je moeder,' fluister ik in het zijne.

Iedere avond masseer ik de huid op zijn hoofd met warme olie. Onder zijn haar heeft zich een dikke korst gevormd. Het ziet er pijnlijk uit, maar hij klaagt niet over deze pijn. Hij laat zich het masseren langer welgevallen dan ik van hem gewend ben en dat vind ik prettig.

'Het is allemaal verdriet,' zegt hij.

Vijf weken later, op vrijdag 9 juli, ligt er bij onze thuiskomst een brief op de mat. Daarin staat dat zijn vader zonet overleden is. Hij leest hem rustig en onaangedaan. Ik denk dat het te veel is, dat hij geen ruimte heeft om ook te rouwen over zijn vader,

maar hij heeft die avond iets opgeluchts, bijna iets triomfante-
lijks. Ieder uur van die avond kijk ik gespannen naar zijn
gezicht in de verwachting dat zijn stemming zal omslaan in
pijn en verdriet, maar dat gebeurt niet. Het is alsof zijn leven
beter klopt nu ze allebei dood zijn, alsof het rouwen dat hij al
jaren om ze doet, eerder beëindigd dan begonnen kan worden.
Hij huilt niet, hij wil geen sjiwwe zitten of kaddisj zeggen, hij
draait die nacht geen kerstliedjes van Doris Day. Het enige wat
hij doet is achter zijn IBM klimmen en schrijven. Aan de melodie van zijn tikken hoor ik dat hij ervan geniet te doen wat hij
doet.

Heemstede. Gisterenavond is in zijn woonplaats Heemstede de historicus, hebraïst en letterkundige dr. Jaap Meijer gestorven. Hij
werd tachtig jaar.
Meijer verwierf faam met onder andere zijn biografie van Jacob
Israël de Haan. Ook schreef hij een roemruchte studie over de tach-
tiger Willem Anthony Paap.
Meijer deed talloze dichtbundels verschijnen onder het pseudoniem
Saul van Messel. Jakob Meijer werd geboren in Winschoten als zoon
van een marskramer; niettemin gelukte het hem om het Neder-
lands-Israëlitisch seminarium te doorlopen en later studeerde hij
Nederlands en geschiedenis. Hij promoveerde nog in de oorlog bij
Jan Romein, op een dissertatie over Isaäc da Costa's *Weg naar het
christendom*. Iets later werd hij met zijn vrouw en zoon Ischa via Wes-
terbork naar Bergen Belsen gedeporteerd. Gedrieën overleefden zij
dat kamp.
Na de oorlog ontwikkelde Jaap Meijer zich tot een gedreven docent,
rabbijn (te Paramaribo) en schrijver van – vaak in eigen beheer uit-
gegeven – monografieën, meestal de geschiedenis der joden in
Nederland betreffende; zijn diepe en veelomvattende kennis omtrent deze materie staat allerwegen buiten kijf; zijn, doorgaans

polemische instelling heeft hem echter tot een zeer geïsoleerd man gemaakt – een positie die hij overigens leek te ambiëren.

Nadat ik het overlijdensbericht gelezen heb zeg ik tegen hem dat ik het nu snap.

'Je kunt voor het eerst in je leven met hem doen wat jij wilt,' zeg ik.

'Precies,' zegt hij als een overwinnaar.

Zodra hij het bericht naar Het Parool gefaxt heeft, belt hij met iemand van de redactie. Hij krijgt Frits Campagne aan de telefoon.

'Er komt nu een bericht binnen over het overlijden van mijn vader. Lees het even,' zegt Ischa geestdriftig. 'En hoe vind je het?' vraagt hij al na tien seconden. Frits merkt iets op over de laatste zin.

'Ja, die moet er wel in,' is de ferme reactie.

Daarna vraagt Frits hoe hij moet aanduiden van wie het bericht komt.

'Van onze verslaggever,' zegt Ischa.

De volgende dag reizen we per trein naar Heemstede en dan is er niemand meer die de deur van het huis van zijn ouders voor hem gesloten houdt. Ik durf er nog niet goed rond te lopen en laat hem zijn gang gaan. Het eerste wat hij doet is op de wanden met boeken, die de hele lengte van het huis en twee muren van een zijruimte beslaan, toelopen. Met een schuin hoofd bekijkt hij de ruggen van de banden en leest de namen. Het duurt even voordat hij een boek durft aan te raken om het uit de kast te trekken. Nadat hij het bekeken heeft, zet hij het zorgvuldig weer terug.

'Het is helemaal niks,' mompelt hij voortdurend. Hij vraagt

zich af waarom hij hier zijn hele leven bang voor is geweest, wat het was aan die immense hoeveelheid boeken dat hem terneerdrukte en angst aanjoeg. Hij zegt dat deze verzameling geen enkele aanleiding biedt tot zo veel angst en dat hij het intellect van zijn vader dezelfde mythologische proporties heeft toegedicht als dat van zijn zus.

'Hij heeft na '40 nauwelijks boeken gekocht,' zegt Ischa. 'Toen is hij opgehouden met leven.'

'Met leren misschien,' probeer ik.

'Dat is hetzelfde,' zegt hij.

Ja, dat is ook zo.

Soms roept hij dat ik moet komen kijken, naar de voorraad in de keukenkasten, naar de inhoud van de koelkast, naar de drank in de gangkast. Omdat hij zichzelf geen enkele ontroering toestaat bij het doorlopen van het huis en dat blijkbaar moet doen met de koelheid van een onderzoeker, verberg ik de mijne bij het zien van die keurig geordende kasten, die tien pakken Douwe Egbertskoffie, de blikken Unox-soep, de blikken met erwtjes, worteltjes, het grote assortiment schoonmaakmiddelen, de vijf pakken Dreft en de talloze, voordelig ingeslagen potten dagcrème van Revlon, waarop *Eterna 27* staat.

'Ook wel zielig. Alsof er eeuwig te leven viel,' is het enige wat ik voorzichtig tegen Ischa zeg.

Hij roept me vanuit de slaapkamers en vanaf de zolder, waar nog meer rekken met boeken staan. Hij doet het als hij iets wil uitleggen over wie zijn ouders waren, over wat hij zich herinnert van vroeger. Overal hangen foto's van zijn vader. Zelfs op het nachtkastje staat geen foto van zijn moeder, maar een van zijn vader en van de moeder van zijn vader. Hij kijkt in kleerkasten, in dozen en in lades.

'Je zoekt of er nog een spoor van jouw bestaan hier te vinden is,' zeg ik.

'Ik had het niet verwacht,' zegt hij, 'maar ik had er misschien wel op gehoopt.'

Omdat hij opeens bleek ziet, stel ik voor om te gaan, om de trein naar Amsterdam te nemen, maar hij wil nog niet weg. Ik zeg hem dat we dan toch even naar buiten moeten, Heemstede in, wat gewone dingen doen, een haring eten of zo, wat boodschappen halen en dat we dan weer terugkomen.

'Het is heel anders als je voor de tweede keer binnenkomt,' zeg ik, ook al weet ik niet zeker of dat waar is.

Bij onze terugkomst staat er een man voor de deur. Hij komt de bestelling drank bezorgen. Ischa wordt daar heel vrolijk van.

'De oude mijnheer Meijer is eergisteren overleden,' zegt hij en hij kan zijn lach bijna niet onderdrukken. 'Maar wij kunnen die drank goed gebruiken, hè Con.'

Hij opent de voordeur voor de bezorger, laat hem de drank naar de keuken brengen en begeleidt de man naar buiten. Als hij weer naar binnenkomt, grinnikt hij.

'"En?" vroeg ik aan die man, "wat gaf de oude Meijer als fooi?" "Een rijksdaalder," zei hij. Nou, toen heb ik hem vijf gulden gegeven, als de nieuwe oude Meijer, en dat was heel leuk om te doen.'

De volgende dag zijn Mirjam en Rogier ook in het huis in Heemstede. In tegenstelling tot Ischa hebben Mirjam en Job wel met hun ouders in dit huis gewoond. Mirjam is op zoek naar haar poppenhuis. Ze heeft een grimmige trek op haar gezicht en soms lacht ze net iets te luid en te schamper om de belachelijkheid van iets wat ze ziet, de foto's van haar vader, de flessen drank in de koelkast.

De verhouding tussen Ischa en haar is inmiddels bekoeld. Wij zijn niet ingegaan op haar uitnodiging om hun vijfentwintigjarig huwelijksfeest te vieren. Toen ik hoorde dat Job niet uitgenodigd was zei ik tegen Ischa dat wij dan ook niet gingen.

'Ik kan er niet tegen als iemand uitgestoten wordt,' zei ik.

Het poppenhuis is onvindbaar. Bij hun vertrek kijken Ischa en ik Mirjam en Rogier na, hoe ze daar samen het tuinpad aflopen. Mirjam heeft zo veel pakken Dreft in haar armen als ze kan dragen.

Iedere dag nemen we de trein naar Heemstede. Ischa begint erover om het huis te kopen uit de erfenis. In gedachten breekt hij de muur tussen de kleine keuken en de woonkamer al door, om er een enorme Amerikaanse keuken van te maken, met een kookeiland, een gigantische koelkast en glimmende aluminium spullen tegen de wand.

We kopen eten en drank in de buurt en we nodigen de buren uit, die zijn ouders gekend hebben. Ischa wil ook familie in huis. Mijn jongste broer Eric komt onmiddellijk.

Aan de wens van zijn vader om zijn lijk ter beschikking van de wetenschap te stellen, wordt met een grimmige triomf niet voldaan.

'Het eerste wat ik dacht toen ik las dat hij dood was, is: Hebbes! Eindelijk een lijk,' zegt Ischa.

Op 13 juli 1993 begraven we dr. Jakob Meijer, en in gedachten zijn vrouw Lize Voet, op een niet-joodse begraafplaats.

'Eindelijk in de dood herenigd' had Ischa boven de rouwadvertentie laten zetten.

Met het blauwe gebonden boek in zijn hand, het eerste deel van de thoravertaling waaraan hij als zestienjarige meehielp, be-

klimt Ischa het houten preekgestoelte in de aula van de begraafplaats te Heemstede en opent zijn toespraak in het Hebreeuws.
Hij citeert vers 25, Bereshieth, 32 en begint met het ontrafelen
van deze zin.

Wajiwateer... lewado, bijna een pleonasme; hij bleef achter, alleen,
hij was daar geïsoleerd, bijkans vervreemd. Wejeeaweek: worstelen,
omarmen, Jakobben, de man Jakobde Jakob, hij confronteerde Jakob met zichzelf.

Iesj: een man, een afgezant des Heren, een engel, een wezen, het
wezen.

Misschien staat er eigenlijk wel het volgende: En Jakob bleef alleen
achter en hij vocht met zijn eigen zelf, tot de dageraad aanbrak.

Jakob Meijer, die wij vandaag begraven, was iemand die, volkomen
geïsoleerd van alle anderen, met zichzelf worstelde.

Zeker, hij gold en geldt als een zeer begaafd wetenschapsman, een
erudiet die zijns gelijke niet kende, een van god gegeven leraar, een
begenadigd scribent, een aangeraakt kunstenaar, en ga zo maar
door. Maar hij was iemand die zichzelf niet kon of wilde doorgron-
den.

Hij is nimmer bereid geweest tot een werkelijk persoonlijk gesprek.
Hij heeft het zichzelf niet gegund om aan zijn hevige psychische
nood ooit ook maar enigszins uiting te geven.

Ja, hij worstelde met zichzelf.

Alleen, vreselijk alleen.

Dat wil zeggen in een diep verbond met zijn op 3 juni jongstleden
gestorven echtgenote, Lize Voet, die als het ware haar wezen aan
hem geschonken had, zich allengs volkomen in hem verloor, door
hem verJakobd was. Geen ander menselijk wezen mocht hem zelfs
ook maar naderen. Het diepste contact dat hij durfde aan te gaan
was dat met zijn boeken, eindeloze rijen banden – maar niet met
iemand.

Jakob Meijer was bang, doodsbang voor zijn gevoelens, zo angstig, dat zelfs wij, zijn drie kinderen van middelbare leeftijd, nog steeds moeten gissen naar de geestelijke kwetsuren die hem tot zulk een getourmenteerd man maakten. Wij mochten slechts toekijken bij dit gruwelijke lijden of het verder de wereld indragen op onze eigen schouders, maar enigerlei mededeling erover van hem kregen we nooit.

Jakob Meijer was het prototype van een slachtoffer, maar van wie of wat precies?

Slachtoffer van het nederige milieu, waaruit hij stamde?

Slachtoffer van de Nederlandse judeo-bourgeoisie der jaren twintig en dertig?

Slachtoffer van de moffen?

Slachtoffer van zijn kampsyndroom?

Slachtoffer van zichzelf?

Summa summarum: Jakob Meijer was een slachtoffer van het jodendom.

Ik ben ervan overtuigd dat dit inzicht hem de innerlijke ruimte en rust had kunnen geven, die hij nu zo node ontbeerd heeft.

Wij gedenken hier Jaap Meijer en Liesje Meijer-Voet.

En Jakob bleef helemaal alleen achter, en hij vocht met zijn eigen zelf, tot de dageraad aanbrak.

Zijn dood de dageraad;

Zijn dageraad de dood.

Samen met zijn dochter, met zijn zus en broer, twee van mijn broers en een klein gezelschap vrienden, sta ik achter de kist. Ik luister en kijk naar Ischa en ik wacht tot hij klaar is. Als hij van het preekgestoelte afklimt en naast me komt staan, slaat hij een arm om me heen, duwt zijn gezicht in mijn hals en snikt. Hij leunt zwaar op me als we achter de kist aan naar buiten lopen. De eerste meters van deze tocht heb ik het gevoel hem op de weg die naar het graf van zijn vader leidt, te moeten dragen.

Ik vind dat niet erg, ik vind dat prettig.

In mijn hoofd zeuren de laatste zinnen van zijn toespraak na:

'Zijn dood de dageraad;

zijn dageraad de dood.'

Die begrijp ik niet goed. Ze geven me een onbestemd gevoel van angst.

's Avonds eten we met zijn tweeën in een Chinees restaurant.

'We gaan samen in een groot huis wonen,' zegt hij, 'en ik ga mijn erfenis regelen. Ik wil dat je mijn enige erfgenaam bent.'

Pauke, een vriendin, de eigenaar en medebewoner van het huis waar ik een etage huur, krijgt te horen dat ze darmkanker heeft en mijn eerste en beste vriendin die ik in Amsterdam had, Eva, is opgenomen in de Sinaïkliniek.

'Toen Eva ons voor het eerst samen zag zei ze: "Jullie zijn net een peper-en-zoutstelletje,"' huil ik bij Ischa uit nadat ik haar bezocht heb en ik zeg hem dat het lijkt alsof het hek van de dam is, dat de tijd nu aangebroken is voor de dood en het verdriet en dat mijn dagen nu al maandenlang gekleurd zijn door dit weten, dat de liefste en beste mensen die ik ken, zoveel lijden.

Ischa wil me troosten door te zeggen dat hij wel lijdt, maar dat hij zich tegelijkertijd bevrijd voelt en dat hij nog nooit in zijn leven zo tevreden is geweest als nu. Hij zegt dat hij het gevoel heeft dat de weg voor hem vrijgebaand is en er geen enkel obstakel meer is om te doen wat hij wil, dat zijn kracht niet meer weggezogen wordt door zijn ouders. Hij zegt dat hij gelukkig is met wat hij thuis heeft, met mij en met Jessica, en dat hij zich erop verheugt om te gaan doen wat hij altijd heeft willen doen, een talkshow presenteren op de televisie.

'Tas vroeg me laatst: "Wil je niet met Connie trouwen?" Ik zei zo van nee, niet bepaald, dat het eindelijk eens niet nodig was.

"Nou," zei Tas toen, "als je het over haar hebt, wil ik wel met haar trouwen." Lief hè?'

'Nogal lief van jou ook,' zeg ik.

'Ik hou van je, wat het ook betekent. Ik vind het interessant om met jou te leven.'

We laten onze plannen varen om dit jaar samen nog een reis te maken. Ischa is begonnen met een reeks *Dikke Mannen* over zijn ouders en hij wordt in beslag genomen door het oprichten van een kantoor en het aanstellen van een redactie voor zijn televisieprogramma.

Voor het eerst sinds de dag dat ik hem ontmoet heb, reis ik alleen. Ik ben een week in New York om de Amerikaanse uitgave van *The Laws* luister bij te zetten middels signeersessies in boekhandels, borrels met de mensen van de ambassade en een lezing op Long Island.

Al in het vliegtuig vraag ik me af waarom ik mijzelf dit heb aangedaan, waarom ik alleen naar New York reis. Zonder Ischa vind ik er niks meer aan, aan mijn uren niet, aan mijn dagen niet en aan mijn nachten niet. Soms heb ik zo veel last van deze liefde, van dit niet tanende verlangen naar zijn aanwezigheid, dat ik er even vanaf wil zijn, dat ik mijzelf wil herinneren hoe ik ooit was. Dat lukt me wel, maar ik kan er niet meer van genieten. Heel mijn pontificale eenzaamheid komt me nutteloos, belachelijk en onheroïsch voor. Ik ben het liefst samen. Ieder uur zonder hem is minder de moeite waard dan een uur met hem.

Op Kennedy Airport staat een blonde, bleke jongeman en die heeft het kartonnen bordje in zijn hand waar Mrs. Palmen op staat. De jongeman is de redacteur van mijn Amerikaanse uitgever, George Braziller, en vanaf het moment dat ik hem zie staan, vraag ik me af waarover ik het in godsnaam met hem moet hebben tijdens de rit naar Manhattan. Het is me van meet af aan duidelijk dat ik het gesprek moet leiden, omdat deze jongen nog niks ergers heeft meegemaakt dan zijn jeugd, maar dat hij daar voorlopig niets over te melden heeft, want die duurt levendig voort tot op de dag van vandaag.

Misschien begin ik er al over terwijl we in de rij staan voor een taxi, maar het is waarschijnlijker dat ik pas loskom als ik achterover leun, lekker loom ga hangen in de bank van de auto. Het kan ook zijn dat hij vroeg of ik al eerder in New York was en na mijn ja-heel-vaak-al-with-my-man vroeg of ik er vrienden en bekenden had en dat ik toen maar eens een boom ging opzetten over hem. Ik weet het, als ik eenmaal over hem, over zijn werk, over dat kleine verschrikkelijke oeuvre begin, dat ik dan wel eventjes kan doorgaan en daar ging het mij ook om. Daarom let ik helemaal niet op het gezicht van de jongeman naast me, in die taxi, en mis ik de ontzetting die daar langzamerhand op moet zijn verschenen en die ik pas zie als ik hem weer aankijk.

Ik vertel hem dat ik maar een adres bij me heb, dat van Harold Brodkey, hij woont Upper West, in de 88ste. Ik kreeg het van een Nederlandse journaliste die een interview met hem had, hier in New York, en dat ik het me haarscherp herinnerde, zo'n indruk had het op me gemaakt wat hij allemaal zei. Dat ik op het moment dat ik het las nog nooit iets van hem gelezen had, maar dat alleen al dat interview voldoende was geweest om te weten dat ik van deze man iedere letter wilde lezen die er van hem te krijgen was en dat ik ook wist waarom.

Soms is een zin genoeg om je levenslang aan iemand te klinken. Rudi Wester had hem gevraagd waarom hij zo lang met het publiceren van zijn eerste roman had gewacht. Brodkey antwoordde: 'Ik wilde mijn leven voor mijzelf houden. Dat was het enige.'

Opeens wist ik dat dit het enige antwoord was op die vraag en dat ik zelf nog niet zo dicht bij die waarheid was geraakt. Terwijl ik tegen de jongeman praat sla ik op mijn handtas, omdat het adres van Brodkey daarin zit; ik sus mijn handtas als een hond, want ik ken mezelf, het zal me nogal wat moed kosten om Brodkey werkelijk op te zoeken.

Stom dat ik dan nog niet een keer opzij gekeken heb.

Op het moment dat ik even ademhaal, dat ik me voorbereid om te vertellen hoe het komt, hoe ik de eerste woorden van Brodkey lees en wat er dan met me gebeurt, schraapt die jongeman zijn keel. Hij wil iets zeggen.

Ik kijk opzij.

Hij kijkt me een beetje beschaamd en geschrokken aan.

'Connie, haven't you heard?' zegt hij.

Nee.

Het stuk was enkele weken geleden gepubliceerd, in *The New Yorker*, het was getiteld 'To my readers', een soort brief was het, waarin hij vertelt dat hij aids heeft.

'I have aids', zo begint het, zegt die jonge jongen, en dat het eindigde met 'Pray for me'.

Ik ben ontdaan. Brodkey gaat dood. De rest van de rit naar Manhattan zwijg ik en laat de herinnering toe aan de eerste keer dat mij iets dergelijks overkwam.

Het was eind 1983, tijdens mijn studententijd. Ik was diep onder de indruk van Michel Foucault en arm. Een bevriend filosoof die in Parijs woonde, hield me zo nu en dan via brieven jaloersmakend op de hoogte van de colleges van Foucault, die hij alle woensdagen bijwoonde in het Collège de France. Herhaaldelijk schreef hij dat ik gewoon een keer naar Parijs moest komen en met hem mee moest gaan, zodat ik de bewonderde filosoof eindelijk in levenden lijve kon zien en horen. 'Gewoon een keer' zat er voor mij niet in, dus ik nam wat baantjes, poetste, serveerde en redigeerde tot ik in de lente van 1984 eindelijk voldoende geld verzameld had voor Parijs. In die week voor mijn vertrek stond het artikel in de krant: 'Postuum Michel Foucault.' Dat betekende dat hij dood was.

Ik ging in 1984 niet naar Parijs en deze week neem ik ook geen taxi naar de Upper West Side. Ik zit in het Gramercy Park Hotel, doe wat ik moet doen, zie dagelijks mijn uitgever en spreek een aantal keren af met Margie Smilow, een filmproducer die ik in het vliegtuig ontmoette en met wie ik bevriend raak, ik word iedere ochtend en avond gebeld door Ischa en reken op het einde van de week nog eens vierhonderd dollar af voor de keren dat ik hem belde.

Als hij me samen met Olga afhaalt van Schiphol ben ik door het dolle heen wanneer ik hem achter het glas zie staan wuiven en even later spring ik tegen hem op als een hond.

'Je bent kilo's afgevallen,' zegt hij gespeeld verontwaardigd, want ik zie dat hij erom moet lachen en dat hij een trotse blik naar Olga werpt.

'Hij was zo zenuwachtig om te laat te komen, dat we hier al uren ronddrentelen,' zegt Olga loyaal.

Begin augustus gaat Ischa voor een week naar New York, naar hetzelfde hotel. Hij wil er talkshows gaan bekijken met de vrouw die hij als hoofdredactrice van zijn televisieprogramma heeft aangesteld. Het is een pokdalige lesbienne die Ischa de afgelopen twee maanden met extatische ansichten bestookt heeft. Nadat ik haar voor het eerst ontmoet heb zeg ik tegen Ischa dat zij zich ergens voor schaamt, dat zij iets te verbergen heeft.

'Hoezo?'

'Die slinkse blik,' zeg ik.

'Misschien was ze gewoon verlegen om jou te ontmoeten,'

zegt hij, maar mijn opmerking heeft hem ongemakkelijk gemaakt.

'Nee,' zeg ik stug, 'dat soort blikken ken ik inmiddels. Dit was
iets anders.'

'Ik moet haar helemaal opleiden,' zegt hij bedeesd.

'Fuck you, Ischa Meijer!' snauw ik hem toe. 'Je bent als een
paling in een emmer snot. Je kunt het niet verdragen dat ik
alleen naar New York ging, dus zet je me dat betaald.'

'Ik heb toch ook nog mijn eigen leven,' probeert hij met
stemverheffing te zeggen, wat hem niet lukt. Het komt er pie-
pend uit.

'Het is nog veel erger: je hebt alléén maar je eigen leven,' zeg
ik en ik vertrek met slaande deuren uit de Reestraat, omdat ik
niet tot bedaren kan komen.

Ik lig al in bed als hij belt.

'Ik heb heerlijke toastjes duur voor je gemaakt. Zalm, heilbot,
paling, lekker glaasje wijn erbij,' zegt hij. 'Kom gezellig hiernaar toe.'

'Wanhoop niet,' zegt hij als ik me een kwartier later door hem
laat omhelzen, 'het komt allemaal goed.'

In de herfst maak ik een tournee door Duitsland. Ischa heeft een
lijst met hotels en telefoonnummers en hij belt me iedere dag
zoveel mogelijk.

Ik lig op bed in een hotelkamer in Hannover als de telefoon
gaat.

'Sta op, loop naar het raam en kijk naar buiten. Kijk naar
links. Zie je dat platte landje? Daar heb ik als kind gewoond.
Celle, Bergen Belsen.'

Hij houdt van Duitsland. Om de tournee voor mij draaglijker te
maken gaat hij op de helft ervan mee naar Keulen, maar als ik

hem na twee dagen uitzwaai en alleen achter blijf op het perron, om daar een trein naar Koblenz te nemen, besluit ik om dit nooit meer te doen, om nooit meer zonder hem te reizen.

Drie dagen later zit ik kreunend van ellende op de rand van een bed in een hotelkamer te München, met drie dagen deze stad, wat interviews, veel ledigheid en dat kwellende gemis van Is in het verschiet. Ik pak de telefoon en bel met mijn uitgever in Zwitserland.

'Ich habe Heimweh. Ich möchte nach Hause, jetzt, auf der Stelle,' snik ik tegen Ruth, mijn beschermengel bij Diogenes.

'Ach liebe Connie,' zegt ze geschrokken. Een uur later heeft ze alle journalisten afgebeld en ervoor gezorgd dat er de volgende ochtend een ticket klaarligt op het vliegveld voor de eerste de beste vlucht van München naar Amsterdam. Dolgelukkig bel ik Ischa.

'Ik kom naar huis.'

'Rampzalige vrouw,' grinnikt hij. 'Dan knal ik voor morgen-avond een lekker eendje van mevrouw Witschge en voor ons beider gezondheid maak ik ook nog wat rode-koolmuck, met appel en rozijntjes en een flinke klont roomboter erbij. Gezellig.'

Ischa is begonnen met zijn talkshow op televisie en ik ben begonnen aan De vriendschap. Nu hij 's avonds laat thuiskomt brengen we halve nachten wakend door. We eten, praten en soms kijken we samen naar zijn programma, dat van tevoren opgenomen is. Hij kan voor het eerst naar zichzelf op de televisie kijken.

'Het is toch een volwassen man die je daar ziet, of niet?' vraagt hij.

Hij zit er goed bij en hij geniet van wat hij doet. In de afgelopen maanden heeft hij negen kostuums gekocht. Het ene na het andere pak diepte hij op uit de rekken van Oger, in de P.C. Hooftstraat, verdween daarmee in het pashokje, om even later breedgeschouderd in glanzend grijs naar buiten te komen, met broekspijpen die altijd over zijn voeten lobberden en door Oger snel en handig omgespeld werden. Ik ben niet anders gewend dan hem te zien in een spijkerbroek, T-shirt en op gympen, maar deze man in een pak is me onmiddellijk vertrouwd en ik kan me al na een paar weken niet meer voorstellen dat hij ooit geen pakken droeg.

Ischa vindt ieder kostuum en hemd dat hij aantrekt even mooi. Ik ook. Hij koopt ze allemaal.

'Dat zal Mia prachtig vinden, ik in een pak,' zegt hij glunderend.

Het is waar. Ze vindt het prachtig.

Ischa is opgewonden als een kind en ik niet minder. Hij is weg van Joop van den Ende en hij wordt het alleen nog meer door dit grandioze aanbod. Alle medewerkers van Joop mogen op zijn kosten een weekend naar New York, om daar de Broadway-première van de musical *Cyrano* bij te wonen. Via het kantoor laat Ischa ons verblijf in New York met twee dagen verlengen, zodat we op zaterdag vertrekken en pas op woensdag terugvliegen. De première is op zondag 21 november. Het vliegtuig vertrekt op zaterdagmiddag, om tien voor drie. 's Ochtends, bij het inpakken van onze koffers, is Ischa druk en bijna huilerig van blijdschap.

'Ik ben zo moe. En we hebben te weinig samen gereisd dit jaar,' zegt hij. 'Ik merk nu pas hoezeer ik het gemist heb en hoe ik ernaar verlang om weer hele dagen met je door te brengen. Het volgend jaar gaan we het anders doen. Dan gaan we weer een paar maanden weg, met zijn tweeën, naar Amerika.'

Zoals gewoonlijk zijn we veel te vroeg op Schiphol. Tegen

halftwee staan we aan de balie om ons te laten inchecken als ik mijn naam hoor en Mark op me af zie komen. Hij is de ex van Ed van Betuw, een van mijn oudste vrienden, en in de jaren dat zij samenwoonden en ik nog studeerde, was ik nagenoeg iedere avond bij hen. We begroeten elkaar, ik stel hem voor aan Ischa, vertel hem dat we naar New York gaan en hij blijft ernstig kijken en vraagt dan of ik het gehoord heb, van Eds vader. Dat heb ik niet. Bijna niemand heeft ons telefoonnummer en zodra ik de deur van de Reestraat achter me sluit, ben ik nagenoeg onbereikbaar.

'Hij is gisteren overleden,' zegt Mark.

Ik schrik. Ik ken Ed vanaf mijn vijftiende, ik ken zijn familie, zijn vader en moeder, maar ook zijn tantes en ooms en ik mocht zijn vader graag. In paniek kijk ik naar Ischa en ik zie precies waar ik bang voor ben, die lichte irritatie, die mengeling van mededogen en de angst dat de reis waarop we ons zo verheugden versjteerd wordt. Toch vindt hij dat ook, dat je er op een aantal momenten in je leven voor anderen moet zijn en dit is zo'n moment waarvan ik vind dat ik bij Ed moet zijn.

'Ik ga niet,' zeg ik tegen Ischa.

'We gaan wel,' zegt hij stug.

Mark is grondsteward bij de KLM en hij loodst me naar een kantoor waar ik Ed kan bellen. Ischa wacht buiten voor de deur. Het gesprek met Ed stelt me gerust. Hij zegt dat ik gewoon naar New York moet gaan, dat hij me wel mist, maar dat het druk is in zijn ouderlijk huis en alles zo verwarrend en vermoeiend, dat hij nauwelijks tijd heeft om daarover na te denken. Of ik wel op de crematie kan zijn?

'Ja,' zeg ik, 'natuurlijk ben ik er.'

Het eerste wat we doen als we op onze kamer zijn in het Marriott op Times Square, is een vervroegde terugreis regelen. Ischa is allang blij dat het bezoek aan New York is doorgegaan en hij neemt zonder dralen de telefoon en boekt een terugvlucht voor maandagavond laat.

'Het is geknald! Nu hoef je je daar tenminste geen zorgen meer over te maken. Dinsdagmiddag ben je bij je vriend.'

'Oh, wat is dit leuk,' kirt hij onophoudelijk. Hij loopt niet over Fifth Avenue, hij danst. Bij Brooks Brothers koopt hij nog een pak en bij Macy's zie ik een prachtig geschenk voor Jessica, een grote, glazen bol waarin de hoge gebouwen van Manhattan in miniatuur zijn nagebouwd. Van binnen kan het sneeuwen en als je het sleuteltje aan de onderkant opdraait tingelt er een metalig New York, New York.

Het doet hem wat dat ik aan Jessica denk.

'Je hebt de afgelopen maanden weinig plezier van me gehad,' zegt hij, 'maar ik ga het allemaal goedmaken. Je bent eigenlijk de enige aan wie ik echt iets heb gehad na de dood van mijn ouders. We gaan eens even een mooi cadeau voor jou kopen, een prachtige jurk of zo.'

'Dat hoeft niet,' zeg ik, 'ik heb genoeg aan je liefde.'

Om dat soort opmerkingen schiet hij steevast in de lach.

'Het volgend jaar nemen we Jessica mee naar New York,' zegt hij.

Traditiegetrouw koersen we tegen zevenen naar 18th Street om op onze eerste avond in New York bij Pete's Tavern een hamburger de luxe te eten.

'Hoe gaat het met De vriendschap?'

'Goed. Als alles lukt wat ik in mijn hoofd heb, dan wordt het een mooi boek.' Direct erachteraan zeg ik hem datgene wat al tussen ons hangt sinds ik begonnen ben met schrijven, dat ik hem De vriendschap pas wil laten lezen op het moment dat ik de roman helemaal af heb.

'Je laat ook iemand de brief die je aan hem schrijft niet halverwege lezen,' zeg ik, omdat hij enigszins getroebleerd naar me kijkt. Van die opmerking leeft hij op.

'Is *De vriendschap* dan voor mij?' vraagt hij half wantrouwig en half verwachtingsvol.

'*De vriendschap* is aan jou,' zeg ik.

In de maanden na de dood van zijn vader hadden alle Dikke Mannen zijn ouders en met name zijn vader als onderwerp. In oktober is er een kleine bundel verschenen, waarin deze columns bijeengebracht zijn. Ischa heeft die bundel de ironische titel *Mijn lieve ouders* meegegeven.

Ik vraag hem of de stof voor *Ten tijde van mijn vader* niet helemaal verwerkt is in *De Dikke Man*, of hij er nog weleens over denkt om dat ene boek te schrijven.

Hij zegt dat hij het niet weet, dat *De Dikke Man* op dit moment voor hem de prettigste vorm is om over zijn ouders te schrijven.

'*Mijn lieve ouders* is toch goed?'

Ik beaam dat. Het zijn de mooiste Dikke Mannen ooit.

'Met de dood van je vader ben je natuurlijk ook je adressant voor *Ten tijde* kwijtgeraakt,' zeg ik. 'Je hebt je vader steeds in gedachten gehad als de ultieme lezer, ook zonder er zeker van te zijn dat hij het boek ooit onder ogen zou krijgen.'

'Ja,' zegt hij opeens verdrietig, 'ik schreef het natuurlijk voor hem.'

'Aan hem,' verbeter ik. Geen enkel boek wordt geschreven voor één lezer, dan zouden de boeken niet geschreven, laat staan publiek gemaakt worden, dan zou een enkele kopie van al het geschrevene volstaan. Toch heeft ieder boek naast de abstracte, anonieme bestemming die publiek heet, een gekende lezer, een of meerdere personen, aan wie je het boek schrijft, als de enige manier waarop je uiting kunt geven aan iets wat je wilt zeggen, onthullen, van iets wat je wilt geven, omdat je het op geen andere manier kunt of omdat dit het beste is wat je te geven hebt.

'Het is niet eens belangrijk of de gekende lezer het boek daadwerkelijk leest,' zeg ik tegen Ischa, 'het is meer de idee van de persoon aan wie je bij het schrijven behoefte hebt. Hij kan volgens mij ook dood zijn. Je hebt het toch al dertig jaar met een verbeelde vader moeten doen?'

'Bij het schrijven van die Dikke Mannen over mijn vader merkte ik dat ik de neiging heb om steeds milder over hem te denken. Er kwamen herinneringen aan een aardige man naar boven, herinneringen die ik in geen jaren had gehad, terwijl de herinneringen aan mijn moeder juist grimmiger werden.'

'Misschien komt dat omdat je opeens weet hoeveel tijd je verdaan hebt door haar zolang trouw te blijven.'

'Ik heb door de liefde voor mijn moeder heel veel mensen heel slecht behandeld in het verleden,' zegt hij.

'Ja,' zeg ik, 'dat geloof ik ook.'

'Maar nu toch niet meer?' knalt hij erachteraan.

'Hoor je mij klagen, lieverd?'

Glunderend loopt hij de volgende ochtend door de ontbijtzaal van het Marriott, groet de een aan deze tafel, krijst in het voorbijgaan naar iemand anders aan de belendende tafel en tijdens het ontbijt zelf staat hij regelmatig op om even een praatje te maken met deze of gene.

'Had je dat ooit gedacht,' zegt hij als we even later door de heldere kou van Manhattan lopen, 'had je ooit gedacht dat je in je leven nog eens met Henk van der Meyden aan een ontbijttafel in het Marriott op Times Square te New York zou zitten? Mijn verbazing wordt heviger naarmate ik ouder word. Juist omdat mensen niet uniek zijn, dat is het leuke.'

De spiegelende ruiten van de limo's weerkaatsen de neonreclames van Times Square. Een voor een rijden ze voor om het hele gezelschap een aantal blokken verderop af te zetten bij het Broadwaytheater waar de première van *Cyrano* plaatsvindt.

'Joop weet wel hoe hij er een feest van moet maken,' zeg ik vergenoegd tegen Ischa.

'Joop is geweldig,' zegt Ischa trots alsof hij het over familie heeft. Zo voelt hij het ook.

'Daar moet je van genieten,' zei hij toen *De wetten* in meerdere landen vertaald werd, 'je hebt nu familie over de hele wereld en je kunt in al die landen terecht om bij je eigen uitgever een kopje koffie te drinken.'

'Bonjour,

je suis votre écrivain Connie Palmen,

quelquefois je suis bouleversante,

mais maintenant, je suis calme,'

dichtte hij.

'Ik ken niemand die zo veel familie maakt als jij, Is,' heb ik gezegd. Bij gebrek aan een ouderlijk huis heeft hij er tientallen gezocht en gevonden, op de redacties van de kranten en tijdschriften waarvoor hij werkte, in de kantoren waar zijn uitgevers huisden, in de studio's waarin zijn radio- en televisieprogramma's opgenomen werden en nu in de studio in Aalsmeer, bij het meest familie-achtige bedrijf waar hij ooit belandde. Over de VPRO praat hij niet meer.

'Je schaamt je voor die afwijzing,' heb ik tegen hem gezegd en dat die Roelof Kiers, die hem op kantoor ontbood, opkeek van zijn bureau toen hij binnenkwam en vervolgens aan hem vroeg wat hij kwam doen, dat die wrede, arrogante, ingebeelde kwast een van die personen is die ik volgaarne volledig lens zou trappen uit naam van mijn man.

Het is koud in het theater. De in cocktailjurkjes gehesen vrouwen rillen van de kou. Ischa heeft zijn smokingjas uitgetrokken en over mijn schouders gelegd. Hij houdt gedurende de hele voorstelling mijn verkleumde handen in de zijne en zo nu en dan kijkt hij opzij en zegt grinnikend dat ik nog steeds blauw zie van de kou.

Na de voorstelling steek ik klappertandend de loftrompet over het schitterende verhaal van *Cyrano* en dat ik dat nou bedoel, zeg ik enthousiast tegen Ischa, dat je in steeds nieuwe vormen die oerverhalen ziet opduiken, over lichaam en geest bijvoorbeeld, dat *Cyrano* daar een variant op is, en wat voor een, wat een prachtige vondst van die schrijver, wat een inzicht, om de woorden van de man met het lelijke lichaam en de grote geest, het middel van verleiding voor de man met het mooie lichaam en de mindere geest te laten zijn en of hij zijn boekje bij zich heeft, dat ik even iets op wil schrijven. Op weg naar het feest ijl ik mijzelf in een hoog tempo warm en Ischa moet erom lachen. Hij haalt zijn Boorum Memo Book uit de binnenkant van zijn jas en reikt het me aan.

'Je doet wat alle echte meesters doen,' zegt hij met een zekere trots, 'je bent gul, je laat anderen delen in je kennis.'

'Delen is verdubbelen,' zeg ik en schrijf dat ook nog snel achter mijn aantekeningen over *Cyrano*.

We hebben een vlucht om halftwaalf 's avonds en kunnen de hele dag doorbrengen in New York. Bij het ontbijt maken we plannen voor de dag en ik zeg dat ik graag een bezoek wil brengen aan George Braziller, zodat ik Ischa aan hem kan voorstellen.

'Ja, leuk,' zegt Ischa.

Brazillers uitgeverij is vlakbij, op Madison Avenue. Ze is gevestigd op de negende etage van een groot kantoorgebouw en omdat ik in de week die ik alleen in New York doorbracht, de gang naar dit gebouw dagelijks maakte, loop ik er zonder dralen of aarzelen naar toe, groet de portier als een oude bekende en stap met Ischa in de lift. Iets in mijn rug en lendenen zegt me dat Ischa dit niet leuk vindt, dat hij het gewend is om het voortouw te nemen in New York en er telkens weer van geniet om mij die stad te geven. Maar ik verheug me te veel op het weerzien met George en negeer daardoor de duistere blik en gefronste wenkbrauwen van Ischa. Ik wil het ook niet zien, niet alweer. Brazillers kantoor is aan het einde van de gang. Eenmaal binnen heb ik dat aangename gevoel van het herkennen van een ruimte, de geur van boeken, het licht dat er hangt. Het kantoor bestaat uit een aantal smalle gangen en een vijftal middelgrote kamers. Tegen de muren van de gangen staan lage kasten met boeken en her en der staan de stapels gewoon op de vloer. De gangen zijn vrij donker, maar in de kamer van George valt veel licht door de ramen en ze bieden een prachtig uitzicht op The Flatiron Building. Het meisje achter de balie belt mijn komst door en terwijl we in de gang staan wachten hoor ik Ischa smalend mompelen: 'Oh, ik zie het al. Volgens mij is die George een beetje een schlemiel.'

Ik trek wit weg van woede, maar op dat moment gaat een van de deuren bij het gangpad open en komt Georges assistente lachend naar buiten.

'Hi, Connie, what a surprise!'

Ze omhelst me, schudt Ischa's hand en begint druk en nerveus te praten. George is er niet, vertelt ze, maar wat zal hij het vreselijk vinden als hij hoort dat ik hier was, terwijl hij nog een dag langer in zijn buitenhuis op Long Island doorbracht, of we lang in New York blijven, hij is morgen weer op kantoor en willen we koffie misschien?

'No,' zegt Ischa en hij zegt tegen mij dat we weer gaan.

'Goed,' zeg ik en denk erbij dat ik buiten tenminste mijn hart kan luchten.

'Get off my back, Ischa Meijer. Wat een ongelooflijke klotenopmerking maakte je daarnet. Hoe kun je zoiets onaardigs zeggen over iemand die je nooit ontmoet hebt? Een schlemiel. Wie denk je verdomme wel dat je bent? Je bent gewoon een jaloerse eikel, dat ben je.'

Hij wordt meestal verlegen als ik zo tegen hem tekeerga. De spiertjes rond zijn oog beginnen te trillen en soms probeert hij zijn verlegenheid weg te lachen, waarbij hij zijn hoofd schuin houdt als een hond of dat halve wegduikgebaar maakt van iemand die bang is geslagen te worden.

Ik sla nooit. Ik schop weleens tegen iets aan wat dichtbij staat, de poot van een tafel of stoel, de deur van een aanrechtkastje, meer niet.

'Het is er toch klein?' zegt hij half lachend.

'Wat is dat voor een stomme opmerking! Wat zegt dat nou. Dat iemand geen gladgestreken pand met duizenddriehonderd vierkante meter design heeft, wil nog niet zeggen dat het een schlemiel is? Sinds wanneer zegt de grootte van de ruimte iets over de grootte van iemands geest? Sinds wanneer veracht jij iemand omdat hij klein en goed is?'

'Ja, maar...'

'George Braziller is de eerste uitgever van Sartre, ja. En van De Beauvoir, van noem maar op. En dat hier in Amerika. En ik heb er verdomme ook helemaal geen zin in om George Braziller tegenover jou te verdedigen, want het gaat niet om George Braziller, het gaat erom dat jij mij een steek wou toebrengen en ik kan je feliciteren, Is, want het is je gelukt, het kwam aan, hier,' zeg ik en ik wijs op mijn hart.

Hij kijkt op van het staren naar zijn schoenpunten als ik op mijn hart wijs, steekt zijn gekromde rechterwijsvinger in de lucht en laat een zo jammerlijk 'Home' uitklinken boven de verslavend mooie junglemuziek van Manhattan, dat ik mijn wijsvinger bij hem heb ingehaakt voordat ik er erg in heb en erover na kan denken of ik niet liever nog even lekker boos wilde blijven. Eenmaal ineengehaakt is er geen redden meer aan.

'Je hebt gelijk,' zegt hij. 'Sorry.'

We landen op dinsdagochtend om twaalf uur op Schiphol, drie uur later ben ik in het zuiden, in Treebeek, om bij mijn vriend Ed en zijn familie te zijn en in de late namiddag leg ik mijn handen op de dode handen van Gerard van Betuw, die in een mortuarium opgebaard ligt. Het is bijna dertig jaar geleden dat ik mijn eerste en tot nu toe enige dode zag.

'Behalve stoppen met roken, wil ik dit jaar heel veel met je reizen,' heeft Ischa op nieuwjaarsdag 1994 gezegd. 'Lang en kort, het kan me niks schelen, maar iedere kans die we hebben, grijpen we aan om samen weg te gaan.'

In februari van het nieuwe jaar vliegen we naar Genève en nemen van daaruit een trein naar Montreux. Freek en Hella de Jonge hebben een huis in de bergen van Zwitserland. We missen nooit een voorstelling van Freek, we zijn regelmatig bij elkaar op bezoek en Ischa voelt zich voldoende op zijn gemak bij hem om hun uitnodiging aan te nemen en twee nachten in hun huis door te brengen. We willen een dag en een nacht voor onszelf en nemen een luxe suite in Grand Hôtel Excelsior in Montreux. Na een lange wandeling langs het meer, wat drank en een vleesfondue in een café-restaurant, lopen we terug naar het prachtige hotel en trekken de deur van de suite achter ons dicht om niet meer naar buiten te gaan.

Vanuit de hoge ramen hebben we uitzicht op het meer. Ik zit aan een tafel, werk aan De vriendschap en kijk hoe het donker wordt en het water de spaarzame lichten van Montreux weerspiegelt. Ischa ligt in bed en slaapt. Zo nu en dan wordt hij wakker.

'Kom even bij me liggen,' zegt hij dan.

Ik ga bij hem liggen, vlij me tegen hem aan als we tv-kijken of zit rechtop naast hem, met de kussens in de rug, als we praten.

'Ik heb daarnet een hele tijd naar je liggen kijken, toen je daar aan die tafel zat en schreef. Je ontroerde me, je was zo vol concentratie en zo op jezelf en je bent toch bij mij. En ik realiseerde me dat ik nog nooit zo gelukkig in mijn leven ben geweest als nu, hier, vandaag.'

'Ik ben ook heel gelukkig, Is,' zeg ik. 'Ik heb in mijn leven naar twee dingen verlangd, naar het schrijven van boeken en naar een grote liefde.'

'En die heb je nu.'

'Ja.'

'Denk jij dat we samen in een graf komen te liggen?'

'Ja, dat denk ik wel, ja.'

'Tas en ik hebben het er vaker over waarom ik het toch uitlok dat ik niet serieus genomen word. Ik zei tegen hem dat er maar twee plekken zijn waar ik wel serieus genomen word en geen pogingen doe om dat te ondermijnen: bij hem en bij jou.'

'Het klinkt raar, in ons geval, maar jij bent de eerste in mijn leven die mijn liefde consumeert, omdat je altijd erkent dat ik handel uit liefde, voor jou.'

Hij glimlacht verlegen en strekt een openliggende hand naar me uit, waarin ik dan mijn hand leg.

'Weet je nog dat je op oudejaarsavond voor Olga en mij die act deed, dat je in slowmotion het sterven van een marmot speelde? God, wat heb ik gelachen, zo geestig. Later vertelde ik het aan

Tas, dat ik daar wel jaloers op kan zijn hoe je zo'n act doet en dat je daarna tegen Olga zei: "Ik doe het alleen voor hem, om hem te laten lachen." Toen zei Tas: "Ach, wat is het toch een chesjiewes van een vrouw." Daar was ik helemaal door aangeslagen, dat hij zoiets zei.'

'Ik ben blij dat je Tas hebt,' zeg ik.

'Ja,' zegt hij met een keel die opeens dichtzit, 'ik ook.'

Voordat hij onder het dekbed glijdt om weer wat te slapen zegt hij half mompelend dat hij een nieuw soort drop op de markt gaat brengen.

'Weet je hoe ik die noem, Connie? Dronder. Dan kom jij straks bij de drogist en dan zegt de drogist: "Wat zal het zijn, mevrouw Palmen, drop of dronder?" "Een pondje drop en een pondje dronder, drogist," zeg jij dan. Snap je?'

Ik kijk naar hem als hij slaapt. Ik vind dat hij zo bleek kan zien de laatste tijd. Het eerste wat ik tegen hem zeg als hij weer ontwaakt, is dat ik mij soms zorgen maak over zijn gezondheid, dat hij, sinds hij zijn talkshow op de televisie doet, wel heel hard werkt.

'Ik ga dit jaar stoppen met roken,' zegt hij om mij gerust te stellen, maar ik ben niet gerust en ik vraag hem naar zijn hartaanval, hoe dat destijds was, wat hij toen voelde. Hij zegt dat hij een verschrikkelijke pijn voelde in zijn borst. Ruim een jaar voordat hij zijn hartaanval had, was hij een keer bij zijn huisarts en had daar geklaagd over pijn in zijn borst. 'Wijs eens aan waar,' had die huisarts gezegd. Hij had toen zijn vlakke hand op het midden van zijn borstkas gelegd. 'Alleen daar? Dan is er niks aan de hand,' had de huisarts gezegd. 'Als je het aan je hart hebt dan doe je zo,' en daarbij had de huisarts met zijn hand een breed gebied van de borstkas, van tepel tot tepel, beroerd.

Ik vraag hem wanneer hij die hartaanval ook al weer had.

'In '85, nadat Jessica geboren was en ik het kind niet mocht zien. Een hartaanval leek mij de beste verdediging.'

'Gimme a break, Is,' gil ik.

Hij schrikt ervan dat ik ontdaan ben door zijn opmerking, maar houdt vol dat het toch zo is.

'Ik had zo'n enorme vergissing gemaakt,' zegt hij, 'door het evenbeeld van mijn eigen moeder met kind te schoppen, een vrouw voor wie ik in wezen nog banger was dan voor mijn moeder.'

De volgende ochtend worden we door Freek en Hella opgehaald in Montreux. In de hal van het hotel heeft Ischa nog snel wat ansichtkaarten gekocht voor wat vrienden.

'Nous sommes heureux à Montreux,' heeft hij daarop gezet.

Ik ben meer in de Reestraat dan ooit. Het huis in de Allard Piersonstraat ruikt naar ziekte en de dreigende dood. Op de begane grond ligt Pauke in een hoog ziekenhuisbed. Van de struise, statige vrouw met zigeunerachtige schoonheid is ze veranderd in een broodmagere, kale zieke, die verzorgd wordt door een trouwe groep vrienden. We werken met een schema en twee keer per week zit ik een aantal uren aan de rand van haar bed, til het stakerige bovenlichaam op om haar te laten drinken en help haar met het innemen van medicijnen. Een hoogzwangere poes draalt rond het bed en ik, die niks op heb met dieren, haal haar aan om het leven te voelen. Heel mijn hoofd raakt vol van de geuren van het sterven en boven, op drie hoog, gooi ik de balkondeuren open om mij van die lucht te bevrijden, maar ook daar blijft ze om mij heen hangen. Het enige wat helpt is weggaan, naar de Reestraat, waar Ischa is en waar het huis ruikt naar het zonet uitgehangen wasgoed of naar de soep die op het vuur staat.

'We gaan een mooi huis zoeken voor ons tweeën,' zegt Ischa, 'met een etage voor jou en een etage voor mij en een kamer voor Jessica.'

Op een vrijdagavond in april zet ik, voordat ik naar de Reestraat ga, een bord soep neer voor de neef van Pauke en mijn onderbuurman in de Allard Piersonstraat. Opeens mis ik iets, een geluid, een beweging in het huis. Ik bel naar de begane grond en Paukes moeder zegt tegen me dat Pauke zonet gestorven is. Beneden, bij het dode lichaam, overvalt me een diepe schaamte als ik naar haar kijk, maar ik weet niet waar die vandaan komt. De kat heeft jongen gebaard in een hoekje van de schouw, vlak naast haar bed.

's Nachts vertel ik het aan Ischa, van die schaamte.

'Dat is je fatsoen,' zegt hij, 'je vindt het onbeleefd om naar iemand te kijken die niet weet dat er naar haar gekeken wordt en die zelf niet meer terug kan kijken.'

Daar moet ik weer om huilen.

'Je bent bekaf,' zegt Ischa. 'Woensdag heb je de cremate en vrijdag 29 april heb ik een lezing in Maastricht. We vertrekken donderdag vast naar Maastricht en daar gaan we een paar dagen uitrusten, tot en met zondag; we nemen een lekker duur hotel en gaan iedere avond naar een lekker duur restaurant. Dan nodigen we je hele familie weer een avond uit en voor de rest gaan we heel veel slapen.'

Ischa werkt aan de lezing die hij in Maastricht moet houden ter ere van de opening van een bibliotheekcentrale en ik werk aan een toespraak voor de cremate van mijn oude, Limburgse vriendin.

'Zou ik het begin van *Ten tijde van mijn vader* kunnen gebruiken voor die lezing?' vraagt Ischa. 'Het gaat toch over boeken.'

'Natuurlijk,' antwoord ik.

Om tot een lezing van een minuut of twintig, dertig te komen, moet hij de tekst die hij tot nu toe heeft, uitbreiden. Bij het overlezen van wat hij al heeft, glimt hij van tevredenheid.

'Het is eigenlijk heel goed,' zegt hij en kijkt me vragend aan.

'Ja,' zeg ik, 'het is heel goed.'

Op dertienjarige leeftijd ontvluchtte mijn vader zijn ouderlijk gezin. De legende wil, dat hij die hele weg van het Hoge Noorden naar Amsterdam te voet heeft afgelegd. En ook als dat niet naar de letter waar mocht zijn, dan nog neem ik deze apocriefe geschiedenis onherroepelijk voor waar aan. Jazeker, hij ging, moederziel alleen, naar dat Nederlandsch-Israëlietisch Seminarium in de hoofdstad – volgens joods gebruik 'Mokum' genaamd, ofwel Makom, en dit betekent Plek, om preciezer te zijn 'Makom Alef', De Eerste Plek Op De Wereld. Helemaal in zijn eentje wandelde Jakob Meijer, Henoch gelijk – die met de Heer opliep, tot hij niet meer kon – volkomen geïsoleerd begaf dit jonge kind zich, met het trillende, wazige beeld van zijn vader in de nacht, een zeker gewaande oplossing tegemoet. Hij zou rabbijn worden – de hoogst mogelijke positie – zowel maatschappelijk als intellectueel – binnen zijn referentiekader.

Wij schrijven dan het einde van de jaren twintig dezer eeuw.

En hij bracht het tot rabbijn. En hij ging ook nog studeren aan de universiteit. En hij bouwde, langzaam maar zeker, zijn boekenschat op, zowel innerlijk als tastbaar: banden aan de wand, banden van het hart.

En hij schreef zijn eerste boek; de dissertatie, die hij in het begin van de oorlog – kort voor mijn geboorte – verdedigde, als laatste joodse promovendus onder de bezetting. En als doctor in de Letteren en Wijsbegeerte zou hij, samen met mijn moeder en mij, het concentratiekamp overleven.

Ook over dat kamp heeft hij mij niet veel verteld. Behalve dan die ene zin over een SSer die hem sloeg; of het, met glanzende blik, vertelde verhaal, hoe hij te midden van die misère wel met de beroemde rechtsgeleerde professor M. uit het hoofd bepaalde, door hen beiden bewonderde, boeken doornam. En hij verzorgde ook lezingen in zijn barak; wandelingen door Amsterdam beschreef hij dan, dat verwoeste Jeruzalem van het Westen. En zo keerde hij, samen met mijn moeder en mij, in '45 terug naar dat verdwenen getto.

En kort daarop maakte ik kennis met het enige boek uit zijn kast, waaraan ik mocht komen: De Bijbel.

Op de puinhopen van het Nederlandse jodendom begon mijn intellectuele opvoeding.

En mijn leraar was mijn vader.

En mijn leraar leek op Job.

Hij leest de tekst hardop voor en kijkt me af en toe aan, om te zien of ik ervan geniet. Ik geniet. Bij de laatste regel aangekomen vraagt hij of het wat zou zijn als hij, op dit punt in de tekst aangekomen, doet wat hij op de begrafenis deed, een citaat uit de bijbel in het Hebreeuws citeren en dan voor het publiek het Hebreeuws ontrafelen en vertalen.

'Ik smelt als jij Hebreeuws spreekt,' zeg ik. 'En het lijkt zo op Limburgs, dat de mensen die het horen zullen menen dat ze het nog begrijpen ook.'

'Voor *Ten tijde van mijn vader* moet ik de reconstructie van een les door mijn vader helemaal uitschrijven, maar voor de lezing is dat niet nodig. Ik neem het begin van Job en dan moet het publiek zich voor kunnen stellen wat het was om als jong jongetje Hebreeuws te leren. Tam wejasjar; wieree Elohiem; wesar meera, om die drie kwalificaties gaat het. Elke tijd schept zijn eigen beeld van Job, het ligt er maar aan hoe je deze drie omschrijvingen van zijn karakter vertaalt. In de oude vertaling is Job "Een man van complete menselijke integriteit", maar ik maak er een menselijk iemand van, een beetje een lulletje ro-zenwater.'

'Was je vader dat dan?'

'Hoe meer ik aan hem denk, hoe meer ik hem als een kleine, bange man ga zien, een beetje dommig en niet helemaal van deze wereld. De afgelopen maanden ben ik steeds meer met hem te doen gaan krijgen.'

'Misschien valt er beter te leven met de dood van iemand met wie je medelijden hebt, dan met iemand op wie je kwaad bent.'

'Het enige wat me kan verzoenen met de dood van mijn ouders is de gedachte dat het verstoten van de kinderen nodig was voor hun geluk en dat ze dat geluk daardoor ook gevonden hebben.'

'Ach beesjke toch,' zeg ik.

'Dat heb je lang niet meer tegen mij gezegd,' zegt hij met een kuch en daardoor zie ik pas dat hij ontroerd is.

Hij wil morgen verdergaan met zijn lezing. Ik werk nog even door. Na een uur kruip ik bij hem in bed.

'Is het gelukt?'

'Ja, ik geloof het wel, ja.'

Hij vraagt me of ik de toespraak voor Pauke aan hem wil voorlezen. Hij vraagt zelden of ik iets wat ik schreef aan hem wil voorlezen en ik word er verlegen van, maar ik doe het toch. Met een opengeklapte computer zit ik op het bed en lees de woorden van het scherm.

Pauke is vrijdagavond gestorven, rond etenstijd. Maarten en ik zaten boven en aten kippensoep. De volgende dag was het schandelijk zonnig en ik zette de balkondeuren wijdopen. Hangend over de houten reling van het balkon keek ik naar beneden, naar de tuin van Pauke en ik zocht haar, maar ik vond haar natuurlijk niet.

Dat wist ik ook wel.

Maar de geest is een prachtig heerser en daardoor kon ik haar natuurlijk toch zien.

Ze zit er zoals ze er op een zaterdagochtend in de lente zit, met een kaarsrechte rug, onbeweeglijk, voor zich uit starend. Ze heeft haar haar opgestoken en ze draagt zo'n zwarte zwieberjurk. Af en toe haalt ze de kat aan. Verder niets. Ze rookt en ze drinkt en ze kijkt de tuin in. Waaraan ze denkt weet ik niet. Urenlang kan ze daar zo blijven zitten, dat weet ik.

Soms roep ik haar iets toe, meestal niet. Je kunt het aan haar zien of ze gezelschap wil of dat ze zich alleen wil wanen.

Ze had me gezegd dat ze onder meer zo van de zomer hield omdat ik dan werkte met geopende deuren en zij het tikken van mijn typemachine kon horen. Sinds ik dat wist tikte ik zo nu en dan een deuntje op de kleine piano van mijn ziel, zonder dat er iets zinnigs uitkwam, zomaar, voor haar.

Ik had tegen Pauke gezegd dat ik in de zomer zo gelukkig kon worden van de geur van haar soep, als die opsteeg in de namiddag en dat dat dan de soep was die ik 's avonds bij haar zou gaan eten.

Daarom vond ik het niet eens zo vreemd dat ze stierf toen er soep gegeten werd in haar huis.

Misschien was alles en iedereen wel een beetje op zijn plaats. Twee weken voor haar dood heeft de kat nog drie jongen gebaard, zo dicht mogelijk in de buurt van haar bed, en die magnolia in haar tuin, die ze nog zo graag een keer zag bloeien, die begon al in het begin van april dapper uit te botten en die is nu dan ook bijna uitgebloeid.

Alles en iedereen leek mee te werken in het besef van Paukes dood en leek daarmee haar leven te willen eren zoals zij dat leidde: als een goed mens, zorgzaam, loyaal, gul en betrouwbaar.

De laatste maanden van haar leven is Pauke verzorgd door haar neef en door haar vrienden. Die vonden het ook allemaal vanzelfsprekend om voor haar te doen wat zij voor ieder van ons zou hebben gedaan.

Enkele uren na haar dood joeg er een flinke donderbui door de over-gebleven bloesem van de magnolia en daarna was er ook nagenoeg geen blozend blad meer over.

'Nou, ik hoop dat je ook zo mooi spreekt op mijn begrafenis,' zegt hij en hij drukt me grinnikend tegen zich aan als hij ziet dat mijn ogen acuut vollopen door zo'n opmerking.

De dag na de crematie van Pauke op Westgaarde ben ik log van het verdriet. Ischa zoent me en aait me over mijn hoofd.

'Ik ga een lekker eitje voor je bakken. Wil je het Romeins of Toscaans?'

'Romeins.'

'Nee, je hebt een vriendin verloren en als troost is Toscaans beter. Dan krijg je het met een knapperig randje, geknald in hete boter en in zijn eigen vervolmaking gaar gebakken.'

In de loop van de ochtend nemen we de trein naar Maastricht en checken ons tweeënhalf uur later bij een hotel op het Vrijt-hof in. Nadat we de kleine rode typemachine op de tafel neerge-zet hebben, onze kleren in de kast hangen en Ischa voor de komende drie avonden telefonisch drie restaurants reserveerde, gaan we naar buiten, Maastricht in. Het is zacht en zonnig, waardoor we niet verder komen dan een terras op het Vrijthof, neerzinken in rieten stoelen en kopjes koffie bestellen.

Hij kreeg weer zin in het schrijven van *Ten tijde van mijn vader* toen hij er de afgelopen dagen mee bezig was, vertelt Ischa.

'Het is toch heel anders dan het schrijven van *De Dikke Man*. Wanneer ik werk aan *Ten tijde* kan ik me pas goed voorstellen welk plezier jij aan het schrijven beleeft, het plezier van het vormgeven van gedachten. Denk je niet dat iedereen raar op-kijkt als ik met zo'n boek als *Ten tijde* aankom?'

'Het is ze geraden,' zeg ik.

De volgende dag staat hij achter een katheder en krijgt een publiek in Limburg, zonder het te weten, de eerste aanzet tot *Ten tijde van mijn vader* te horen. Met de lichte schaamte die hem steeds overvalt wanneer hij Hebreeuws spreekt, citeert hij het begin van Job en legt met de haast van een ongeduldige leraar uit wat de woorden betekenen. Het schiet door me heen dat hij nu op zijn vader moet lijken, zo'n samengebalde, intelligente man die geen geduld heeft met mensen die minder snel van begrip zijn dan hij. Voor het eerst hoor ik alles wat hij geschreven heeft voor dit zware, haast ondoenlijke boek, achter elkaar voorgelezen en onder de indruk van zijn ernst, van zijn analyses en van zijn schoonheid als hij daar zo staat, begin ik te beven en ik heb even geen greep op de trillende kabels onder mijn huid. Het duurt een aantal minuten en ik vind het eng.

Tam wejasjar; wieree Elohiem; wesar meera; aldus doemt voor ons op: een klein mannetje, een beetje dommig, 'niet van deze wereld', zoals een Israëlische vriend zei; een held met zeer menselijke proporties – in ieder geval niet zomaar 'Een man van complete menselijke integriteit', zoals Elijahoe van Wilna geciteerd staat in het Malbimcommentaar. Kennelijk heeft elke tijd zijn eigen beeld van Job, deze model-gelovige.

In eerste aanleg was voor mij de driehoek vader-boek-kind vrijwel congruent aan die van God, Het Boek, De Leerling. Nu waren God en De Vader wat mij, het kleine leerlingetje, betreft volmaakte synoniemen van het allerhoogste. En bovendien had dat heilige boek dan wel een auteur, maar naar de wet der joden mocht die naam door ons gelovigen ten enenmale niet worden uitgesproken of voluit neergeschreven – kennelijk was dit het toppunt van schrijverschap: het ultieme oeuvre scheen geen naam te mogen dragen.
Het naamloze als naam.

Het niet te duiden verdriet.

De boeken in de boekenkast van mijn vader.

Lang, zeer lang heb ik geworsteld met de vraag of ik de vader van mijn jeugd, die God der Boeken, wel een naam mocht geven.

Hij wilde niet dat ik zijn banden zou aanraken.

Hij weerde elke vorm van troost af.

Het verdriet als oeuvre.

Lang, zeer lang heb ik geaarzeld, alvorens ik mijzelf de volgende vraag durfde te stellen: Was de God van na 1945 nog wel de God van voor 1940?

Ja, deze vraag moet toch van meet af aan, zij het onbewust, hebben meegespeeld in mijn religieus-intellectuele bewustzijn; of, om exacter te zijn: in mijn synagogale beleving. Het is trouwens voor mij, nog steeds, niet duidelijk, hoe het een tot het ander leidde; ofte wel: waar ging de praxis van het lernen over in religieuze extase; hoe leidde de rite van het lernen tot ware verinnerlijking? In welke verhouding stond dat kerkelijk-educatieve gedrag tot die door godvrucht ingegeven emotie?

En zeg mij niet, dat een kind dit alles ontgaat.

Ik was vier, vijf toen ik voor het eerst met mijn vader naar sjoel ging, en nog staan beelden daarvan in mijn geheugen gegrift. Enerzijds een objectief waargenomen werkelijkheid, en aan de andere kant de fantasieën die opgeroepen werden door de straffe bijbellezing, waaraan ik onderworpen werd.

Over beide componenten – de werkelijkheid en de onwerkelijkheid van die kerkgang – gaat het in wezen, wanneer ik nadenk over de betekenis die Het Boek voor mij heeft.

Het waren de jaren vlak na de beëindiging van de Tweede Wereldoorlog – van 'bevrijding' wil ik liever niet spreken.

Daar stonden wat mannen in die sjoel. Gehavenden; ontsnapt aan alle vormen van terreur, die elke verbeelding te boven gingen. Ogenschijnlijk zeer normale mannen; maar wel omgeven door de nimbus van het lijden.

Onzegbaar, onleesbaar leed.

En zeg mij niet dat een kind dit alles ontgaat.

Tegelijk met het Hebreeuws, het boek, het lezen, werd mij, klein jongetje, een andere geheimtaal aangereikt, door middel waarvan, vooral, een hiërarchie van het lijden ingegoten werd. En deernis werd mijn vaste begeleider en mede-opvoeder.

Daar stonden ze, wat mannen in een sjoel, en bogen naar Jeruzalem. En op Jom Kippoer, Grote Verzoendag, hoorde ik ze zeggen: 'Asjamnoe, bagadnoe, gazalnoe, dibarnoe dofi', wij zijn schuldig, wij hebben ontrouw gekend, wij hebben gestolen, wij hebben lastertaal gesproken, heëwienoe, wij hebben verkeerde dingen gedaan.

En dan wierpen zij zich in proskunèsis, als een hond, ja, voorover op de grond – om God om vergiffenis te smeken. Deze arme, arme mensen.

Tam wajashar: kleine mensen, die, bijkans met oogkleppen voor, rechtlijnig hun plicht vervulden jegens een kennelijk onaantastbaar, niet te vermurwen opperwezen, dat bij voortduring als 'goedertieren' werd aangemerkt, en 'barmhartig'.

Tegelijkertijd was daar de klank en de glans en de toverachtige kracht van het Hebreeuws. Wij lazen samen de Vijf Boeken Mozes, mijn vader en ik. Een klein jongetje en zijn meester, gebogen over die mysterieuze teksten, geschreven door en in de taal van datzelfde opperwezen.

Ach, voornamelijk deze driehoek: én-God-én-de-vader-én-het-kind heeft mijn eerste jeugd bepaald, en daarmee mijn hele leven tot dit moment. Dit complex van de ziel, even gecompliceerd als dat van Oedipus, evenwel zelden genoemd, laat staan bestudeerd.

Waar hield God op, en begon mijn vader?

En waar begon mijn vader God te zijn?

In ieder geval: zolang er een God was, was er een vader.

Ik zou nooit zonder hoeven zitten.

En hiermee is, meen ik, een diepe kern van de religieuze emotie gegeven. Zo religie iets betekent, is het: binding, band, continuïteit. Daar kan God zelf niks aan doen.

Daar stonden ze, die mannen in die kleine synagoge.

Jieree Elohiem: duidelijk doordrongen en eerbiedig bewust van de aanwezigheid Gods. Allemaal Job.

Het merendeel van hen kende geen Hebreeuws – maar het, al dan niet op gebrekkige wijze vasthouden aan de rite, het ritueel, was kennelijk voldoende. In ieder geval: zij hadden daar geen behoefte aan. Het boek als band.

Jieree Elohiem: duidelijk doordrongen en eerbiedig bewust van de aanwezigheid Gods. Misschien wel met de, al dan niet bewuste, hoop dat de Heer Der Hemelen niet toevallig achtergebleven was in een of ander concentratiekamp. Want religie is ook, en vooral: bezwering, magie. Want wat begint God zonder ons; ook al vormen wij maar een zielig restgroepje, in een of ander nauwelijks bezochte synagoge, in een gedroomd Jeruzalem?

Ik herinner mij hen allen als keurige, fatsoenlijke lieden; in ieder geval, geen mannen van menselijke integriteit, volgens de Reus van Wilna – maar aardige, gebrekkige, gewone lieden. Wesar meerah: en wars van het boze. Wellicht: het boze afwerend, verdringend; of nog liever: loochenend.

Men loochende alles, toentertijd. Men wist dat het gebeurd was, men kende alle feiten, dat hele staketsel van data en gebeurtenissen was er – maar er kon geen inhoud aan gegeven worden.

En God alleen kon inhoud geven aan die ontkenning.

En te midden van dit geluidloze tumult leerde ik mijn God kennen, die in mij geboren werd en die, zo verzekerde Hij mij zelf, er altijd geweest was. Hij verbond mij met alle tijden en alle mensen, dood of levend. Een God die veel beloften in zich hield. Een God die zich niet stoorde aan welke driehoek dan ook. Het had, hoe dan ook, geen zin om aan zijn renaissance in mij te twijfelen.

Elk mens en elke tijd heeft zijn eigen God. En in deze, zo psychologisch bepaalde historiciteit, ligt zijn ware aard.

De eeuwige Job en zijn tijdelijke God.

Of God als eeuwige Job.

We slijten de rest van de middag op de terrassen in Maastricht. Zoals altijd lopen we even naar het Onze Lieve Vrouweplein, waar ik een kaars opsteek bij de Sterre der Zee, voor het geluk en welzijn van de mijnen. Dit keer neem ik er een tweede bij, iets wat Ischa onmiddellijk opvalt.

'Voor wie was die andere?' vraagt hij buiten.

'Voor de zielenrust van jouw ouders,' zeg ik.

Hij slaat een arm om me heen en in mijn oor dreunt hij het onzevader op in het Latijn en even later neuriet hij het *Ave Verum* van Mozart.

'Dat was een van de lievelingsstukken van mijn vader,' zegt hij.

In Limburg word ik wee, of ik wil of niet. Het is de andere taal, de andere kleding, het eten en de muziek die in de cafés klinkt. Er is niemand die dat zo goed begrijpt als Ischa en waarschijnlijk durf ik me daarom die weemoed ruiterlijk toe te staan op de dagen dat ik met hem door mijn andere land loop en hij verwoede pogingen doet om sjuttelsplak, sjoan, sjère, sjoonk en sjat te zeggen.

'Ik verheug me erop om mijn familie weer te zien,' zegt hij als we 's avonds over de brug naar het Elzasser restaurant lopen waar we afgesproken hebben met mijn vader, moeder, broers en aanstaande schoonzus. Op het einde van de brug houdt hij zijn pas in en draait zich naar me toe.

'Wat hebben mijn ouders zich toch veel ontzegd door hun kinderen nooit meer te willen zien. Het was toch plezierig voor

hen geweest om een oudste zoon als ik te hebben, die hen meenam naar een restaurant en trakteerde op een lekker etentje of
die zo nu en dan eens een mooi cadeau voor ze kocht, zoals ik
voor Mia en Hub doe? Dat was ik graag voor ze geweest.'

Voordat we het restaurant binnenstappen waar we onze familie ontmoeten, sla ik een been om hem heen, stop mijn duim in
mijn mond, omarm hem en hang wel een minuut of wat tegen
hem aan.

Ischa heeft een nieuwe pyjama gekocht, een poezelig zachte
met blauwe en roze strepen. Ik vind hem prachtig en dat zeg ik
hem ook. In de week na ons bezoek aan Maastricht moet ik twee
dagen naar Amiens, samen met Adriaan van Dis. Bij mijn terugkomst ligt er voor mij precies zo'n pyjama op het hoofdkussen.
Zoals gewoonlijk liggen we weer vroeg in bed, dit keer in iden-
tieke pyjama's. We kijken elkaar aan en barsten in lachen uit.

'Wordt het niet te gek met ons?' gniffelt Ischa.

'Het kan me niet erg genoeg zijn. Too much is not enough for
me, Is.'

Eind mei, vlak voordat we voor anderhalve maand naar Amerika vertrekken, wonen we een optreden bij van Rowwen Hèze, in
Berg en Terblijt. Jack Poels, de zachte zanger van de band, geeft
Ischa, mijn broers en mij een plek op de zijkant van het podium, waar we in het halfdonker, luisterend naar die wonder-
schone liedjes van Jack, in het mooiste Limburgs dat ik ken, op
zo'n rare manier gelukkig zijn, dat zelfs Ischa me 's nachts in
bed niet kan uitleggen waar dit geluk haar kleur nu weer aan te
danken heeft.

Op 30 mei vertrekken we naar Amerika. We willen door het zuiden van Amerika gaan reizen, maar eerst keren we terug naar

ons motel in Lauderdale by the Sea, naar die kleine stad waar niks te beleven valt en waar Ischa zich in de jaren vijftig waant. We willen er dagenlang op een bank aan de rand van de oceaan zitten, espresso's drinken en 's avonds bij Chuck's rauwe groenten op onze borden stapelen, ze overgieten met Islandssauce en daarna willen we steaks, as rare as possible, please.

'Veel van hetzelfde, dat vind ik prettig,' zeg ik tegen Ischa als we opnieuw in een gehuurde auto vanaf Miami de kustweg afrijden, op weg naar Lauderdale. 'Herhalingen zijn noodzakelijk voor de herinnering. Je verliest veel beelden en kennis als je niet terugkeert naar waar je al eens geweest bent.'

'Ik mocht niet terug. Ik ben voor een deel afgesneden van mijn persoonlijke geschiedenis.'

Later op de dag, wanneer we met een klein, papieren bekertje espresso op de bank bij de oceaan zitten, ik mij daar pas weer het angstaanjagend mooie onweer herinner en de ruzie die we onder een schichtig verlichte hemel maakten, wanneer wij inmiddels verheugd hebben vastgesteld dat er niets, maar dan ook niets veranderd is in Lauderdale, daar pas suggereer ik dat het afgesneden zijn van de herhaling en de terugkeer, te maken kan hebben met die lust tot versieren, met dat Don Juancomplex, die verslaving die hem van verovering naar verovering jaagt, naar het ontsnappen aan steeds hetzelfde.

'Het is het zoeken van kicks,' zegt Ischa beschroomd en dat hij daar steeds minder behoefte aan heeft.

'Kicks is junkentaal,' zeg ik. 'Wat een kick is voor jou, is een trap tegen mij.'

'Zo is het niet bedoeld, Connie,' zegt hij bedeesd.

'Het is de moed van de kortstondigheid,' zeg ik. 'Als je weet dat je iemand nooit meer zult zien, dat je je niet begeeft in de herhaling, dan durf jij alles.'

De kaart van Amerika ligt uitgespreid op bed. We stippelen de reis uit die we de komende weken gaan maken. Via Georgia en South Carolina zullen we naar Tennessee reizen. Ik wil een bezoek brengen aan Graceland. In de maanden voorafgaand aan ons vertrek heb ik Ischa ingewijd in Elvis Presley en in een mum van tijd heeft hij meer cd's van Elvis aangeschaft dan ik ooit in mijn bezit had. Hij weet nog niet veel van blues en rock & roll, maar hij is er wel nieuwsgierig naar, omdat hij zich via die muziek dichter in de buurt waant van zijn beste vriend Arend Jan Heerma van Voss, een muziekkenner bij uitstek. Ze hebben een aantal maanden in onmin geleefd, in de periode dat Ischa's ouders stierven, en omdat ik het vreselijk vond om aan te zien, dat gemis van zijn vriend dat zich verborg onder woede, verongelijktheid en verbolgenheid, heb ik uiteindelijk de telefoon gepakt, om hem zijn vriend terug te geven.

'Arend Jan was minder ontroerd dan ik,' zegt hij als hij thuiskomt van hun verzoeningsavond. 'Ik schoot vol toen ik het over mijn moeder had, dat ze zich heeft weggegooid, in de vuilnisemmer, en toen ik het over jou had. Arend Jan fietste langs de Oesterbar en had je daar zien zitten. "Connie heeft jou ook gezien," zei ik, "maar ze wilde je niet groeten." "Waarom?" vroeg hij. "Verscheurd," zei ik. En toen schoot ik vol. Destijds vertelde ik het ook aan Tas en dat het me ontroerde dat je Arend Jan niet had willen groeten. "Dankbaarheid," zei Tas, "omdat iemand voor je opkomt."'

Na een week Lauderdale reizen we naar het noorden van Florida. We bezoeken Cape Canaveral, verblijven die nacht in Titusville en vertrekken de volgende dag naar de oudste stad van Amerika, St. Augustine.

'Oudheid heeft in Amerika iets kermisachtigs,' zeg ik tegen Ischa als we door de wat popperige stad lopen. 'Het is alsof duurzaamheid dit land niet staat.'

'Het is toch Volendam,' zegt hij.

Kijkend naar het papieren bekertje waarin we een coffee to go kregen, zeg ik dat het waarschijnlijk hoort bij die idee-fixe van de Amerikanen een natie zonder geschiedenis te zijn, dat de dingen hier geen leven hebben en er in vorm en materiaal op zijn voorbereid om snel afval te worden.

'In Amerika is alles to go,' zegt Ischa.

'Behalve de sterren.'

Het is nog maar een paar dagen geleden dat ik opeens zeker weet wat ik niet in *De vriendschap* kan onderbrengen, ook al passen de gedachten bij het onderwerp en meen ik, via de pogingen om te begrijpen hoe verslavingen in elkaar zitten, ook dichter in de buurt te komen van iets anders wat ik graag wil begrijpen, van wat roem is en welke band de roem onderhoudt met de dood. Ischa heeft zich door de biografie van Marilyn Monroe geworsteld en om de haverklap verzucht dat hij er eigenlijk niks aan vindt, aan deze Monroe, en dat hij maar moeilijk kan zien wat anderen interessant aan haar vinden. Een van die anderen ben ik, want ik vind Monroe fascinerend en de aard van haar sterrendom al helemaal.

'Ik vind Monroe alleen maar om aan te zien als jij haar nadoet,' zegt Ischa en dan doe ik het wel weer even voor hem, midden op straat te St. Augustine, Florida, I want to be loved by you poopoopidoo en dan kom ik op, ladies en gentlemen, the late Marilyn Monroe, nauwelijks in staat om te lopen, omdat mijn benen zijn ingesnoerd in een ijzingwekkend strakke jurk en dan zing ik kreunend en zwoel naar lucht happend happy birthday voor mister president, voor J.F.K., voor I.M. En zoals Ischa dan lacht, zo lachte het publiek destijds ook om Marilyn Monroe, zo onbedaarlijk, dat ik alleen al daarom anders naar haar kijk dan hij, omdat ik meen dat ze alles wat er in de roem van haar gemaakt is, tegelijkertijd speelt en parodieert.

'Volgens mij is het die naar binnen gehaalde blik, de blik waarmee je gezien wordt en die buiten jou hoort te blijven, die zo vernietigend werkt,' zeg ik tegen Ischa. 'Geen enkele vrouw loopt, beweegt, kijkt, lacht en praat van nature zoals Marilyn Monroe. Ze speelt wat anderen willen zien. Ze acteert een lichaam. Door haar eigen gedrag te parodiëren wil ze laten zien dat ze het weet, doorziet en dat ze dus over het beeld dat anderen van haar hebben kan nadenken, kan beschikken, dat ze het zelfs kan ondermijnen en vernietigen als zij dat wil.'

'Ben je weer met je boek bezig?' vraagt Ischa.

'Ja,' zeg ik, 'ik ben altijd met mijn boek bezig.'

Via Jacksonville rijden we Georgia binnen. Op de grens van de staat passeren we een welkomsbord waarop met grote letters *Keep Georgia on your mind* gedrukt is. Onmiddellijk hoor ik het lied, hoe het door Ray Charles slepend gezongen wordt, hoor Brook Bentons *Rainy Night in Georgia* en dan loop ik weer eens vol van die opwindende verbazing over hoeveel kennis ik met me meedroeg van dit immense land, lang voordat ik erin rondreisde met de eerste man in mijn leven, met de man van wie ik zo schrikbarend veel houd en die ik onlosmakelijk verbonden weet met de herkenning, met het zien, het ontmoeten en het werkelijk worden van iets wat er al mijn hele leven was.

'Wat zijn we al lang bij elkaar, hè,' zegt Ischa alsof hij mijn gedachten raadt en hij legt zijn hand in mijn nek, terwijl ik verder rijd en wel kan schreeuwen van geluk.

We rijden door een landelijk Georgia en belanden die dag nog in Savannah, vlak voor de grens van South Carolina. Daar heb ik 's nachts een akelige droom. Ik droom dat mijn vader gestorven is. Ik kom de woonkamer binnen van ons ouderlijk huis en word daar opgewacht door mijn moeder en mijn drie broers.

Ze kijken lief naar me en bezorgd. Mijn vader zal nog een keer uit de dood opstaan om aan mij te verschijnen, om afscheid van mij te nemen, want ik was in Amerika toen hij stierf. De anderen hebben al allemaal afscheid van hem kunnen nemen en hun gezichten zijn vol liefde, omdat ze het mij gunnen hem nog een keer te mogen zien. Vanuit het niets verschijnt mijn vader aan me. Hij komt op me toe en drukt met zijn mooie lippen een zachte zoen op mijn mond. Oh, denk ik, zo zal ik het altijd onthouden, de zachtheid van zijn lippen bij een zoen. Dan begint mijn vader weer te vervagen en het scheurt in mij van de pijn. Ik wil niet dat hij gaat, ik wil dat hij blijft, nog even, voor altijd. 'Papa, papa,' roep ik, 'niet weggaan!' Hij glimlacht zijn lieve glimlach naar me en ik voel dat mijn moeder en mijn broers naar mij kijken, gekweld door mijn pijn, maar zelf al berustend in het onvermijdelijke. Ik schreeuw nog harder. Ik roep om mijn vader. 'Papa, papa!' Steeds harder roep ik, terwijl ik voel dat ik wakker aan het worden ben en mij luidkeels los krijs uit deze droom, uit deze pijn en dit verdriet.

Ischa en ik worden tegelijkertijd wakker van de roep om mijn vader. Hij omarmt me stevig en probeert me te kalmeren, maar de eerste minuten ben ik niet in staat om hem te zeggen wat er is, waarvan ik droomde, want ik ril en huil onbedaarlijk om een onstilbaar verdriet. Ik word pas langzaam rustig, als ik hikkend en sniffend de droom over de dood van mijn vader aan hem vertel en dat schreeuwen, dat onbeheerste schreeuwen waardoor wij wakker werden, opeens gaat voelen als een grote vertrouwdheid met Ischa.

'Ik moet er niet aan denken dat mijn vader of moeder doodgaat,' zeg ik tegen hem, 'maar ik ben bij voorbaat zielsgelukkig dat jij dan bij me bent.'

We rijden niet ver South Carolina in, omdat we al vrij snel in Charleston terechtkomen en besluiten daar te blijven. De kleine stad deint onder de drukte van een muziekfestival. Op straat loopt de helft van de mensen met een instrument onder hun arm en overal zijn podia gebouwd voor optredens. Een langgerekte overdekte markt neemt een hele straat in beslag en we lopen er uren in rond.

'Volgens mij was dat Ray Charles,' zeg ik tegen Ischa, nadat ik ternauwernood een neger met een zonnebril heb kunnen ontwijken.

'God, wat hebben wij toch een leuk leven,' kreunt hij. 'Vanavond gaan we een restaurant zoeken waar we weer eens kwarteltjes kunnen eten, daar heb ik nou echt zin in.'

Het komt omdat het landschap ons verveelt en we maar niet de plek kunnen vinden waar we willen blijven, dat we de volgende dag veel te lang rijden, dwars door South Carolina, nog een punt van North Carolina meenemen, om van lieverlede door te steken naar Tennessee, omdat we denken dat het ons in Nashville wel zal bevallen. Of het door de lange reis komt, weet ik niet, maar Ischa wordt erg zenuwachtig in Nashville. Het is al donker en we zoeken een onderkomen in het centrum, we belanden, als we navraag willen doen naar een hotel en ook even iets willen drinken, in een kroeg waar live country-muziek gespeeld wordt en waar de mannen baarden dragen en de vrouwen kniehoge cowboylaarzen en dan zie ik aan het duistere gezicht van Ischa dat hij bang is.

'We gaan,' zegt hij. 'Ik wil weg uit deze stad.'

Hij heeft het soms op straat, in Amsterdam. Dan grijpt hij opeens mijn arm en duwt me naar de overkant.

'Er kwamen wat ongure types op ons af,' zegt hij meestal verontschuldigend.

Vanaf het moment dat ik hem ken loop ik naast hem als een bonkige krijger, op mijn hoede en in een voortdurende staat van alertheid, om degene die het waagt een vinger naar hem uit te steken, direct in de nek te kunnen springen.

'Ik heb het idee dat ik je moet beschermen als we buiten lopen,' heb ik jaren geleden tegen hem gezegd.

'Dat vind ik wel prettig,' antwoordde hij toen en keek daarbij zo kleintjes, dat ik zeker wist dat ik het ooit echt zou moeten doen, dat ik ooit zijn leven zou moeten redden door me op een gek te storten die hem iets wilde aandoen.

'Als het moet zou ik iemand zijn halsslagader doorbijten, voor jou,' zei ik.

'Dat geloof ik onmiddellijk,' grinnikte hij trots en verlegen.

Niet Nashville, maar Memphis is onze stad. We nemen onze intrek in het hotel tegenover The Peabody en blijven er vier dagen. Iedere dag steken we de straat over en maken van de lobby van The Peabody onze plek en iedere dag laten we door een vrolijke, vriendelijke, rondlopende fotograaf een polaroidfoto maken, die ons overhandigd wordt in een keurig mapje, waarop *Again and Forever* en de naam van het hotel staat afgedrukt.

'Ik ben toch zo dol op polaroids,' zeg ik tegen Ischa.

'Waarom toch?'

'Daar ben ik nog niet achter.'

''k Dacht niet dat mijn vrouw zich daarbij neer zou leggen.'

''k Dacht het ook niet,' zeg ik.

Behalve het hotel waar Martin Luther King doodgeschoten is, de club waar B.B. King optrad, het houten keetje in Tupelo waarin Elvis geboren werd, bezoeken we natuurlijk Graceland. Aan de overzijde van het huis is de ticketshop, waar we, drentelend tussen impersonators en vrouwen van middelbare leeftijd, wachten tot we ingedeeld worden in de groep die aan de beurt is om het huis van Elvis Presley te bezoeken.

'Wat is het toch ook een laf land! Er wordt weer met geen woord gerept over seks, drank, drugs, dikte en andere disorders,' zegt Ischa als we met een groeiende treurnis langs een afzichtelijke kamer vol knoestige stoelen, harige tapijten en heel veel lelijke dingen schuifelen.

'De enige ruimtes die ik echt had willen zien, de slaapkamer en de keuken, die krijgen we niet te zien,' zeg ik net zo teleurgesteld als hij.

We lopen naar de graven in de tuin. Graven ontroeren me en ik voel opeens weer de compassie opwellen die ik voor Elvis had toen hij, bij wat een van zijn laatste optredens zou blijken, het podium opkwam en schrikbarend pafferig, opgezwollen, dik en desondanks aantrekkelijk, I Did it My Way zong en dat ik toen dacht dat hij dat waarschijnlijk nu net niet gedaan had.

'Iemand die dik is doet zichzelf toch geweld aan,' zeg ik, nadat we urenlang langs cadillacs, motoren en vitrines met glitterpakken, sjaaltjes en foto's gelopen hebben en terugrijden naar Memphis, om bij The Peabody een Bloody Mary te gaan drinken.

'Wat ben ik toch verschrikkelijk dik,' zegt Ischa als we in de lobby samen in een grote stoel zitten en onze tweede polaroid bekijken die ons zonet door de glimlachende fotograaf aangereikt is.

'Maar je bent wel weer eens betrapt op je geluk,' zeg ik, 'dat is wat die polaroids doen, ze laten je zien hoe je je voelt.'

'Ik ben gelukkiger dan ooit, maar waarom ben ik dan nog zo dik,' jammert Ischa met lichte overdrijving.

'Misschien is dat wat je met je lichaam doet wel een bericht aan de mensen die je het lichaam gaven, is het een bericht aan je ouders.'

'Het klinkt alsof het waar is,' zegt Ischa en hij vraagt of ik het beter uit wil leggen, maar ik aarzel, omdat ik in De vriendschap nog niet zo ver ben, omdat ik er nog niet helemaal uit ben hoe het zit met dikte en drank. Ik vertel hem dat ik er zo simpel mogelijk over wil nadenken en dat ik dan maar hoop dat het me duidelijk wordt hoe verslavingen in elkaar steken. Het verschil tussen drank en dikte kan ik nog het best begrijpen door naar het effect te kijken: drank vervormt de geest en dikte vervormt het lichaam. Omdat ik niets kan begrijpen zonder het te zien in een stelsel van verbintenissen, moet de verslaving te maken hebben met een verhouding tot anderen en is het ook die verhouding die op het spel gezet wordt of die op zijn minst beïnvloed wordt door de drank en de dikte.

'Te veel eten verandert je lichaam en dat lichaam wordt gezien door anderen, dus die verslaving moet iets te maken hebben met de invloed die je wilt hebben op de blik van anderen, op hoe je gezien wilt worden. Te veel drank verandert je geest, verandert je taal en je taal wordt gehoord, dus die verslaving moet iets te maken hebben met wat je wilt zeggen, met hoe je gehoord wilt worden.'

'Jij wordt altijd vals als je te veel gedronken hebt,' zegt Ischa, 'maar ik denk ook weleens dat jij drinkt om even niet zoveel te hoeven nadenken, om even niet helder te hoeven zijn, om het even allemaal niet te hoeven weten, om even wat minder clever te zijn, zodat je beter bij de anderen kunt horen.'

'Lief dat je dat zegt. Ik wou dat het waar was.'

Ischa vraagt wat ik nu bedoelde met dat zijn dikte een bericht aan zijn ouders is en dan moet ik zeggen dat ik het nog niet goed weet, maar dat ik het in verband breng met het lot om een lichaam te hebben.

'Ga je ook over roken schrijven?' vraagt Ischa die er zich weer op voorbereidt om eerstdaags te stoppen.

'Ik denk het niet. Roken verandert niets aan een verhouding, aan de blik of aan het oor, maar door over het roken na te denken weet ik wel beter wat verslaving is. Verslaving is een vriendschap zonder vriend. Je zoekt wat vlakbij is en voor het grijpen ligt. Een sigaret is een houvast, een houvast dat opbrandt. Het grootste voordeel van een pakje Marlboro is dat het je niet kan bedriegen, je niet kan verlaten, dat het nooit zal ophouden van jou te houden en natuurlijk dat het niet dood kan gaan. Dat is de essentie van verslaving, geloof ik. Je ontloopt de risico's die je noodgedwongen bij een liefde of vriendschap wel loopt en ook moet lopen, omdat je anders geen vriendschap of liefde hebt.'

'Ik ga alleen maar meer van je houden,' zegt Ischa met die lichte verlegenheid die hem zo mooi maakt.

'Dat heb je nu weer voor op een pakje Marlboro,' zeg ik en daarna lachen we heel lang, tegen elkaar aan geperst in die stoel in The Peabody te Memphis, Tennessee.

Alsof we voorvoelen wat ons daar te wachten staat, stellen we het bezoek aan Sun Studio uit tot de laatste dag dat we in Memphis verblijven.

'Och god, dit is het,' steunt Ischa als we al een keer aan het onopvallende, kleine gebouw voorbij gereden zijn en op de Union Avenue moesten keren, omdat de nummers opliepen en we ontdekten dat we voorbijgereden waren aan nummer 706. Even later worden we rondgeleid door een jonge jongen die midden in de kleine ruimte waar de rock & roll geboren is, vooral het verhaal vertelt over het bijzondere talent van Sam Phillips om talent te herkennen en een kans te geven. Hij doorspekt zijn verhaal met oude Sun Recordopnames, Howlin' Wolf, B.B. King, Jerry Lee Lewis en dan *That's All Right*, die eerste hit van Elvis Presley, die in de jaren vijftig als een dodelijk verlegen achttienjarige Sun Studio, 706 Union Avenue te Memphis binnenstapt en, starend naar de vloer, halve zinnen mompelend, begint aan een loopbaan die eindigt in de badkamer van het huis dat we gisteren bezochten. Daar denk ik aan, aan het verbijsterende leven en de ontluisterende dood van Elvis Presley, als ik in die kleine studio sta die door de muziek die er opklinkt, opeens zo'n gewijde ruimte wordt en ik kijk naar Ischa, die daar staat en die helemaal week is en aangedaan en ik weet heel zeker dat zijn ontroering niet Elvis geldt, maar andere bronnen heeft.

'Ik ben verpletterd,' zegt Ischa als we in de caféruimte van Sun Studio aan een tafeltje plaatsnemen. Ik vraag hem wat hem zo ontroerde.

'Ik moest aan Arend Jan denken,' zegt hij, 'en hoe belangrijk die muziek voor hem is, hoe belangrijk muziek voor mijzelf is, in mijn leven. Ik bedacht ook dat deze muziek bij ons hoort, bij mensen als Arend Jan en ik, bij beschadigde kinderen als wij en dat wij nooit van jazz kunnen houden. Er hing zo veel enthousiasme in die studio, zo veel geschiedenis en het begin van levens, en toen schoot dat allemaal door mij heen. En dan zo'n fantastisch iemand als die Sam Phillips, van hem wilde ik onmiddellijk alles weten.'

Ik zeg tegen hem dat ik het eerste dacht aan Sam Phillips, toen ik zag dat hij zo aangedaan raakte door het verhaal van die jongen, dat ik dacht: Ischa is altijd ontroerd als het om zoiets als erkenning gaat.

'Dat is waar. Wanneer je me zou vragen waarnaar ik nu nog verlang in mijn leven, dan is het naar erkenning.'

Het komt omdat ik er slecht tegen kan, tegen de sluier van verdriet die er opeens over zijn gezicht kan liggen, dat ik tegensputter, of op z'n minst de advocaat van de duivel speel en tegen hem zeg dat het hem daar toch niet aan ontbreekt, aan erkenning, dat hij door mensen gewaardeerd en bejubeld wordt, dat hij gevreesd en geducht is en geroemd wordt om zijn werk.

'Maar altijd pas als ik ermee ophoud,' zegt Ischa zonder een spoor van verbittering en hij schetst een korte geschiedenis van de manier waarop er in het verleden op zijn werk gereageerd is.

'En het was iedere keer hetzelfde,' zegt hij, 'ze vielen over me heen terwijl ik ermee bezig was, het was niks hier en niks daar, en zodra voor mij de spanning eraf was, ik het voor gezien hield en ergens mee stopte, met een bepaalde vorm van interviewen of het portretteren van mensen zoals ik bijvoorbeeld deed voor de *Haagse Post*, dan klonken er opeens geluiden hoe zonde het was dat ik ermee stopte. Zo zal het mijn hele leven blijven, ik krijg altijd erkenning en lof achteraf. Ik heb nog nooit ergens een prijs voor gehad, terwijl ik zeker weet dat ik baanbrekende dingen heb gedaan in de journalistiek. Na mijn dood zullen ze me pas roemen, dat voorspel ik je ook.'

'Ik hoop het niet mee te hoeven maken,' zeg ik.

Een paar uur later, als Ischa Arend Jan gebeld heeft, we over Beale Street slenteren en tegen de avond besluiten dat we beiden geen zin hebben om in een restaurant te eten, maar vanavond ouderwets vroeg in bed willen gaan liggen, met onze pyjama's aan, wat kletsen en wat zappen en het diner op onze hotelkamer laten bezorgen, pas dan begin ik over wat in de studio door me heen ging, dat ik zo aan Elvis had moeten denken en dat de wegen van de roem mij ondoorgrondelijker en interessanter leken dan ooit, dat ik even dacht dat deze, door iedereen genoemde, legendarische en pijnlijke verlegenheid aan het begin stond van een wereldse, publieke bekendheid, van schaamteloos podiumgedrag, en dat het wellicht deze verlegenheid was die geleid had tot de dood van Elvis Presley.

'Sterven aan je verlegenheid, dat is toch bijna te schrijnend om waar te zijn,' zeg ik.

'Het is mooi bedacht en zo erg, dat het wel waar moet zijn,' zegt Ischa. 'Openbaren is toch ook een manier om te verhullen.'

Met vier polaroids op zak, in mapjes waarop *Again and Forever*, *The South's Grand Hotel The Peabody*, *Memphis*, *Tennessee* staat, vertrekken we uit een stad waarvan we ook tegen elkaar zeggen dat we hier graag weer terug willen keren, ooit, volgend jaar al of zo. In de geboorteplaats van Muddy Waters, Clarksdale, eet ik mijn eerste Po'boy, een broodje met opgebakken flintertjes roast beef die is klaargemaakt zoals ik het van mijn moeder ken. 's Zondags trok ze soep van een mooi, groot stuk rundvlees en de volgende dag bakte ze dat voor de lunch op, in roomboter en met een gesnipperd uitje, als een lekker extraatje. Het vlees smaakte zoetzuur en van de geur in de keuken liep het water in mijn mond. Soms, als ik Ischa vertel over het eten thuis, schieten de tranen in mijn ogen en in mijn aantekenboekje noteer ik zorgvuldig de plotloze verhalen die ik aan hem vertel, verhalen waarin het voedsel een taal is en de liefde waarmee het wordt toebereid, de boodschap.

'Ik had het kunnen weten,' grapt hij om de melancholie te verlichten die de geur en de smaak van de Po'boy bij me losmaken, 'de vrouw die op de dag dat ze in mijn leven komt in tranen uitbarst boven mijn soep, die heeft iets bijzonders met eten.'

Rijdend langs de oevers van de Mississippi River bereiken we Greenville, verblijven er een dag en rijden verder door het binnenland van Mississippi naar Natchez. In Natchez blijven we een aantal dagen en raken vertrouwd met een vrolijke, typische Southern Belle, die een kleine lunchroom runt aan de overkant van het hotel waarin we logeren. Ik verlustig me aan haar knauwerige zuidelijke accent en we volgen iedere tip van haar op, waar we de lekkerste quails kunnen eten, welke antebellum huizen we beslist moeten zien en wat we in de omgeving van Natchez moeten bezoeken. Het is ook op haar advies dat we een paar dagen later koers zetten naar haar geboorteplaats Lafayette,

Louisiana en na ons afscheid blijf ik in de auto aan Ischa's kop zeuren of hij de naam van die stad wil blijven uitspreken met haar accent. Dat kan hij heel goed. De koelkastmagneet die ze ons schonk, waarop Rhett Butler en Scarlett O'Hara in een innige omhelzing staan afgebeeld, leg ik op het dashboard.

Het regent als we aankomen in Lafayette. We vinden vrij snel een motel, een van de laagbouwappartementen op een terrein in het midden van de stad. Voordat we het restaurant opzoeken dat ons door onze Southern Belle is aangeraden en waar we haar groeten moeten overbrengen aan de eigenaar, zetten we gewoontegetrouw even de televisie aan voor het CNN News. Een vertegenwoordiger van de politie legt net een verklaring af, waarin hij zegt dat vanaf vanmiddag O.J. Simpson als voortvluchtig wordt beschouwd en dat een ieder die hem op de vlucht behulpzaam is, zich medeplichtig maakt aan een misdaad. Ischa noch ik hebben ooit van O.J. Simpson gehoord. Uit de korte uiteenzetting van wat er aan de hand is, leren we dat de vrouw van O.J., Nicole Simpson, en een jonge jongen een aantal dagen geleden vermoord zijn aangetroffen bij de ingang van het woonhuis van de Simpsons in Los Angeles. O.J. had zich vandaag bij justitie moeten melden voor een verhoor en hij is niet komen opdagen.

'Hij heeft het gedaan,' zeg ik tegen Ischa.

'Denk je echt?' zegt hij nog ongelovig.

'I'm dead sure,' zeg ik.

We eten vroeg en keren ook vroeg naar het motel terug. Nog voordat ik mijn jas uitgetrokken heb, zet ik de televisie aan. Op het scherm verschijnt het beeld van een witte Bronco, die afwisselend vanuit de lucht en vanaf de grond gefilmd wordt. Achtervolgd door talloze politiewagens rijdt de Bronco over de highway, slingert zich een weg langs rijdende en stilstaande auto's en biedt de komende uren de spannendste televisie die ik ooit heb gezien. Liggend op mijn buik raak ik bijna met mijn neus aan het beeldscherm en Ischa zit naast me, rechtop van nieuwsgierigheid. Om de zoveel tijd krijs ik van genot om wat wij hier zien en meemaken.

Hij legt een hand in mijn nek en zegt dat ik moet kalmeren, lieverd, dat ik er helemaal van zweet.

Het is 17 juni 1994, het is echt, het gebeurt terwijl wij kijken, ergens verderop in dit land en niemand weet hoe de film zal aflopen, waar en hoe de krankzinnige vlucht van O.J. Simpson zal eindigen. Het is een film zonder scenario en zonder regisseur.

'Het is alsof hij wil ontsnappen aan de fictie,' zeg ik, 'alsof hij wil wegrijden uit de film waarin hij beland is, maar hij komt er met geen mogelijkheid uit. De camera is Gods oog geworden en veroordeelt hem genadeloos tot zichtbaarheid.'

'Je wordt er helemaal lyrisch van, schat,' reageert Ischa.

Bepakt met zoveel mogelijk kranten waarin het verhaal van the chase op O.J. Simpson uit de doeken wordt gedaan, rijden we de volgende dag via Baton Rouge naar New Orleans.

'Ik trakteer op vier nachten Monteleone Hotel, categorie very expensive,' juicht Ischa en hij leidt me moeiteloos door The French Quarter, tot vlak voor de ingang van het barokke, legendarische hotel.

De dag ligt nog voor ons. Voordat we de stad in gaan kruipen we even in bed. Ischa valt al snel in een diepe slaap, maar mij lukt het niet om in te slapen en ik spel alle kranten op wat ze over O.J. te melden hebben. Na een uurtje wordt Ischa wakker.

'Ik lag zo lekker te dromen, van Paul Haenen en Paul de Leeuw. We waren aan het keten. "Ik kom eraan, jongens!"' gilt hij luid en vrolijk.

Zoals gewoonlijk zoeken we eerst een boekhandel op, kijken er rond en komen met een aantal boeken de deur uit, waaronder natuurlijk de *Zagat*. In iedere stad laat ik het beschroomd aan Ischa over om te kijken of *The Laws* in de schappen staat en meestal hoor ik dan wel een kreet vanuit een hoek van de boekhandel, waardoor ik weet dat hij het boek aangetroffen heeft.

Ischa komt weer met zo veel boeken naar buiten, dat we eerst terug moeten naar onze hotelkamer om ze daar achter te laten. De *Zagat* steken we bij ons, om er in een café dat ons bevalt in te gaan lezen. Op de eerste pagina's van de *Zagat* staat een lijst waarin de veertig beste restaurants opgesomd worden. Nog voordat we de gids ingekeken hebben zeg ik dat wij vanavond eten bij nummer 1 en dat ik trakteer. Ischa slaat de gids open en zegt dat het zo had moeten zijn.

'Home,' zegt hij. 'We eten bij C.P., Commander's Palace. Daar gaan we even een lekkere steak savoraniliseren.'

'En broodpudding toe,' zeg ik.

Meer nog dan in de andere staten van Amerika, roept het eten in de zuidelijke staten herinneringen bij me op aan het eten thuis. Ik verbaas me daarover en ik zeg dat tegen Ischa. Het is toch onmogelijk dat het zuiden van Amerika iets te maken kan hebben met het zuiden van Nederland? Ischa komt met een uitspraak, volgens hem van Gerrit Komrij, over hoe wonderlijk het is dat ieder land een noorden en een zuiden heeft, met alle karakteristieken van dien, en dat het noorden telkens opnieuw begint in een land, ook al grenst het aan het meest zuidelijke deel van het aanpalende land.

'Het bewijst maar weer eens hoe alles zijn definitie ontleent aan de manier waarop het begrensd is en tegenover het andere afgezet wordt,' zeg ik en zodra ik dat gezegd heb zitten we weer midden in een gesprek over het verschil tussen hoe hij schrijft en hoe ik schrijf, zo'n gesprek waarbij ik altijd op mijn tenen loop.

'Ja,' zeg ik voor de zoveelste keer, 'voor mijn part kan je *De Dikke Man* literatuur noemen, maar als je ze achter elkaar zet en ze bundelt, heb je nog geen roman.'

'Wat is er nu zo bijzonder aan een roman? De meeste romans zijn stinkvervelend, gewrocht en ze gaan nergens over. Ik hou eigenlijk alleen nog van autobiografieën, niet van verzinsels.'

'Het is een vergissing te denken dat verzinsels het kenmerk zijn van de roman, Is,' zeg ik rustig. 'Als dat zo was zat ik in een lastig parket, want ik heb geen fantasie.'

'Natuurlijk heb jij fantasie,' zegt Ischa gepikeerd. 'Iedereen heeft fantasie. Die epilepticus, die heb je toch helemaal uit je duim gezogen? Je hebt me zelf verteld dat je nog nooit in je leven een epilepticus ontmoette.'

'Ik kende wel tien epileptici, maar ze hadden helaas allemaal geen epilepsie,' zeg ik verbeten en daar moet Ischa gelukkig om lachen. 'Wat anderen fantasie noemen, dat noem ik voorstellingsvermogen en kennis,' voeg ik eraan toe, maar ik kan zijn hikkende lach nauwelijks overstemmen.

We hebben geluk bij Commander's Palace. Het is een restaurant dat dagen van tevoren volgeboekt zit, maar als we in de rij staan voor de houten katheder waarachter een ober de reserveringen controleert, krijgt hij juist van een andere bediende het bericht doorgegeven dat twee gasten zonet afgebeld hebben.

'You're lucky, sir,' zegt de ober tegen Ischa.

'I am,' zegt Ischa en hij legt een hand op mijn hoofd.

De dagen in New Orleans brengen we door met wandelen. Zoals in iedere stad vinden we algauw onze favoriete plekken waar we koffiedrinken, lunchen, waar we tegen vijven een

Bloody Mary halen, waar we boeken kopen of cd's, waar we gaan zitten om uit te rusten. Iedere dag lopen we even naar een bank op de Moon Walk, waar we plaatsnemen met onze nieuwe aankopen en van waaruit we een prachtig uitzicht hebben op die brede Mississippi River. Het is daar dat ik tegen Ischa zeg dat het me blijft bezighouden, dat verschil tussen journalistiek en literatuur en tussen de manier waarop hij schrijft en hoe ik schrijf. Ik heb die nacht pas een verband gelegd tussen die maandenlange reizen die we maken en wat tijd te maken heeft met onze liefde en ons werk. Zoals altijd wanneer er nog maar net iets in me opgekomen is en ik nog niet in staat was om, dankzij de traagheid die het maken van zinnen vereist, een gedachte beter uit te werken, wil ik van alles tegelijkertijd vertellen en weet ik daardoor niet goed hoe ik moet beginnen.

'Het laatste deel van De vriendschap gaat Liefde en werk heten,' begin ik.

'Daar draait bij ons alles om,' zegt Ischa, 'maar vooral toch om werk.'

Ik negeer de hiërarchie die hij aanbrengt en die voor mij beslist niet geldt, want ik wil mijzelf toepraten naar dat verband, dat ik nu nog maar vaag vermoed en waarbij Ischa mij moet helpen om het scherper in zicht te krijgen. Dat, afgezien van wat we schrijven, hoe we schrijven toch een opvallend verschil laat zien, begin ik aarzelend. Het grootste verschil zit hem in de tijd. Een journalist als hij produceert dagelijks en kan hetgeen hij geschreven heeft ook dagelijks afgedrukt zien staan. Het is een directe consumptie van het resultaat en de lof. Daar moet een behoefte achter schuilen of een verlangen, wat je wilt.

'Ik ben een aandachtjunk,' maakt Ischa korte metten met mijn brokkelige gedachtegang.

Daar moet ik om lachen en dan moet ik erg mijn best doen om de zaak bij elkaar te houden en het zowel te hebben over de anonimiteit van die aandacht, het vermogen tot uitstel van aandacht dat noodzakelijk is om een roman te kunnen schrijven, over het verschil tussen het leven in Amsterdam en het leven dat wij leiden als we reizen en hij niet iedere dag gelezen wordt en niet iedere dag de camera's op zich gericht heeft en op de televisie verschijnt en waarom hij juist op onze reizen kon werken aan een boek als *Ten tijde van mijn vader*.

'Dat komt door jou,' zegt Ischa. 'Jij bent erger dan twintig camera's bij elkaar.'

'Connie,' zegt Ischa 's avonds voordat we gaan slapen, 'ik heb een nieuwe filosofie bedacht: het bonjourisme. De eerste regel van het bonjourisme luidt: wie zichzelf niet ziet, kijkt niet goed om zich heen.'

Een maand geleden hebben we bij ons vertrek uit Lauderdale onze motelkamer gereserveerd voor de laatste twee weken van ons verblijf in Amerika. Vanuit New Orleans reizen we op ons gemak, via Pensacola en Lake City, Florida terug naar die kleine stad die we inmiddels met home aanduiden. Ischa heeft de ansichtkaarten waarop hij notities maakte voor *Ten tijde van mijn vader* meegenomen en ik heb mijn computer bij me en wil, na vier weken rust, weer terug in *De vriendschap*.

Op weg naar Lauderdale vertelt Ischa dat hij in het begin van het vorig jaar de tram nam naar het Victorieplein.

'Opeens zag ik dat de plek waar ons huis stond, een groot gat was. Het was er niet meer. Ik krijg de kans niet om mijn geschiedenis te vormen. Je moet me eraan helpen denken dat het daarom gaat in *Ten tijde*. Terwijl ik naar het gat keek dacht ik aan het balkon van ons huis. Ik herinnerde me hoe ik daar stond en dacht dat ik iets zou gaan betekenen in de wereld. Ik moet toen een jaar of zes, zeven geweest zijn.'

'Dat is je dan toch gelukt?'

'Ja,' zegt hij, 'maar op de een of andere manier kan ik dat niet als mijn persoonlijke geschiedenis zien. Eigenlijk begint zich nu pas iets als een persoonlijke geschiedenis af te tekenen, nu, na mijn vijftigste, na de dood van mijn ouders, nu ik al zo veel jaren met jou ben en er ook voor mijn kind een plek is in ons gezin. Ik heb voor het eerst in mijn leven het gevoel dat iets blijft zoals het is.'

'It's about time, honey,' zeg ik en ik wil het cool laten klinken, maar het komt er veel te jubelend uit.

De eigenaar van het motel in Lauderdale begroet ons als thuiskomers. We parkeren de Chevy op het grind voor het motel, lopen naar ons appartement op de begane grond en voelen ons zelfs door het klotsen van de oceaan verwelkomd.

Ischa kromt zijn rechterwijsvinger en ik haak de mijne erin.

'Home,' zeggen we gelijktijdig.

'Nu heet ik Lambriserinkje,' mompelt hij in zijn halfslaap, als ik mij in de kromming van zijn lichaam voeg en een arm om zijn inmiddels weer geslonken buik sla.

'We moeten allebei van onze verslavingen af, Connie,' heeft Ischa tijdens de reis gezegd.

'Van alle?' heb ik toen hoopvol en angstig gevraagd.

'Van alle,' zei hij overtuigend. 'Wacht maar, je zult versteld van me staan. Er gaat nog veel veranderen.'

Hij heeft zich voorgenomen om op de eerste dag van onze terugkeer naar Lauderdale met roken te stoppen en op die dag gooi ik de slechte, neurotische, maar daarom niet minder verslavende gewoonte van het nagelbijten in de strijd.

'Eenvoudig beginnen,' zei ik.

'Je testimonium paupertatis,' noemt hij dat nagelbijten en toen heb ik gezegd dat iedere verslaving dat is, een testimonium paupertatis.

Hij pakt het goed aan. Bij het ontbijt in Country Ham 'n Eggs overreikt hij me zijn nog halfvolle pakje Merit en in de namiddag van dezelfde dag trekt hij zijn gymschoenen aan en rent een heel blok door Lauderdale.

'Ik moet het langzaam opbouwen,' hijgt hij als hij terugkomt. 'Over een week ren ik weer een half uur achter elkaar.'

Iedere dag rent hij langer en na een week kan hij inderdaad een half uur rennen zonder onderbreking. Ik zeg hem hoeveel bewondering ik voor hem heb, voor dit doorzettingsvermogen, voor zijn geest en geestigheid, voor zijn brutaliteit, voor al het werk dat hij verricht om een goed leven te leiden en voor de manier waarop hij me liefheeft.

'Ja,' zegt hij, 'ik hou van je, helaas.'

'Hoezo helaas?'

'Ik vind het natuurlijk helemaal niet leuk om zoveel van iemand te houden. En ik zal je nog eens wat vertellen: jij vindt het ook helemaal niet leuk om zoveel van iemand te houden.'

Het doet me pijn dit te horen en ik begin tegen te sputteren en te ratelen over de liefde en dat het toch het mooiste is wat er bestaat en over hoe gelukkig ik ben en terwijl ik zit te ratelen, hoor ik mijzelf allemaal dingen zeggen waarmee ik alleen maar de angst zit te bezweren dat het waar is wat hij zegt.

'Ik word soms zo moe van mezelf. Waarom sputter ik toch zo tegen?'

Hij lacht naar me.

'Ik ken je goed, hoor,' zegt hij.

'Ik kan wel janken, Is,' zeg ik, 'om die liefde van ons.'

'Met jou vind ik het leven zwaarder en mooier,' zegt Ischa en

hij legt zijn open hand op tafel, zodat ik de mijne erin kan vlij-
en.

'Je moet me nu maar Zoef de Haas noemen, Connie,' mompelt
hij in het donker.

Hij heeft het al een aantal keren gezegd en tijdens de twee
weken die we in Lauderdale doorbrengen begint hij er zo vaak
over, dat het me soms verontrust.

'Zodra ik thuiskom ga ik jou tot mijn erfgenaam maken en
dan gaan we een groot huis zoeken, voor jou en mij en voor Jessica.'

Zodra hij het over het regelen van zijn erfenis heeft haalt hij
zijn vriend Kees Eyrond uit Utrecht aan, hoe hij van hem
geleerd heeft dat het belangrijk is om te zorgen voor je geliefden
en vrienden en om regelingen te treffen voor na je dood.

'Het grootste talent van Kees is geld,' zegt Ischa, 'maar geld
betekent bij Kees zorg en veiligheid. "Je moet voor Connie zorgen," heeft hij gezegd. Dat ontroerde me.'

Hij ziet mijn vragende blik.

'Omdat ik het nog nooit gewild, of misschien gekund heb om
voor iemand te zorgen, en nu wil en kan ik het wel. Toen ik dat
besefte wist ik pas dat er toch iets veranderd is in mijn leven en
daar was ik opeens heel tevreden mee. En dan moet ik ook altijd
denken aan Tas, dat ik het ook aan hem te danken heb. Dat was
toch de bedoeling van die analyse, om een beetje menselijker te
worden.'

Ik krijg tranen in mijn ogen.

'Wat is er?' grinnikt hij.

'Ik weet het niet,' lach ik terug.

'Het is de adieuïteit,' zegt hij speels. 'Het voornaamste
kenmerk van het bonjourisme is de adieuïteit, de adieuïteit van

het leven. Jij snapt dat, maar de meeste mensen snappen dat niet.'

Ischa heeft zijn ansichtkaarten nog niet te voorschijn gehaald. Zodra hij zijn gympen aantrekt om te gaan rennen, klap ik mijn laptop open en probeer zolang mogelijk te werken aan De vriendschap. Wanneer hij hijgend en tevreden binnenkomt zegt hij dat hij me zo lief vindt, achter die computer, maar dat hij ook jaloers is als hij mij ziet werken.

'Maar daar moet je je niks van aantrekken, hoor,' zegt hij. 'Ga je mee een espresso drinken? Zullen we in de namiddag even naar de bioscoop gaan bij de mall?'

Hij zegt dat het er nog wel van komt, later, als hij op de dag van ons vertrek naar Amsterdam zijn koffers pakt en het onuitgepakt gebleven stapeltje ansichten in zijn hand neemt. Er trekt een treurige waas over zijn gezicht, maar als ik naar hem toeloop en mijn armen om hem heen wil slaan, weert hij mijn omhelzing af.

'Even niet, Con,' zegt hij om direct daarna net iets te monter te vragen of ik met De vriendschap opgeschoten ben. Ik geef hem geen antwoord, maar kijk hem aan op een manier waardoor hij in de lach schiet en bijna als vanzelf een arm om mij heen slaat.

Bij Joop van den Ende heeft hij de regisseur Guus Verstraete leren kennen en is met hem bevriend geraakt. Guus kan met hem dollen als met een jonge hond die nog afgericht moet worden en Ischa vindt dat prettig.

'Hou je mond, Ies,' zegt Guus regelmatig met een ironische strengheid en hij krijgt Ischa daar altijd mee plat. Guus brengt met zijn vrouw Simone Kleinsma, zijn dochters en nog wat aanverwanten en vrienden de zomer door in een kleine villa, aan de kust van Normandië. Een dag na onze thuiskomst uit Amerika belt Ischa Guus op en wordt door hem uitgenodigd om met mij een paar dagen naar Normandië te komen.

'Even met mijn vrouw overleggen, want ze heeft net 4000 miles gereden,' zegt Ischa. Hij draait zich naar mij om en zegt alleen: 'Ik mis hem.'

'Goed,' zeg ik, 'we gaan, ik breng je naar je vriend toe.'

'We komen eraan!' gilt hij in de hoorn. 'Maar ik wil niet in die villa bij al die mensen, hoor. Connie en ik nemen een lekker hotel, liefst duur en posh. Regel jij dat eventjes voor ons? En doen ze daar in Etretat nog iets speciaals op Quatorze Juillet? Regel dat anders ook even, want Connie is dol op vuurwerk.'

Zes weken na ons bezoek aan zijn vriend in Etretat, zitten we in het vliegtuig, op weg naar New York. Dit keer zit Jessica tussen ons in. Ischa heeft een kamer en suite gereserveerd in The Gramercy Park Hotel en daar komen we op een warme augustusdag in de namiddag aan. We installeren ons in de twee grote kamers.

'Het lijkt wel een bruidssuite,' zeg ik tegen Ischa.

'Ik heb ook het gevoel dat ik op een soort huwelijksreis ben,' zegt Ischa. Hij heeft Jessica nooit langer dan een dag en een nacht bij zich gehad en af en toe zie ik aan hem dat het hem een beetje nerveus maakt, dat hij zich afvraagt of hij haar een leuke week kan bezorgen.

'Jess is net als ik,' stel ik hem gerust, 'zodra we jou om ons heen hebben zijn we gelukkig, daar hoef je niet eens iets voor te doen.'

'Jullie zijn het licht van mijn ouwe dag,' juicht hij 's avonds als we traditiegetrouw bij Pete's Tavern een hamburger de luxe knallen.

Docerend loopt hij naast haar over de straten en avenues van New York. Hij legt haar uit hoe Manhattan gebouwd is, welke logica aan de stad ten grondslag ligt, laat haar de naam en het adres van het hotel repeteren, zodat ze haar weg terug kan vinden, mocht ze ons kwijtraken en nadat hij haar op The Chrysler Building gewezen heeft, vraagt hij de dag daarop al of ze nog weet hoe dat gebouw heet. In zijn enthousiasme en onzekerheid loopt hij net iets te hard voor een negenjarig meisje.

Behalve dat wij dezelfde films tien keer opnieuw samen kunnen bekijken, spelen Jessica en ik al jarenlang verwoed joker. Terwijl Ischa in de belendende kamer van de suite dagelijks zijn *Dikke Man* schrijft, zitten wij samen op een groot bed om onze competitie voort te zetten. Bij de deli om de hoek haal ik grote zakken chips, frisdranken en kleine flesjes Budweiser. Met de uitgelegde kaarten tussen ons in, opengescheurde zakken chips voor het grijpen en wat drank op het nachtkastje, brengen we de meeste uren van onze dagen door op onze hotelkamer en verlangen niks anders dan in een ruimte te zijn met die man, die op twee meter afstand achter een felrode typemachine zit en zo nu en dan glimlachend zijn hoofd om de deurpost steekt om vergenoegd te mompelen of luidkeels te krijsen dat we de twee liefste vrouwen van de wereld zijn.

'We hadden net zo goed naar Egmond aan Zee kunnen gaan,' zegt Ischa 's avonds in bed.

'Nee,' zeg ik, 'dat is niet zo. Het maakt wel degelijk uit of je binnenblijft op een hotelkamer in New York of dat je binnenblijft op een hotelkamer in Egmond aan Zee.'

Na drie dagen en nachten in The Gramercy Park Hotel ben ik zo doordrenkt van het gezelschap van Jessica, dat ik iedere nacht even wakker word en in de andere kamer ga kijken of alles goed met haar is.

'Geen wonder dat jij geen kinderen hebt,' zegt Ischa op een

nacht, 'dan zou je geen letter meer kunnen schrijven.'

'Dat heb ik zelf ook altijd gedacht,' zeg ik.

We zijn vanaf de hoek van 21st Street de hele Fifth Avenue afgelopen en Jessica heeft de lange wandeltocht door een benauwd Manhattan dapper doorstaan, omdat Ischa haar beloofd heeft dat we een taxi terug zullen nemen.

Nadat we een rit in een koets hebben gemaakt door Central Park, negeert Ischa een aantal taxi's die bij het Plaza Hotel af en aan rijden. We lopen al weer tien minuten over Fifth Avenue als Jessica protesteert. Ze zegt dat ze moe is en dat we met een taxi terug zouden gaan. Ischa zegt dat ze best nog een eindje kan lopen, dat het zulk prachtig weer is en we tijdens de rit door Central Park voldoende uitgerust zijn.

'Maar je hebt het beloofd,' zegt Jessica half huilend.

Het gebeurt niet vaak dat ik mij bemoei met de manier waarop Ischa met haar om wil gaan, maar ik zie zijn gezicht verharden en onvermurwbaar worden en het schiet onmiddellijk door mij heen dat zijn reactie met iemand anders te maken heeft dan met Jessica. Voordat ik het weet heb ik mijn hand opgestoken en een yellow cab aangehouden. Ik houd de deur open voor Jessica, wenk haar en vraag kalm aan een kwaaie man of hij ook mee wil rijden. Hij trekt bokkig de voorste deur open en neemt zonder iets te zeggen plaats naast de bestuurder.

'Beloofd is beloofd,' zeg ik.

'Gramercy Park,' gromt hij tegen de chauffeur.

Nog voordat we de hoek van de Lexington Avenue bereiken heeft hij zich al half in zijn stoel omgedraaid, Jessica aangekeken en haar aangesproken.

'Jess, weet jij wat het verschil is tussen een terrorist en Connie? Met een terrorist kun je onderhandelen.'

'Wat is een terrorist?' vraagt Jessica met zo'n wegstervende snik in haar stem.

Voor Jessica haal ik van die troostende warme chocolademelk bij de deli en ze doet al weer dapper vrolijk, maar ik weet dat ze aangeslagen is. Nadat ik haar ingestopt heb en bij Ischa in bed kruip, vraag ik hem waarom hij zo onredelijk tegen haar was vanmiddag.

'Het ergert me dat ze van haar moeder geen cent heeft meegekregen voor deze reis,' zegt hij. 'Ik betaal toch negenhonderd gulden alimentatie per maand?'

Behalve dat hij dat niet op Jessica kan verhalen, zeg ik hem dat het helemaal niet vreemd is dat een dochter die met haar vader op reis gaat, geen eigen geld bij zich heeft. Hij is de meest gulle, de meest royale man die ik ken, maar zodra het om zijn kinderen gaat krijgt hij iets verongelijkts, alsof hij zich tekortgedaan voelt wanneer hij geld aan hen uitgeeft. Ik herinner hem aan het huwelijk van zijn zoon Jeroen. Voor al zijn vrienden, voor mij en voor mijn familie, is hij degene die met de beste ideeën voor cadeaus op de proppen komt, maar voor Jeroen kon hij niks bedenken.

'Je had helemaal geen zin om hem een geschenk te geven,' zeg ik. 'Op mijn aandrang heb je toen een cheque uitgeschreven van duizend gulden. Jij wilde het liefst vijfhonderd gulden geven. "Duizend gulden is heel veel geld," krijste je nog. "Daarom juist," heb ik toen gezegd.'

'Het is jaloezie,' zegt Ischa bedremmeld. 'Omdat er voor mij nooit gezorgd is.'

Overdag struinen we door de stad, varen met de Circle Line rondom Manhattan en worden bij de loopplank weer gevangen in zo'n geluk onthullende polaroid. We gaan een avond naar het Martin Beck Theatre om een uitvoering van *Guys and Dolls* te zien en nemen op een van de laatste dagen een taxi naar een uithoek van Manhattan, waar Ischa aan de oevers van de Hudson River een ticket koopt voor Jessica en mij, om ons even later uit te zwaaien als wij met een helikopter de lucht in wieken.

'Ze was toch gelukkig, deze week met ons?' vraagt Ischa onzeker tijdens onze laatste nacht in The Gramercy Park.

Ik wijs naar de polaroid die ik naast hem op het nachtkastje heb gezet.

In de taxi op weg naar huis ligt ze tegen mijn schouder en slaapt. Vertederd en licht jaloers kijkt Ischa naar zijn slapende dochter.

'Waarom doet ze dat bij mij nooit?' heeft hij weleens gevraagd als Jessica zich op de bank tegen mij aanvlijde en weggedoken in de holte van mijn arm naar een film of televisieserie keek.

'Het is een gevoelig kind,' heb ik hem gezegd, 'ze houdt rekening met jouw verlegenheid.'

De eerste nachten thuis in de Reestraat slaap ik onrustig. Iedere nacht word ik wakker en ga in mijn halfslaap op zoek naar Jessica, totdat Ischa me wakker maakt.

'Waar is Jessica?'

'Connie, toch,' zegt hij.

Drie dagen na onze terugkeer uit New York, op zaterdag 3 september 1994, staan Ischa en ik voor het eerst samen op de planken. Het Parool viert zijn vijftigjarig en de Stadsschouwburg zijn honderdjarig bestaan. De redactie heeft een aantal medewerkers verzocht een deel van de feestavond te verzorgen. Ischa heeft onmiddellijk toegezegd door te gillen: 'Ik doe iets met Connie!' en nu sta ik met hem in de coulissen van de Stadsschouwburg te wachten tot het onze beurt is. Ik ben nerveus. Ischa probeert me te kalmeren en dat helpt wel een beetje. We worden aangekondigd en als hij mijn hand vastpakt en zo met mij het podium oploopt, is die hand kletsnat van de zenuwen. Eenmaal achter onze katheders knikken we elkaar toe, Ischa glimlacht, kromt even zijn rechterwijsvinger en dan gaat het vanzelf goed.

In New York hebben we de eerste notities gemaakt voor een tweespraak over toneel die we willen opvoeren en net zoals bij het stuk over de zeven dagen in een hotel, gebruiken we in Amsterdam onze jetlag om midden in de nacht achter de IBM te gaan zitten om onze tekst te tikken.

Na ons optreden lopen we samen verzaligd door de gangen van de Stadsschouwburg.

'Volgend jaar gaan Connie en ik *Faust* doen,' zegt Ischa tegen iedereen met wie we een praatje maken. 'We laten Joop van den Ende het Nieuwe de la Mar afhuren, geven Ton Lutz de regie en dan gaan wij op de planken. Zie je het voor je, zij als Mephisto?'

Wij houden van alle seizoenen, van de zinderend warme zomers in Amerika en van het binnenleven in Amsterdam, als het buiten koud is en de ramen van de Reestraat wiebelen door de wind. Ischa houdt van boodschappen doen.

'Mensen die een hekel hebben aan supermarkten en boodschappen doen, daar is iets mis mee, die houden niet van de maatschappij,' zegt hij.

Ik ben er niet zo dol op. Soms begeleid ik hem naar de Dagmarkt of naar de Albert Heijn, maar meestal gaat hij er alleen op uit en wacht ik thuis tot ik beneden op straat mijn naam hoor schallen. Dan loop ik naar het raam om hem daar te zien staan, in het midden van de Reestraat, met in zijn beide handen de gevulde plastic tassen met boodschappen.

'Weet je wat mijn definitie van liefde zou zijn?' vraagt hij retorisch. 'Dat je niet door een supermarkt kunt lopen zonder degene van wie je houdt in gedachten te hebben en allemaal dingen te kopen voor je vrouw, omdat je weet dat zij daarvan houdt.'

Intussen pakt hij de tassen uit, stalt de waar uit op het houten aanrecht en vult de koelkast met de dingen waarvan ik houd.

Zoals ieder jaar zitten we in de nacht van 24 op 25 december in de basiliek van St. Odiliënberg om de mis bij te wonen. Mijn moeder is lid van het kerkkoor en staat op de trappen bij het altaar, Ischa en ik zitten in de houten bank tussen mijn broers en aanstaande schoonzus en mijn vader dekt thuis de tafel, waarop straks, midden in de nacht, de schalen met warme worsten- en saucijzenbroodjes, rozijnenbrood, koppen koffie en glazen wijn neergezet worden.

'Ik zie ons al staan,' fluistert Ischa, 'een gevaarlijk stelletje zou ik zelf denken.'

Hij heeft de afgelopen maanden talloze gesprekken gevoerd met de notaris in Haarlem, die ook de erfenis van zijn ouders regelt, en met de employees van zijn bank, om zijn eigen erfenis te regelen.

'Er zit niks anders op dan trouwen,' heeft Ischa uiteindelijk besloten, 'zo'n samenlevingscontract is voor ons veel te modern.'

Dat vind ik ook.

Sindsdien stellen we ons dat voor, hoe het is om in de zomer van 1995 te trouwen in de basiliek van St. Odiliënberg.

'Jij gaat keurig in het wit,' zegt Ischa, 'en we zeggen tegen iedereen: Connie is in het wit, maar het is toch een motje; we moeten het doen voor het geld.'

Over een spekgladde A2 glijden we op eerste kerstdag, laat in de avond, kilometer voor kilometer, terug naar Amsterdam. Voor, naast en achter ons botsen auto's zachtjes tegen elkaar of ze draaien om hun eigen as. Wij worden giechelig van de spannende rit, maar we kunnen de terugtocht naar Amsterdam niet uitstellen, omdat we morgen, op tweede kerstdag, vanuit Schiphol naar New York vliegen.

Drie dagen geleden heb ik bij Mai Spijkers het manuscript van *De vriendschap* ingeleverd en nu zit Ischa naast me in het vliegtuig met een onhandige, immense stapel A4'tjes en leest. Hij heeft een pen in zijn hand en zo nu en dan zie ik hem tot mijn ergernis een woord verbeteren. Hij heeft al langer dan een uur niks gezegd. Ik beheers me en stoor hem niet bij het lezen door hem te vragen hoe hij het vindt. Hij leest langzaam, dat zie ik en dat bevalt me. Af en toe hel ik licht naar rechts, om te zien welke pagina hij op dat moment leest en dan probeer ik me voor te stellen of hij kan genieten van wat daar staat.

Hij kijkt pas op als hij de wagentjes in het gangpad hoort rammelen. Zorgvuldig ordent hij het pak papier en kijkt me aan.

'Zoiets heb ik nog nooit gelezen,' zegt hij.

Ik omhels hem en zeg dat hij me heel gelukkig maakt met die opmerking.

'En de proloog?' vraag ik.

'Mooi stuk,' zegt hij, 'maar die moet eruit.'

'Kill your darlings,' verzucht ik.

Voordat ik hem het manuscript gaf vroeg ik hem mij in ieder geval zijn mening te geven over de proloog van het boek. Mai vond hem prachtig en bij het boek horen, maar ik wist waarom ik die proloog schreef toen ik met het boek begon, maar had, door het schrijven zelf, de proloog overbodig gemaakt.

Na haar dood werd ik ziek, luidt de eerste zin. Ik lag in bed met koorts en sliep twintig uur per etmaal. In de luttele uren die ik wakend doorbracht, had ik geen gedachten en geen verdriet. Wat ik voelde was het bonken van mijn hoofd, de klamme kilte van de lakens, dat ik hongerig en leeg was, maar geen trek had en dat ik dorstte naar vocht zonder smaak.

'Je moest haar doodmaken om het boek te kunnen schrijven,' zegt Ischa zelfverzekerd, 'het was meer iets voor jezelf dan voor het boek.'

'Ja,' zeg ik, 'dat is het precies.'

Daarna vraag ik hem half vragend naar die scène met dat bad, of hij zich die herinnert.

'Ja. Goeie scène, wel.'

'Zo voelde ik me toen je me een paar dagen niet wilde zien. We waren ruim een half jaar bij elkaar, weet je nog, en het werd je te veel.'

'Dan heb je behoorlijk verdriet gehad.'

'Verdriet? Man, ik dacht dat ik stapelmesjogge werd.'

Nieuwsgierig geworden diept Ischa de proloog weer uit het pak papier en zoekt de passage op waarover ik het had.

Na een kwartier begon mijn huid te tintelen. Het was een gewaarwording die nog het meest leek op het prikkelend gevoel dat ik vroeger had, wanneer ik te lang buiten in de kou had gespeeld en mijn vingers en tenen aanvoelden en eruitzagen alsof ze bevroren waren. Iedere kleur was eruit verdwenen. Zodra ik in een warme ruimte kwam begon die zeurende pijn. De ervaring had uitgewezen dat de pijn verergerde wanneer ik toegaf aan de neiging om mijn handen en voeten voluit tegen de warme kachel aan te drukken, omdat de terugkeer van het bloed in de uiteinden van mijn lichaam dan zo stak, dat ik ervan moest huilen. Als ik me kon beheersen, volgde ik het advies van mijn vader op en hield mijn handen onder stromend koud water, terwijl ik mijn voeten op en neer bewoog, door afwisselend op mijn tenen en hakken te gaan staan. Hij wist wat het was, in zijn familie hadden ze allemaal van dat dikke, koude bloed.

Achterovergeleund op de zitbank volgde ik het verloop van de tinteling, die bij mijn enkels begon en zich langzaam een weg omhoog baande. Eerder verbaasd dan angstig, wachtte ik af wat er met mij zou gebeuren.

Ik ontdooi, dacht ik en was benieuwd naar wat me zou overkomen, of het begon, of ik nu om haar ging treuren. Ik wilde intussen wel weten hoe het beest van de pijn eruit zou zien dat de metgezel was van haar dood.

De kille prikkels kropen op tot in mijn nek en verder, tot aan mijn wangen, wat ik erg ver vond. Ik had opeens haast, draaide in de badkamer alleen de rode kraan open en keek ongeduldig naar de zwakke stroom heet water, bang of ik nog bijtijds kon ingrijpen om weerstand te kunnen bieden aan wat begon te lijken op een vijandige, eigenzinnige, nietsontziende indringer.

Het water was ondraaglijk heet, maar de reële pijn verlichtte me en ik gleed zover mogelijk onderuit, tot het water op de hoogte kwam waarop ik mijn huid voelde zeuren.

Het stond mij aan de lippen en daar lachte ik om.

Het is over, dacht ik, het is bedwongen.

Om aan het gevaar van een te vroege triomf te ontsnappen, sloot ik mijn ogen en hield me voorlopig heel koest.

Op schijngevechten volgen valse overwinningen. Met dat ik me oprichtte en met mijn hoofd en schouders boven het water uitkwam, wist ik dat het nog niet over was, maar dat het nog moest beginnen en dat het nu begon.

Het is een vergissing te denken dat ieder leed zijn eigen pijn heeft. Die pijn, dat was dezelfde vuile hond als altijd en net als altijd leek het alsof hij me nooit meer zou verlaten.

'Het is daarna nooit meer voorgekomen,' zegt Ischa met zo'n retrospectief, schuldbewust gezicht, dat me net iets te schalks staat om niet te weten dat hij er destijds, op een heel ingewikkelde manier, ook van genoot om mij te laten lijden.

'Je grijnst onuitstaanbaar,' zeg ik.

'Ik moet eraan denken hoe je was op de avond dat we elkaar

weer zagen. Je was in die paar dagen kilo's afgevallen en je was woedend.'

'Je had een gevulde gans voor mij klaargemaakt en allemaal dingen in huis gehaald die ik lekker vond, maar ik kreeg geen hap door mijn keel.'

'Je begon tegen de tafelpoot te schoppen en je hebt verschrikkelijk tegen me staan schelden.'

'Allicht,' zeg ik, 'ik vroeg je om opheldering en die kon je niet geven. Ik was woedend omdat je niet eerlijk kon zijn, omdat je niet had nagedacht over het waarom van die scheiding. Achteraf bedacht ik dat je toen voor het eerst sinds we elkaar kenden bent vreemdgegaan en dat van jezelf niet verdroeg.'

'Dat weet ik niet meer,' zegt Ischa bedremmeld en verlegen opeens, 'ik weet alleen dat ik je echt miste, dat ik je niet kwijt wou en dat ik daar panisch van werd, omdat dat voor mij iets heel nieuws was.'

De stewardess reikt ons de plastic dienbladen met warme aluminiumbakjes aan en we schieten allebei in de lach wanneer we ons vol aandacht en genot op die vliegtuigmuck storten.

'Straks ga ik lekker verder in De vriendschap,' zegt Ischa om mij tevreden te stemmen.

'I envy you,' zeg ik.

George Brazillers appartement is onderdeel van een groot gebouw op de hoek van de 74th Street en de Third Avenue. Hij heeft de sleutel afgegeven bij de portier, er een hartelijk briefje aan toegevoegd waarin hij ons een prettig verblijf toewenst en dan staan we even later in dat appartement dat ik al ken, maar Ischa nog niet. Het is ruim, licht, vol met boeken en het heeft de ziel van een man die alleen woont en erin is geslaagd om goed voor zichzelf te zorgen. Aarzelend blijf ik bij de deur staan, verantwoordelijk voor waar we beland zijn en daardoor benieuwd naar wat Ischa van het huis vindt. Hij beent door de ruimte, loopt naar de deuren van het terras, opent ze en heeft van daaruit die adembenemende blik op het oostelijk deel van Manhattan. De muziek van New York dringt binnen en hij gilt daar dwars doorheen dat George een schat van een man is, dat hij het een prachtig huis vindt en dat hij zou willen dat wij de bezitters ervan waren.

Het manuscript van De vriendschap ligt voor hem op tafel en hij leest de laatste pagina's.

'Ik vind het jammer dat ik het uit heb,' zegt hij als hij klaar is. 'En ik begrijp nu ook waarom je zei dat het aan mij geschreven is. Niemand heeft zich ooit zo in mijn wezen verdiept als jij.'

'Kennis is liefde,' zeg ik.

'Mia moet het ook lezen,' zegt hij opeens enthousiast, 'ze zal het fantastisch vinden.'

Bij een van onze bezoeken aan St. Odiliënberg had ik de eerste twee delen van De vriendschap bij me, voor mijn moeder, om haar de kans te geven ze te lezen.

'Er komt een moeder in voor,' had ik aarzelend en beschaamd gezegd.

Staande aan de tafel had ze her en der wat zinnen gelezen, sloeg wat pagina's om, wierp een blik op een enkele passage en vervolgens had ze mij het pakket teruggegeven.

'Wat ik zie is weer echt Connie,' zei ze, 'maar ik hoef het nu niet te lezen, kind. Schrijf jij maar het boek dat je wilt schrijven. Ik lees het later wel, als ik eraan toe ben.'

'Mia, wat ben je toch een wijze vrouw,' had Ischa toen tegen haar gezegd en dat had haar doen glanzen.

'Het verlangen om te denken heb je van je moeder,' zegt Ischa nu, 'maar de lust om te denken heb je van je vader. Ik zag het opeens aan de manier waarop je naar mij keek, laatst met de kerst bij jullie thuis. Zo kijkt jouw vader naar jouw moeder, onderzoekend, denkend, nieuwsgierig.'

Ik zeg tegen hem dat hij niet half weet hoe gelukkig ik word van dit soort opmerkingen, van zijn manier van kijken en analyseren en dat ik me zo door hem gekend voel.

'Kennis is liefde,' grijnst hij daarop.

Vol schroom overhandigt hij me de eerste Dikke Man die hij in New York getikt heeft.

'Hier,' zegt hij, 'daar zul je vast heel blij mee zijn.'

De Dikke Man heeft een oude kennis aan de telefoon en doopt hem De Stem. Ze wisselen hun wederwaardigheden uit, De Stem over zijn vier bypasses en De Dikke Man over de waarschuwing die hij had door zijn hartaanval. Hij herinnert zich dat De Stem destijds op de lagere school een vriendinnetje van hem had afgepikt, Trudy, en dat hij deze Trudy jaren later weer tegengekomen was. Ze had hem verteld over de erfenis van haar ouders, hoe snel ze dat gigantische bedrag erdoorheen gejaagd had. De Dikke Man vraagt De Stem naar de vrouwtjes.

'Das war einmal,' klaroende De Stem.

Even later vraagt De Dikke Man het opnieuw.

'En dat van die vrouwen,' murmelde De Dikke Man. 'Is dat echt waar?'

'Oja!' schetterde De Stem, ietwat verbaasd. 'Ik moet me bij mijn eigen echtgenote houden. Dat hebben de specialist en mijn huisarts me op het hart gedrukt. Hahaha! Jaja – de meisjes...'

'Das war einmal,' knalde De Dikke Man, opeens ontzettend blij van binnen. 'Ja – das war einmal!'

'Ik kan wel janken, Is,' zeg ik tot mijn verbazing half spottend nadat ik de column gelezen heb.

'Dat dacht ik wel,' zegt hij.

'Betekent dat dat ik nu ook mijn mannen moet laten vallen?'

vraag ik en ik merk dat ik ga blozen.

'Dat moet je zelf weten,' zeg hij kortaf en kribbig.

'Ischa,' zeg ik, 'ik leef met de meest beruchte interviewer van Nederland, maar jij durft mij geen enkele vraag te stellen, waarvan jij het antwoord vreest.'

Het is erg koud in New York. Bij Saks koop ik een bontmuts voor hem en een voor mijzelf. Dik ingepakt lopen we over de avenues, door Central Park, kijken naar de schaatsende kluwen mensen op het ijs bij Rockefeller Center en worden weer langzaam warm bij een kop koffie in het Plaza. Bij Brooks kopen we nog een kostuum voor Ischa. Sedert de dood van zijn ouders draagt hij niets anders meer.

'Kleding is een van de formules van de magie,' zegt hij daarover. 'Volwassenheid is natuurlijk geen gevoel, maar een code en het dragen van de kostuums hoort bij die code. Je legt een statement af. Je verklaart jezelf volwassen door dit soort kleren te dragen en dan heeft het omgekeerd op jezelf ook die werking: je gaat je er volwassener door gedragen. Dat is magie.'

Ik vraag hem of het hem bevalt, die volwassenheid.

'Ja,' zegt hij ernstig. 'Ik ben zo gaan houden van denken. De laatste twee, drie jaar snap ik pas hoe slecht ik was, soms. Echt slecht. Het gaat er toch om dat je jezelf voor de gek houdt en dat doe ik steeds minder, geloof ik.'

Het is meer voor het gebouw dan voor de voorstelling, dat we op een avond naar The Radio City Music Hall gaan om *The Christmas Spectacle* te zien. Alhoewel we bij menige film de bioscoop al tien minuten na aanvang van de film verlaten, omdat we er niks aan vinden, heeft Ischa die neiging in het theater niet. Hij houdt van theater.

'Theater gaat over intimiteit, film niet,' zegt hij als we weer naar buiten komen en de koude vriesnacht instappen, om bij Gallagher's nog wat te gaan drinken.

Hij zegt dat de verhouding anonimiteit en intimiteit hem al jaren bezighoudt.

'Ik zou nog een mooi boek over theater willen schrijven,' zegt hij, 'en dan geen historisch overzicht, maar een analyse van wat een acteur doet, wat er gebeurt als iemand op het podium gaat staan, welke verhouding een speler met het publiek heeft en dat alles gesteld in termen van anonimiteit en intimiteit.'

'Geef hem een publiek, stop hem een microfoon onder zijn neus en hij kan niet anders dan de waarheid zeggen,' citeer ik mijzelf.

Ischa schiet in een korte, hevige lach. Hoewel hij goed weet op welke gebeurtenis ik doel, vraagt hij toch wanneer ik dat ook al weer tegen hem zei. Hij wil dat ik het verhaal en dat doe ik.

Het was vorig jaar, ergens in maart. Henk van Os heeft hem gevraagd zijn boek te presenteren, in het Rijksmuseum. Een klein publiek staat in een halve kring rondom de microfoon geschaard. Ik sta wat achteraf, naast Wim Hazeu, de uitgever van het boek van Van Os, die ik daar voor het eerst ontmoet en aan wie hij me zonet heeft voorgesteld.

'Jij gaat achter de microfoon staan en je begint me daar dat werkje van Van Os in alle toonaarden fataal en uiterst geestig af te kraken. Ik voel hoe Wim Hazeu naast me beduusd is en zijns ondanks staat te genieten. Vanzelfsprekend krijg je een daverend applaus en om die aandacht te ontvluchten been je met driftige passen, dwars door het publiek, op mij toe en je houdt je aan me vast. En dan zeg ik dat tegen Hazeu, waarop we vervolgens allebei tien minuten zwijgen en naar jou kijken, omdat jij niet meer bijkomt van de lach.'

Ischa schiet opnieuw in de lach.

'Wim vond het helemaal niet erg. Hij heeft ons later toch een kaartje gestuurd, over dat hij ons zo leuk vond samen, "een cocon," zei hij, "een prachtig, vitaal, ongrijpbaar, inspirerend paar," en hij zei dat hij ons zelfs op elkaar vond lijken.'

'Over die presentatie heb je een Dikke Man geschreven,' zeg ik. 'En toen hoorde ik mijn echtgenote tegen iemand zeggen: "Ja, thuis zal hij om alles liegen, maar zodra er een microfoon voor zijn mond geschoven wordt, begint hij de waarheid te spreken." Dat hoorde ik haar zeggen. En sedert dat moment ben ik een beetje van slag. Ze had namelijk volkomen gelijk.'

Hij huiverde.

'Lief, hè – van mijn vrouw,' besloot hij.

Op oudejaarsdag 1994 doen we boodschappen in de winkels op Third Avenue. We gaan langs verschillende deli's om de dingen te kopen die we lekker vinden en die we vanavond klaarmaken. Vanaf het terras van Georges appartement zullen we ongetwijfeld een mooi uitzicht hebben op het vuurwerk in de stad en met een beetje geluk kunnen we vanuit het slaapkamerraam de bol zien zakken op Times Square. Het idee dat in Nederland het jaar op een ander tijdstip afgelopen is dan hier in Amerika, vind ik, op zijn zachtst gezegd, prikkelend en als ik er Ischa over aanspreek kijkt hij me een beetje verbaasd aan.

'O, daar ben ik helemaal niet mee bezig,' zegt hij.

Wanneer ik hem vraag naar waar hij wel mee bezig is, zegt hij dat hij nog nooit een oudejaarsdag heeft aangegrepen om na te denken over het jaar dat aan die dag vooraf is gegaan.

'Tijd is toch een verzinsel van de mensen,' zegt hij.

'Nee,' zeg ik, 'het getal van de tijd is een verzinsel van de mensen, maar de tijd zelf niet en juist aan de invloed die het getal heeft op mensen, kun je maar weer eens aflezen hoe belangrijk al die ficties zijn, hoe ze ons leven bepalen en ons gedrag.'

'Jij weet altijd weer op je stokpaardjes terecht te komen, Con,' zegt hij.

Hij knabbelt op de pink van zijn rechterhand en zegt dat het waar is, dat hij de afgelopen dagen toch vaker aan de dood van zijn ouders heeft gedacht dan daarvoor en dat die gedachten steeds vaker begeleid worden door een geluksgevoel.

'Ik ben blij dat ik ze overleefd heb,' zegt hij.

'Je tweede kamp ook weer achter de rug,' zeg ik.

We liggen in bed en wachten op het getal van de tijd.

'Wat zijn we al lang bij elkaar, hè?'

'Veertig jaar, zegt mijn moeder. Volgens haar leven we allebei voor twee en kunnen wij onze jaren samen met tien vermenigvuldigen.'

'Laatst heb je het grootste compliment gekregen dat je krijgen kunt, van mijn dochter. Zij herinnerde mij eraan dat wij met z'n tweeën langs een boekwinkel liepen en dat ik haar op *De wetten* wees. "Die schrijfster ken ik," heb ik toen gezegd, "die zul je nog wel zien." Daarop zei Jessica toen dat ze zich niet meer kon voorstellen dat je er ooit niet geweest was.'

Ik lig tegen hem aan en kan zijn gezicht niet zien, maar hij richt zich op, steunt op zijn elleboog om mij in de ogen te kunnen kijken en te zeggen dat hij hetzelfde heeft als Jessica, dat hij zich niet kan voorstellen dat ik er ooit niet was.

'Gek,' zeg ik, 'dat heb ik nou ook.'

Om twaalf uur Amerikaanse tijd bedek ik zijn gezicht met kussen en houd hem zolang in mijn armen als voor hem verdraaglijk is.

'1995 wordt een prachtig jaar,' zegt Ischa nadat hij zich voorzichtig uit mijn omarming heeft losgemaakt. 'In het begin van het jaar wikkelen we eindelijk die erfenis van mijn ouders af, *De vriendschap* komt uit en wordt een succes, we vinden een huis op de gracht, om de hoek van de Reestraat, dat vervolgens schitterend wordt opgeknapt door jouw vader, in augustus trouwen we in de basiliek te St. Odiliënberg en in de herfst staan wij met *Faust* op de planken.'

Ik zeg tegen hem dat hij de heerlijkste, liefste man ter wereld is en dat ik me verheug op iedere volgend uur met hem.

Het is 3 januari 1995, halfzes in de ochtend, twee uur voordat we in Amsterdam zullen landen en Ischa hangt slapend tegen me aan. Ik kijk naar hem. Hij wordt wakker van die blik.

'Wat kijk je?' vraagt hij zacht.

'Je bent zo mooi,' zeg ik.

Hij gaat rechtop in zijn stoel zitten en legt een hand in mijn nek.

'Jij vindt toch ook dat we goed bij elkaar passen?'

'Ja.'

'Ik ook,' zegt hij. 'Weet je waaruit ik dat onder meer kan opmaken?'

Al zou ik het weten dan zou ik het nog niet zeggen, want ik hoor hem veel te graag praten en zoiets beweren als wat hij nu zegt, dat hij houdt van Amsterdam, maar dat hij iedere keer weer een beetje treurt om het einde van onze reis.

Later zal ik juist dit moment aangrijpen in mijn herinnering om mijzelf de kwelling aan te doen van het onvoorstelbare, om de pijn te hebben van de onwetendheid van het getal van de tijd waarin ik verkeer, omdat het me dan nog ontbreekt aan de gruwelijke kennis dat hij vanaf dat moment nog maar driemiljoenzeshonderddrieënveertigduizendtweehonderd seconden, nog maar zestigduizendzevenhonderdtwintig minuten, nog maar duizendentwaalf uren, nog maar tweeënveertig dagen zal leven.

IN MEMORIAM

Mijn man is dood, zet ik later in de krant.

Nu dreunt het woord dood door mijn hoofd, verbonden met zijn naam, als een onafscheidbaar koppel. Zo nu en dan probeer ik mijzelf ertussen te dringen, maar dat lukt niet, ik leef te erg. Ik voel me uitgestoten, ik mag er niet bij. Zijn prachtige naam en dat woord duwen samen alles opzij. Zodra ik aan iets anders probeer te denken dan aan dit koppel van woorden, snijden ze de gedachte de pas af. Ze laten hoogstens wat woorden voorbij- glippen, die erbij horen.

Nooit.

Altijd.

Voor Altijd Nooit Meer.

De waarheid is de poortwachter van mijn ziel. Daar woelen beelden die zich opdringen, de beelden van de ochtend, van een aantal uren geleden nog, maar ze komen met zo veel pijn dat ze ontoelaatbaar zijn en rechtsomkeert moeten maken. De enige gedachte die er aan de beelden kan kleven is dat het herinnerin- gen zijn van een voorbije tijd, van een verleden, en wel mijn allerlaatste, dat er vanaf nu geen herinneringen meer aange- maakt worden en dat ik verder ook niks meer heb dan dat, her- inneringen. Voor het eerst in mijn leven heb ik een verleden, weet ik wat het woord daadwerkelijk betekent, wat verleden tijd is. Tot nu toe heb ik nog geen voltooid verleden tijd gehad. Alles uit mijn verleden leeft er nog lustig op los, maar ik lijd aan echt verleden. Ik ben afgesneden van mijn leven met hem, dat leven is voorbij.

Vanaf nu is Ischa veroordeeld tot mijn geheugen.
En ik haat die macht.

Links van mij zit mijn broer Jos. Hij zit achter het stuur van mijn auto en rijdt ons naar Amsterdam, waar Ischa is. Af en toe slaat hij een hand voor zijn mond en huilt, van ontzetting. Ik heb met hem te doen. Ik ben stom en dof, alles in mij zwijgt, uit angst en verbijstering. Heel af en toe huil ik zachtjes, om het toe te laten, maar het gaat niet goed, het doet heel erg pijn, in mijn borst.

'Huil toch,' smeekt mijn broer.

Ik zeg niks. Ik kan niks zeggen. Ik moet naar Ischa, dat is het enige wat ik wil, bij Ischa zijn. Het is een van de laatste momenten van mijn komende tijd dat ik nog iets wil, maar dat weet ik dan nog niet. Ik begrijp mijzelf niet. Ik begrijp het uitstel van de pijn niet. Stiekem hoop ik dat ik kan toveren en dat hij weer levend wordt als ik eenmaal bij hem ben en hem kus. Ja, ik weet zeker dat ik op het onmogelijke hoop, dat ik hem uit de dood kan halen, wakker kan kussen en dat ik pas kan huilen als me dat niet zal lukken, als ik niks meer te willen heb.

De tocht van Limburg naar Amsterdam duurt ruim twee uur. Een enkele keer passeert een andere gedachte die ene waarheid die de wacht houdt, of nee, een echte gedachte wil het maar niet worden, het zijn haken, angels die ik uitgooi naar een ondenkbare toekomst, een toekomst zonder hem.

Boek, denkt het.

Schrijven, denkt het.

Mijn vader heeft me zijn dood aangezegd. Per telefoon. Hij kon het bijna niet. Ik weet niet hoe dat kan, maar ik wist welk verschrikkelijk bericht hij mij ging brengen.

'Je moet het zeggen, papa,' heb ik tegen hem geschreeuwd, 'je moet het zeggen!'

Hij begreep mijn boodschap en toen zei hij het. Mijn moedige, lieve vader. Hij zei het.

Daarna hoorde ik een diepe huil, als van een wolf.

Ik heb gebruld. Ik heb de hoorn uit mijn hand laten vallen en gebruld. Ik heb staan schreeuwen dat ik dit niet wil, dat ik niet wil dat gebeurt wat nu aan het gebeuren is. Met mijn voet heb ik tegen de flanken van een bar staan trappen totdat ik bang werd dat hij brak. Toen ben ik gestopt omdat het door mij heen schoot dat ik met een gebroken voet niet naar Ischa toe kon lopen.

Vanaf het moment dat ik stop met geluid maken word ik ijzig kalm, stil en onaanraakbaar. Iedereen die op mij afkomt duw ik ruw van mij weg. Niemand mag mij aanraken, niemand.

Het is Valentijnsdag 1995, het is Ischa's verjaardag, maar ik ben op de begrafenis van de vader van mijn aanstaande schoonzus. Heel vroeg in de ochtend ben ik met mijn broer Jos naar Limburg gereden, omdat het belangrijk is, omdat je er op bepaalde momenten voor iemand anders moet zijn. Dat vindt Ischa ook. Hij ligt al een week ziek op bed en ik lig al een week naast hem. Gisteren hebben we het voor het eerst geprobeerd, op zijn verzoek. We hebben voor het eerst sinds een week gewone kleren aangetrokken en zijn naar buiten gegaan. Ischa wil per se mee naar de begrafenis in Limburg, hij voelt zich al een stuk beter, zegt hij. Maar nu we door de Reestraat lopen, de brug over de gracht beklimmen, zie ik dat die brug voor hem wel een berg lijkt. We lopen nog een eindje over de Keizersgracht, gaan daar een bank binnen, waar hij nog wat grapt tegen de lokettiste en tegen mij en als we even later weer buiten staan, zie ik hoe inbleek en ziek hij nog is. Hij heeft het benauwd, hij ademt zwaar.

'Je kunt morgen niet mee, lieverd,' zeg ik. 'Je bent nog veel te zwak.'

'Nee,' zegt hij, 'het gaat niet. Zullen we weer naar huis gaan?'

Thuis stop ik hem in bed. Het giert in me van de zorgen, maar op de een of andere manier kan ik met die zorgen niets doen. Ik zou niet weten wat. Ik kan er niets bij denken.

Hij valt vrijwel onmiddellijk in slaap. Met mijn kleren aan ga ik naast hem zitten en luister naar zijn ademhaling. Pas als hij wakker wordt durf ik even weg te gaan. Omdat we het plan hebben morgen samen naar de begrafenis in Limburg te gaan, komt Jessica vanavond Ischa's verjaardag bij ons vieren. Ik zal toch even weg moeten om wat boodschappen te doen.

Op de ochtend van de begrafenis in Limburg zijn we heel vroeg opgestaan, Ischa en ik. Halfzes, of zo. Tweeënvijftig wordt hij vandaag en in bed sla ik mijn armen om hem heen, om die warme brede borst, en ik wens hem het eeuwige leven toe.

'Je bent me zo vertrouwd,' zegt hij zacht, 'zo vertrouwd.'

Even later springt hij energiek uit bed, haalt van die half-gebakken broodjes uit de diepvries en stopt ze in de oven. Hij zet een grote pot koffie en giet het merendeel ervan in een thermoskan. Hij smeert de broodjes, voor mij en voor Jos. Hij doet het zodat ik intussen kan gaan douchen, maar ik vind het eigenlijk zonde, want ik kijk zo graag naar hem, hoe hij op zo'n onmogelijk uur, in het duister van de ochtend, in de weer is met die broodjes en die thermoskan, om voor mij te zorgen, voor mij en voor mijn broer.

Hij is me gevolgd naar de douche. Ik sta onder een kletterende straal als hij de glazen deur opzijschuift en naar me kijkt. Hij steekt zijn hand uit en streelt mijn natte buik. Hij glimlacht naar me en ik glimlach terug. Zoiets doet hij niet vaak en ik word er een beetje verlegen van, maar ik vind het heerlijk zijn hand op mijn buik te voelen.

'Ik hou van je, Con,' zegt hij.

'Ik hou van je, Is,' zeg ik.

'Weet jij waar het Lucasziekenhuis is?' vraagt mijn broer zacht als we Amsterdam binnenrijden. Ik schrik. Ligt Ischa in het ziekenhuis? Waarom? Wat is er allemaal gebeurd?

Ik heb me voorgesteld thuis te komen, in de Reestraat, en Ischa in bed aan te treffen. Ik heb me voorgesteld dat ik de deur van de slaapkamer achter me dichttrek, naast hem, op hem ga liggen, me tegen hem aan schurk, hem over mij heen trek. Ik heb me voorgesteld dat zijn lichaam nog een beetje warm is, bijna net zo warm als vanochtend, toen hij me wakker maakte, zijn sterke armen om me heen sloeg en tegen me zei dat ik hem zo vertrouwd was, zo vertrouwd.

'Och God,' zeg ik.

In de hal staan Harry en Laura. Harry strekt zijn twee armen uit en tilt ze op om zijn hopeloosheid aan te geven. Hij slaat zijn armen om me heen. Ik begrijp dat mensen me willen omarmen, maar ik wil het niet, ik verdraag het niet. De eerlijkheid van de dood is al begonnen en ik doe mijzelf geen geweld meer aan. Het geweld dat mij is aangedaan overtreft alles. De eerlijkheid is de eerlijkheid van mijn lichaam. Ik verstijf en maak me los. Eerst moet ik Ischa aangeraakt hebben.

'Waar is Ischa?' vraag ik.

Dwingend herhaal ik die vraag tegen iedereen die naar me toeloopt. Waar is Ischa? Ze brengen me naar een klein kamertje en laten me op een stoel zitten. Mijn ontzetting neemt langzamerhand toe, ze is bijna niet vol te houden, ze trekt het bloed weg uit mijn hoofd, ze beneemt me mijn adem.

Nu ik in hetzelfde gebouw ben waarin hij zich bevindt, is het een kwelling dat ze me niet onmiddellijk bij hem laten. Hij is van mij, zijn lichaam is van mij. Ik wil niet dat iemand anders beslist waar het zich bevindt en wanneer ik erbij mag zijn. Razend ben ik op die mensen om me heen, die hem bij zich hebben, die hem gezien hebben voordat ik hem gezien heb, maar zelfs die razernij neem ik niet volledig serieus. Geen woede kan zo groot zijn als de wanhoop die ik voel, de rest is allemaal minder, onbeduidender.

Wat Harry zegt dringt nauwelijks tot me door. Het is iets over de pers die al bij de ingang van het ziekenhuis stond, over radioberichten.

'Bellen,' zeg ik met moeite. 'De zoon, de dochter, die als eersten, blijven proberen.' Daarna kan ik niks meer zeggen. Ik heb al mijn lucht nodig om gewoon door te kunnen ademen, om niet bevangen te worden door een radeloze paniek die maar een iemand kan wegnemen en dat is Ischa.

Een vrouwelijke arts komt naar me toe en steekt haar hand uit. Ik wil die hand niet aanraken. Ze zegt dat ze alles gedaan hebben wat ze konden en ze wil daarover uitweiden, maar ik onderbreek haar botweg door te vragen waar hij is, door te zeggen dat ik alleen maar naar hem toe wil, nu.

Hij wordt op dit moment naar een aparte kamer gereden, zegt ze, en dat ik dan naar hem toe mag.

Het is een enorme zaal en in het midden staat een brancard. Ik ben eindelijk bij hem, alleen met hem en mijn paniek verdwijnt ogenblikkelijk. Voordat ik naar de brancard loop, kijk ik of de deur op slot kan, maar dat kan jammer genoeg niet. Ik kijk om me heen of er zich iets in die ruimte bevindt waarmee ik de deur kan barricaderen, maar er is alleen die brancard en op die brancard ligt Ischa.

Die dood op zijn gezicht, die is me vertrouwd, die heb ik al eerder gezien.

Voordat ik op hem klim, kijk ik of de wielen op de rem staan.

Hij wordt warm van mijn lichaam, maar hij wordt niet meer zacht en levend. Niks geeft mee, zelfs zijn ballen niet. Het liefst zou ik zo blijven liggen, maar dat doe ik niet. Ik lig hier al god weet hoe lang, zeker drie kwartier of zo, en ik wil niet dat mijn broer zich ongerust over me maakt, dat hij denkt dat ik mijzelf iets heb aangedaan. Alle windselen die ik heb losgehaald, knoop ik zo goed als ik kan weer dicht. Ze zijn helemaal doorweekt, ik probeer het, maar ik kan er niet eens zijn gezicht meer mee afdrogen.

Als ik de anderen binnenlaat ga ik zelf naar buiten.

Totdat een schreeuwerig verlangen naar zijn lichaam me opnieuw begint te kwellen, ben ik rustig. Dat is een kwartier, ongeveer.

Daar op de gang van het Lucasziekenhuis, wanneer ik dat lichaam moet achterlaten en mijn eigen lichaam zich vult met een tomeloze paniek, met angst en pijn, daar begint ook die ziekmakende zoektocht naar een woord, een zin. Iedereen die ik vandaag zal zien, vandaag en morgen en overmorgen en in de volgende maanden, iedereen kijk ik naar de lippen en ik luister scherp of het woord erbij zit, een woord dat mij houvast kan bieden, een woord dat me kan redden.

Vier hele dagen heb ik hem nog voor mijzelf en vier dagen lang maak ik een aantal keren per dag de gang naar zijn lichaam. Heen en weer tussen de Reestraat en het mortuarium, waar hij is, waar ik mijn hoofd op zijn borst kan leggen en zijn voeten in mijn handen kan nemen, mijn hand in zijn kruis kan leggen, zijn koude gezicht kan kussen en mijn hand door zijn haar kan halen. Het haar is het enige waar nog beweging in zit. Dat eeuwig dode deel van ons lichaam blijft na de dood nog het meest in leven.

Ik heb hem onze pyjama aan laten trekken. Tussen de wollige streepjesstof en de harde, bloedeloze huid stop ik tientallen berichten, geschreven met een hand die dat bijna niet meer kan, die geen pen kan vasthouden.

'Je hebt me zo gelukkig gemaakt, Is.'

Buiten het Lucasziekenhuis komt de wereld me vreemd voor, onaangedaan, onaangeraakt door de kennis van zijn dood. Jos moet me nu zo snel mogelijk naar de Reestraat brengen. Ik wil het huis lezen, de tekens duiden van zijn laatste uren en ik koester de felle hoop dat Ischa een briefje voor me heeft achtergelaten en dat de woorden op dat briefje mij zullen redden. Zolang ik nog op iets kan hopen wordt die jeremiërende angst met iets anders verdund en dringt hij nog niet in zijn helse bijtendheid binnen.

Mijn handen trillen zo dat ik de sleutel niet in het slot kan steken, dat moet Jos doen.

In het huis is het een chaos en de tekenen zijn verschrikkelijk. Het is alsof er een gevecht heeft plaatsgevonden, alsof de dood ingebroken heeft en ruw mijn man wegnam. Ik begrijp niet waarom ik niet bezwijk. Ik begrijp werkelijk niet dat ik het verdraag om dit allemaal aan te zien.

Eerst loop ik naar de slaapkamer en ik kan niets anders dan de beelden toelaten die ik onmiddellijk voor me zie.

Ischa denkt dat hij even een strak onderlaken en een schoon dekbed gaat knallen, dat is lekker voor mij, als ik straks thuiskom van die begrafenis. Hij heeft het bed ontdaan van het oude beddengoed als hij die verschrikkelijke pijn in zijn borst voelt. Hij kent haar. Zij is eerder bij hem geweest, maar hij wil dit niet weten. Hij belt de dokter. Hij zegt niet dat hij een hartaanval heeft, want als hij dat woord uitspreekt, dan is het de waarheid, dan betekent het dat hij een hartaanval heeft en dat wil hij niet. De kussens en het dekbed liggen op de vloer. Ik sta er middenin en ik heb pijn in mijn hart.

Kom maar, denk ik, kom maar.

Ik sta stil en wacht tot het komt, de pijn in mijn hartstreek, een pijn die me velt, maar ze balt zich niet samen om mij in mijn hart te steken, ze is overal. Wel voel ik dat het hart een spier is en dat de spier zich smartelijk samentrekt en ontspant, maar die domme spier doet dit alleen om mij in leven te houden, ze kan niet anders.

Ik wacht niet langer. Ik til alles wat op de grond ligt op en doorzoek de hele slaapkamer. Er is geen bericht en geen hoop meer en dan hebben de angst, de pijn, de tomeloze paniek, de ontzetting en de wanhoop vrij spel.

Wanhoop is precies wat het is, het is het volkomen werkelijk en terecht ontberen van iedere hoop.

Nu ik dat weet huil ik en ik hou daar de komende twaalf maanden niet meer mee op.

Binnen een uur is het huis vol mensen. Iedereen heeft een gezwollen gezicht of zit verslagen voor zich uit te staren. Niemand wil weg. Ik let goed op. Ik wil het woord horen dat me kan redden of die ene zin die ik voor mezelf zou kunnen herhalen en die dan de pijn even kan verlichten.

Om het kwartier hol ik naar de wc. Ik heb acute diarree. Ik ben vervuld van angst en ik doe het in mijn broek. Ik weet precies waarvoor ik bang ben: ik ben bang voor iedere volgende seconde, voor een fractie van een seconde, voor iedere minuut, ieder uur, iedere komende dag van mijn leven zonder hem. Het lijkt me ondoenlijk om te leven zonder hem en met de kennis die ik heb, met de wetenschap dat hij er de volgende seconde, de volgende fractie van een seconde, de volgende minuut, het volgende uur, de volgende dag niet zal zijn.

Ik zie me dat nog niet doen.

Ik zie me de tijd, de toekomst niet doorkomen zonder Ischa. Ik wist niet eens dat seconden daadwerkelijk verdeeld konden worden in iets korters dan een seconde, maar nu weet ik dat, ik voel de duur van de tijd aan den lijve.

Mijn vader en mijn moeder zijn er ook. Ze huilen. Ik hoor mijn moeder tegen Olga snikken dat ze zoveel, zoveel van hem was gaan houden. Van Is. Was, zegt mijn moeder.

Ik kan hun verdriet bijna niet verdragen en ik kijk zo weinig mogelijk naar mijn vader en naar mijn moeder. Ze hebben dubbele pijn, dat is wat ik weet. Ze hebben verdriet om Ischa en ze hebben verdriet om hun kind dat lijdt. Ik wou dat kind zijn dat vreugde bracht en hun verdriet om mij vind ik onverdraaglijk.

Jos laat me geen seconde alleen. Zonder er een woord aan vuil te maken haalt hij op de avond van de eerste dag Jessica's slaapzak te voorschijn en nestelt zich op de bank in de voorkamer. Hij blijft daar twee weken. Hij durft niet eens de deur uit om een pakje sigaretten te halen aan de overkant van ons huis. Als hij me 's nachts of in de vroege ochtend hoort huilen komt hij naar me toe, strekt zich op zijn buik uit op het bed en dan houdt hij, zonder iets te zeggen, mijn hand vast. En soms huilt hij mee.

'Laat haar maar,' hoor ik onze Jos zeggen tegen de mensen die me komen bezoeken en die ik abrupt achterlaat om iedere dag steeds weer opnieuw naar hem toe te gaan. 'Laat haar maar, als ze terugkomt is ze rustig.'

Verdriet is honds. Ik verdraag alleen mensen in mijn buurt met wie hij omging, tegen wie hij aangepiest heeft, die nog ruiken naar hem of die me, al is het maar in de verte, aan hem doen denken, de druktemakers, aanstellers, theatralen, zij die gieren van de lach om de wanhoop. Ik spring tegen ze op en laat me vasthouden en ik snuffel aan hun lichamen om hem te ruiken.

Vrienden van vroeger, de mensen die niet zijn geur bij zich dragen, stoot ik van mij af, ruw, bot, meedogenloos en onaardig. Ik zie hoeveel pijn ik hen doe door hun niet de kans te geven om bij mij in de buurt te komen, maar ik kan er niets aan doen, ik heb al mijn fatsoen en het merendeel van mijn medelijden verloren.

Dagelijks ligt de vloer van de hal vol met post, hebben ze het over hem in de kranten, op de televisie, op de radio. Er is niet te ontkomen aan zijn beeltenis, ook al snijdt die iedere keer door mijn ziel, zeker als het een foto betreft die ik nog nooit van hem zag. Televisie mijd ik. Het moet me niet onverwacht gebeuren dat ik hem zie bewegen of zijn stem hoor, want dan donder ik in elkaar.

Ik weet en begrijp dat er een shock door Nederland ging toen het hoorde van zijn dood, maar ik ken het verschil tussen het verdriet van anderen en mijn verdriet. Soms probeer ik me voor te stellen wat zijn dood voor anderen is, voor mensen die hem misschien nooit persoonlijk ontmoet hebben, die hij niet kende, maar zij hem wel. Dan denk ik aan de ontzetting op het gezicht van mijn moeder bij de dood van J.F.K. en dan weet ik het.

In de vroege ochtend van de dag waarop we hem begraven, ga ik voor het laatst naar hem toe, samen met zijn dochter. Ik ben beurs van de pijn. Die dode Ischa was het minste wat ik nog had en na vandaag, na een fractie van een seconde, heb ik zelfs die

niet meer. Ik vind er zonder Is niks aan. Ik heb niet meer gegeten sinds het uur van zijn dood. Mijn huid gloeit van de verster-
ving.

Ik wil zelf de kist dichtmaken. Aan Jessica heb ik verteld dat ik
allerlei brieven in de kist heb gestopt en dat zij er maar over
moet nadenken of ze ook nog wat in zijn zakken wil stoppen.
En als ze foto's wil maken mag ze dat ook gerust doen.

Voordat we samen naar binnengaan, wil ik eerst nog even
alleen met hem zijn. Ik beloof haar dat ik snel terugkom en dat
doe ik ook.

'Het is een zwarte dag, deze dag waarop we Ischa moeten
begraven,' zeg ik tegen Jessica en ik zeg het tientallen malen
opnieuw als een bezwering. Het is een zwarte dag. Ik beef en ik
kan het beven niet staken.

Ik hoor niks en ik zie niks. Iedereen die mij gevraagd heeft of ze
mochten spreken op zijn begrafenis heb ik daarvoor toestem-
ming verleend, of ik ze nou mocht of niet. Naast me zit Jessica,
dat weet ik wel, maar zelfs voor haar kan ik me niet losmaken
van de plek waar ik ben. Ik lig in die kist, bij Ischa en ik moet alle
zeilen bijzetten om daar ook te blijven. Ik lig tegen hem aan,
tegen zijn dode lichaam en ik wil erin blijven, ik wil hem bege-
leiden totdat ze ons in de grond laten zakken. Dan pas kom ik
eruit. En dan zie ik wel weer verder.

Zo wil ik het, dat deze acht mannen zijn kist dragen, Pierre, Jos,
Eric, Job, Arend Jan, Rob, Harry en Kees. Op weg naar het graf
blijf ik staren naar de kist waarin ik nog bij hem ben. Even word
ik in mijn verblijf gestoord, als er een fotograaf tussen mij en de
kist komt. Blind van woede sla ik hem zo hard ik kan met een
vuist in zijn rug, tussen zijn schouderbladen en daarna duw ik
hem in de struiken. Daarbij glijdt mijn tas van mijn schouder

en valt op de grond. Bezorgd als zij is, hoor ik Jessica daar iets over zeggen, maar ik wil door, ik ben weer terug in de kist.

'Laat maar liggen,' zeg ik tegen haar.

Op de dag dat we Ischa begraven, heb ik nog een moment van ontzetting, daar aan het graf dat ik uitzocht, voor hem en voor mij, dat is als ik aan de voet van het gat sta en weet dat als ik naar een van de mannen knik, dat dat het moment is waarop ze de kist laten zakken. Zonder het van haar te laten afhangen kijk ik Jessica aan om haar te waarschuwen, knijp even in haar hand en dan knik ik.

Zaterdag 18 februari, de dag van de begrafenis, is het begin van de rest van mijn leven zonder Ischa, zonder de nabijheid van zijn lichaam. Tot nu toe ben ik vrijwel iedere dag van mijn negenendertigjarig leven gretig ontwaakt, met zin in de dag, met honger naar mijn bestaan en de uitbreiding van mijn bestaan in mijn liefde voor het zijne. Vanaf het uur van zijn dood weet ik iets van de rest van mijn leven wat me zelfs doet opzien tegen de volgende fractie van een seconde. Het is deze verboden wetenschap, de kennis van de toekomst, die ervoor zorgt dat het leven me onmogelijk lijkt. De toekomst hoort ongewis te zijn en dat is zij niet meer. Van iedere komende dag van mijn bestaan weet ik dat het een dag zal zijn zonder Ischa en een dag met de pijn van zijn dood.

Zijn dood is bijna niet te hebben.

In dat bijna haak ik de komende maanden.

's Nachts in bed heb ik de ene hartaanval na de andere. Iedere keer weer stel ik me voor hoe hij gestorven is, hoe die pijn van het hart voelt, wat er de laatste minuten door hem heen ging, wat doodsangst is. Iedere nacht bij het inslapen doe ik het mijzelf aan. Ik weet dat het waanzin is, deze imitatie, maar ik kan het niet laten het me voor te stellen, me hem voor te stellen tijdens de laatste minuten van zijn leven.

Op de ochtend na de dag dat we hem begraven hebben kan ik mij niet meer goed bewegen. De bovenste linkerhelft van mijn lichaam is verstijfd en ik heb een lamme pijn achter mijn linkerschouderblad. Mijn eigen arts is er niet en er komt een ander naar de Reestraat.

'Kan het mijn hart zijn?' vraag ik.

'Nee,' zegt hij, 'het is spanning.'

Ik durf niet meer te fietsen of auto te rijden. Ik kan niet op hakken lopen. Make-up heeft geen zin. Het lukt me niet om mijn haar uit mijn hoofd te trekken, ook al probeer ik dat nog zo hard.

En eten gaat niet meer. In de koelkast staat een kleine pan soep, die hij nog gemaakt heeft. Een aantal keren per dag haal ik de pan uit de koelkast, neem het deksel eraf en ga er met mijn neus boven hangen om de geur op te snuiven van zijn soep, de geur van hem. De geur van die soep doet me zo'n pijn, maar ik moet het doen, dat opsnuiven, iedere dag. Vol angst zie ik hoe dag na dag de glanzende laag van het bederf zich uitbreidt over de oppervlakte van de soep en ruik ik hoe de lekkere geur langzaam verandert in een zurige lucht. Huilend, maar log van gelatenheid, gooi ik na ruim een week de soep in de wc-pot en trek door.

Links en rechts van mijn hoofd liggen een T-shirt, een pyjamajasje en wat boxershorts die hij gedragen heeft. Overdag trek ik zijn colberts en zijn hemden aan en 's nachts kan ik niet slapen zonder zijn geur in mijn neus te hebben, die nog in zijn kleren hangt. Op de bodem van de wasmand bewaar ik een kleine voorraad. Zolang ik de geur niet opsnuif en verbruik, ligt die daar op mij te wachten, denk ik.

Rie komt iedere woensdagochtend. Ze loopt op haar tenen door de woonkamer, zodat ik zolang mogelijk kan rusten. Iedere woensdagochtend schieten haar ogen vol tranen als ik de deur van de slaapkamer open en ze me ziet.

'Och Connetje toch,' zegt ze. Ze slaat haar armen om me heen en blijft zo met me staan tot ik ophoud met huilen.

Om haar rustig te kunnen laten werken ben ik op een van die woensdagochtenden even bij Harry in Het Koffiehuis gaan zitten. Bij mijn terugkomst draait de wasmachine. Ze heeft even wat extra's voor mij willen doen.

Van het rouwen maak ik een werkdag. Overdag lukt het me niet om langer dan een uur buiten het huis in de Reestraat te zijn. Ik word bevangen door een grote onrust en ik loop overal bot weg, waar of met wie ik ook ben. Thuis ligt er altijd een fax van Olga, iedere dag, meerdere keren per dag. Maandenlang houdt Olga dit vol. Ze maakt plannen voor de avond, voor de volgende avonden, voor de volgende week. Ze doet iets wat ik zelf niet meer kan, een toekomst ontwerpen, dagen invullen.

Van een blik in mijn agenda krimp ik ineen. Huilend zet ik een forse streep door al onze toekomstige afspraken, te beginnen met het optreden van Adamo op de zondag na zijn begrafenis in februari, ergens in Nederland, waar we hem voor het eerst live zouden zien.

Ik heb anderhalve week niet gegeten en ik kan me niet voorstellen dat ik dit ooit weer ga doen, eten. Ik drink en rook. Harry staat een paar keer per week met een grote kan vers geperst sinaasappelsap voor de deur, Rob en Jet hebben Gulden Draakjes ingeslagen en zelfs Jessica komt met flesjes bier naar de Reestraat.

Fons is bij me wanneer we even over de Rozengracht lopen en ik duizelig word, het koude zweet mij uitbreekt en de kracht uit mijn benen verdwijnt. Ik wil het niet, maar ik moet eten, anders ga ik tegen de vlakte. Trek heb ik nergens in, maar het moet fijngemalen eten zijn, een blikje babyvoeding of zoiets, of pap. We zijn ter hoogte van de viswinkel. Fons gaat naar binnen en komt terug met zalmtartaar. In de Reestraat ga ik zitten en onderdruk mijn tegenzin. Een vork is te groot en te metalig, hij past nog niet in mijn mond. Met een cocktailprikker werk ik wat brokjes zalm naar binnen. Ik heb nog tegen niemand gezegd dat alles zeer doet in mijn mond, dat de binnenkant vol blaren zit en dat mijn tong kleine barsten vertoont en de randen bedekt zijn met gezwellen. Ik vergeet het steeds om het over die pijn te hebben.

Wat ik kan zeggen tegen anderen is dat ik in de hel leef. Er is niets troebels aan mijn toestand, niets wat vragen oproept, verwarrend is, er is geen conflict en geen probleem. Die hel, dat is leven in opperste helderheid.

Rouw is rauw.

Ik kan niets bakken van zijn dood, niets.

De keren dat ik over straat moet heb ik het gevoel dat ik daar loop zonder huid, met een open rug, met ontblote, bloederige organen die aan de oppervlakte liggen. Het is alsof hij van mij is afgesneden, weggerukt en dat bij het weghalen van hem mijn huid is afgestroopt. In mijn hoofd klinkt een aantal keren per dag het geluid van een sirene, de sirene van de ziekenauto waarin ze hem hebben weggevoerd en waarin ik niet zat.

Mijn verstand doet zijn uiterste best, het draait op volle toeren, maar er valt niks te bedenken, bijna niks. Het is het lot, het domme, onomkeerbare lot dat inbeukt op mijn leven en mij veroordeelt tot de meest achterlijke toestand die ik ken, de toestand van reageren, van weren, afweren, van verdedigen. Een lot wordt pas weer betekenisvol als het de tijd heeft gehad om bedekt te raken met geschiedenis. Maar het lot van zijn dood is van gisteren, van eergisteren, van een week geleden en er kleeft nog geen geschiedenis aan. Ischa's dood blijft jong, vindt iedere dag opnieuw plaats en ik ben niet in staat een nieuw verleden aan te maken.

'Eerst moeten alle seizoenen eroverheen,' heeft mijn moeder gezegd. Zulke zinnen begin ik te onthouden.

Dat verstand, waaraan ik zo veel macht heb toegekend in mijn leven, dat verstand maakt enkel onbenullige zinnen aan, zinnen waaraan ik, als het erop aankomt, niks heb. Ik denk als een gek, maar het baat me niet.

Ik denk bijvoorbeeld dat ik blij ben dat ik van ons tweeën als laatste doodga, dat Ischa de pijn die ik nu heb niet hoeft mee te maken, dat hij dat niet had overleefd en dat ik er toch vreugde aan kan beleven dat hem deze hel, voor hem de zoveelste en voor mij toch pas de eerste, dat hem die bespaard is gebleven.

Dat denk ik. Daarachteraan en erbij horend denk ik dat hem de dood van Tas bespaard is gebleven en ik zeg het tegen Tas, die op de begrafenis is en die ik daarna iedere week blijf zien, dat ik blij ben dat Ischa zijn dood niet heeft hoeven meemaken.

'En ik dan?' zegt Tas met ogen vol treurnis.

Om de angst die de godganselijke dag door mijn ingewanden jaagt te kunnen verdragen, denk ik dat ik nooit iets ergers zal meemaken dan dit, dat de dood van Ischa het ergste is wat mij in mijn leven zal overkomen, dat mij de maat van het ergste aangereikt wordt, dat ik deze maat van het verdriet leer kennen en dat kennis liefde is.

Koortsachtig denkt het, ik constateer hoe beestachtig het brein zijn best doet om mij redenen te verschaffen, om mij te helpen, om mij te koesteren met inzicht, om mij te sussen, maar het is machteloos en het faalt jammerlijk.

Tegen zijn dood valt niet op te denken.

Zijn geest leeft wel voort, dat kan ik op tien vingers uittellen, to be and not to be, zo werkt de geest, zo zit het spel in elkaar. We zullen over hem blijven praten, hem ons herinneren, er zijn boeken en video's en er zullen nieuwe boeken verschijnen, boeken van hem, boeken over hem, ongetwijfeld, maar wat ik mis is zijn levende, zijn dagelijkse, zijn aanwezige, zijn truttige, angstige, warme, verlegen, lieve, mooie, aanwezige lichaam.

Fantasie is een luxe. Fantasie is voor mensen met hoop, voor mensen die werkelijk, en met alle realiteit van dien, hopen dat ze datgene waarover ze fantaseren, ooit zullen krijgen. En die hoop heb ik niet. Wat ik het liefste wil zal geen werkelijkheid worden, want ik wil dat hij weer levend wordt en dat wordt hij toch niet, dat weet ik zeker.

Hij was grieperig en hoestte. De nacht voordat we naar Haarlem reizen om bij de notaris de erfenis van zijn ouders af te handelen, wordt hij wakker van een hoestbui. Hij grijpt naar zijn borstkas en wrijft erover, van tepel tot tepel.

'Het is alsof er iets knapte,' zegt hij.

Ik zie dat gebaar, word een kort moment doodsbang en zeg vragend dat ene woord, hart. Hij zegt dat het dat echt niet is, Con, dat weet hij, het heeft met zijn griep te maken, het is meer iets van zijn bronchitis. Ik laat me daardoor onmiddellijk geruststellen.

Hij valt in slaap en hoest niet meer. Ik blijf tot vroeg in de ochtend wakker en val dan nog even in slaap.

De volgende dag nemen we rond het middaguur de trein naar Haarlem. Zodra we in een coupé zitten en hij achteroverleunt, valt hij weer in slaap. Hij ziet lijkbleek. Zonder het te willen denk ik dat Ischa er zo uitziet als hij dood is en ik kan mijn ogen niet van hem afhouden.

Midden op de tafel in het kantoor van de notaris liggen wat onbeduidende kleinoden, waaronder wat sieraden van zijn moeder. Ischa heeft nauwelijks iets uit het ouderlijk huis meegenomen. De bibliotheek van zijn vader is door diens testamentaire beschikking geschonken aan het Gemeentearchief en verder is het huis voornamelijk leeggehaald door Mirjam. Het enige wat Ischa nam was een televisie, die hij aan Arend Jan en Christien schonk, een cd-speler, waarmee hij mijn broer Eric gelukkig kon maken, een boek dat hij zelf graag wilde hebben en dat hij prompt in de trein liet liggen en een eerste druk van Nijhoffs Het uur U, dat hij aan mij gaf.

'Via mijn vader
tot jou nader,'
schreef hij voorin.

Van de kleinoden wil hij maar een ding, de enige broche die hij zich van zijn moeder herinnert. Hij uit zijn wens zacht tegenover de notaris, maar Mirjam laat er direct met harde stem op volgen dat zij die broche ook wil. Ik walg van dat verbeten, afstotelijke, huichelachtige gezicht van Mirjam, van haar hardheid, van haar welgevormde taalgebruik. Zelfs Rogier probeert haar tot rede te brengen, maar ze is onvermurwbaar. Ischa heeft de kracht niet om zich tegen haar te verweren. Pas als Job het voor zijn broer opneemt breekt Ischa en hij huilt. Hij huilt zoals ik hem nog nooit heb zien huilen. De hand die ik op zijn dij leg grijpt hij stevig vast, met zijn behuilde gezicht kijkt hij me aan en dan zie ik dat hij panisch is en weet dat hij meer verliest dan een broche.

De notaris, op wie Ischa gesteld is geraakt, biedt ons een lunch aan. Ischa zit tegenover me met dat inbleke gezicht en hij doet zijn best er niet verslagen uit te zien. Om de lunch in te leiden leest de notaris *De Tuinman en de Dood* van P.N. van Eyck voor. Ik weet ook niet waarom.

Zodra het eerste gerecht op tafel komt zegt Ischa tegen mij dat hij naar huis wil. We raken het eten niet eens aan. Hij excuseert ons, zegt dat hij zich niet lekker voelt en we lopen het restaurant uit. Hij leunt zwaar op mijn arm en op het perron in Haarlem moet ik zijn lichaam stutten.

'Ik wil dat je onmiddellijk een dokter belt als we thuis zijn,' zeg ik.

Zijn eigen arts is een jaar geleden overleden. De arts die nu bij hem is, in de slaapkamer, hebben we op advies van vrienden gebeld.

'Griep,' oordeelt die.

Met alle overdrijving waartoe hij in staat is verheft Ischa zijn stem, zodat ik het in de voorkamer kan horen.

'Ik moet per se van mijn vrouw vragen of het ook een hartaanval kan zijn. Daar is zij namelijk bang voor.'

Pas een maand na zijn dood durf ik deze arts op te gaan zoeken en hem te vragen naar de laatste minuten van Ischa's leven. En dan vind ik het nog niet om aan te horen, zo erg.

Bij de cardioloog die hem in het Lucasziekenhuis tot leven heeft proberen te wekken, klop ik al eerder aan. Ik benijd hem omdat hij op een plek is geweest waar ik nooit was, binnen in het lichaam van Ischa, onder zijn huid, achter zijn ribben. Ik benijd hem omdat hij Ischa's hart in zijn handen heeft kunnen houden. Hij is de enige die me kan vertellen hoe zijn hart eruit zag en dat wil ik weten. Aan een vriend die psychiater is in het Lucasziekenhuis vraag ik bij het gesprek te blijven omdat ik bang ben dat ik het niet kan aanhoren en al, terwijl ik luister, vergeet wat de cardioloog over het hart van Ischa zegt.

Anderhalve week na Ischa's dood zit ik in een schemerdonkere kamer op het terrein van het Lucasziekenhuis tegenover de man die zijn hart in zijn handen had. Hij zegt dat hij alles gedaan heeft wat hij kon doen, maar dat hij dat hart niet meer kon laten kloppen. Daarna kijkt hij naar mij en wordt het hem te machtig. En ik kan hem daar wel voor zoenen, zo dankbaar ben ik ervoor dat Ischa's hart is aangeraakt door een barmhartige man.

Jessica komt iedere dag en de vrienden die langskomen nemen kleine cadeaus voor me mee. Van Eva krijg ik een peper-en-zoutstelletje. Annet Malherbe schuift een ring aan mijn vinger met drie pareltjes, die ze gestolde tranen noemt en Rudi Fuchs schenkt me een boek. 'Voor de verdere reis', schrijft hij daarin. Op de begrafenis duwde Mimi, een goede vriendin uit mijn jeugd in Limburg, iets in mijn handen. Thuis pakte ik twee zilveren, aan elkaar gescharnierde fotolijstjes uit, ieder in de vorm van een hart. Paulien was er niet, mijn Amerikaanse vriendin Margie wel. Ze is in Berlijn als ze hoort van Ischa's dood en ze neemt het eerste vliegtuig naar Amsterdam dat ze kan krijgen. Harry en Laura hebben een E.T.-pop voor me gekocht, die met een smachtende, verlichte wijsvinger in de lucht priemt, maar ze durven hem pas twee jaar later aan mij te geven.

Veertien dagen na Ischa's dood komt De vriendschap uit. Ik heb Mai op de avond van de sterfdag gevraagd of het nog kon, of Ischa nog met mij meekon in het boek en daar heeft Mai toen voor gezorgd.

Soep op het vuur

is

als

een goede vriend in huis

extra lekkere soep

is

als nieuwe familie

Ischa Meijer 1943-1995

Het idee dat hij bij me is in De vriendschap maakt me rustig, maar ik voel me afgesneden van het boek, alsof het meegesleurd is in de dood. Ik ben volledig bezet door de tegenwoordigheid van het gemis aan Ischa.

'Ik heb Ischa al zestien dagen niet meer levend gezien,' huil ik op de dag van de presentatie tegen Christien. De tranen stromen over haar wangen. Ze denkt bij zichzelf dat er aan die zestien dagen nog heel veel dagen toegevoegd worden en ze vraagt zich af hoe dat met mij moet.

Later zal mijn moeder mij vertellen dat ze op de dag van de presentatie van De vriendschap steeds naar mijn vader gekeken had en dat ze wist dat hij hetzelfde dacht, dat ze allebei bang waren dat ze hun kind kwijt zouden raken, dat ze dachten dat het zou sterven van verdriet.

Rob en Jet hebben het televisieprogramma van Hanneke Groenteman opgenomen en ze zeggen dat ik er een klein stukje van moet zien. Het gaat over Ischa. Ze draaien de videoband door totdat ze bij het stukje zijn dat ze me willen laten zien. Olga Zuiderhoek zit naast Hans van Manen en Hanneke vraagt wat er over zal blijven van Ischa.

'Connie,' zegt Olga.

Het is goed dat ze me dat hebben laten zien. Voor het eerst hoor ik iets wat me houvast geeft en waarin ik kan haken als ik wegglijd. Ik ben er Olga dankbaar voor en ook voor die verspreking die ze consequent maakt. Telkens als ze 'begrafenis' wil zeggen, zegt ze 'trouwerij'.

Anderhalve maand loop ik rond met een verwoeste mond en besluit dan pas om mijn dokter op te zoeken. Hij heet Frans, hij is nuchter en slim en hij maakt me altijd aan het lachen.

Met een houten spatel opent hij mijn mond en dan ontsnapt aan mijn onwankelbare, aan mijn gelijkmatige, aan mijn broodnuchtere dokter een kreet van ontzetting.

'Och gossie, Connie,' zegt hij een aantal keren achter elkaar.

Die reactie van Frans is mijn tweede houvast. Het is een herinnering aan mijzelf. Ik besta niet alleen uit het gemis van Is. Ik ben meer dan wat weg is en dat meer is een lichaam en dat lichaam heeft pijn.

Het is spruw, een ziekte van pasgeborenen.

Uit een verslag van de gesprekken die Ischa voerde met zijn financieel adviseur bij de bank, blijkt dat hij mij tot zijn erfgenaam wilde maken. Het is het enige document dat ik heb wanneer ik met Jessica's moeder en Jeroen bij de notaris rond de tafel zit, maar het is niet genoeg om het gevecht te winnen tegen twee machteloze, onbeminde mensen, die door zijn dood een macht over hem krijgen die ze bij zijn leven nooit hadden, tegen de verhulde woede op de man die hen verliet en leed berokkende en tegen hun wraakzucht. Net als Ischa verlies ik. Niet helemaal. Ik koop de Reestraat en krijg het beheer over de literaire nalatenschap van Ischa. Een paar maanden later zie ik het gelaten aan hoe Jeroen het huis in de Reestraat doorzoekt, in laden kijkt en met een tiental volle verhuisdozen vertrekt.

Jessica zit er onthutst bij.

'Maar het is ook van Connie,' huilt ze.

Elf weken na Ischa's dood wordt mijn vader opgenomen in het St. Laurentiusziekenhuis te Roermond met wat zich laat aanzien als een lichte beroerte. Ik bezoek hem zoveel ik kan, maar ik ben niet langer in staat dan een halve dag weg te blijven uit de Reestraat en uit mijn rouw. Twee weken na de opname belt mijn broer Pierre huilend op dat ik naar het ziekenhuis moet komen. Hij zegt dat onze vader doodgaat. Hij heeft vier hersentumoren.

Alhoewel ik net weer in mijn auto durf te rijden, besluit ik om de trein naar Roermond te nemen, zodat ik niet het risico loop in een file op de A2 te belanden en te laat te komen. Nog voordat we station Utrecht binnenrijden wordt via de intercom omgeroepen dat er een treinongeluk is gebeurd op ons traject en dat deze trein omgeleid zal worden via Tilburg. De reis duurt uren en ik word een beetje gek. Ik loop heen en weer over het gangpad en spreek iedereen die het horen wil aan om te vertellen dat mijn vader op sterven ligt. In Tilburg staat de trein een kwartier stil. Ik hol naar een loket, vraag de vrouw achter het glas hoelang de reis nog duurt, hoe snel ik met een taxi naar Roermond zou kunnen rijden en smeek haar daarna ervoor te zorgen dat er binnen vijf minuten een helikopter voor mij klaarstaat. Pas als zij zegt dat ze niet zou weten waar ze een helikopter vandaan moet halen, begrijp ik de idiotie van dit verzoek en ik zit verslagen de vier uur durende treinreis uit.

In de namiddag van die dag, van de vierde mei 1995, wordt mijn vader het Heilig Oliesel toegediend. Die nacht waken en slapen we met de hele familie rondom zijn sterfbed en ook de daaropvolgende en de daaropvolgende nacht. Na drie dagen wordt hij naar een kleinere kamer gebracht en ga ik met een of twee van mijn broers dag en nacht naast hem liggen. Een van ons houdt steeds zijn hand vast. Een week lang wijk ik niet van zijn bed, kijk ik naar zijn lieve hoofd en ga ik het ziekenhuis niet uit. Het woord hospitalisering valt en dan volg ik het advies van een van de artsen op en ga voor het eerst naar buiten, terug naar het huis waarin hij nooit meer zal wonen. Vijf dagen later sterft mijn vader bij het krieken van de dag. Het is 15 mei 1995.

Het scheurt in mij van de pijn, maar vanaf mijn jongste dag heb ik mijn hart gekneed om dit verdriet te kunnen dragen en dat doe ik.

Ook de dood van mijn vader zorgt ervoor dat ik weer meer word dan het gemis van Ischa. Zijn dood maakt me tot de dochter die op een donderdagochtend in mei, samen met haar moeder en broers in een bos in Limburg haar vader begraaft. Pas als ik weer terug ben in de Reestraat en verwoede, wanhopige pogingen doe om de ene van de andere pijn te scheiden, merk ik dat het niet gaat. Het loopt door elkaar, het verdriet om Ischa en dat om mijn vader en het enige wat ik kan bedenken is dat met Ischa de dood in mijn toekomst kwam en met mijn vader de dood in mijn verleden, maar het helpt niks. Pijn is pijn.

Medio juni sta ik voor het eerst sinds zijn dood weer achter een katheder om de Ere-Reissmicrofoon, die postuum aan Ischa is toegekend, in ontvangst te nemen.

Sinds kort vind ik postuum zo ongeveer het ergste woord dat er bestaat, zeg ik vanaf het podium. Postuum betekent te laat. Op het moment dat u mij belde om mij kond te doen van dit eerbetoon voor Ischa, zat ik aan het sterfbed van mijn vader. Ischa was toen elf weken dood.

Professionelen en leken hielden mij ook al zo veel weken voor dat het heel normaal zou zijn wanneer ik eens flink kwaad zou worden, dat dat bij het rouwen hoort, dat het goed voor je is.

Ik was nog geen seconde kwaad geweest.

Ik zou niet geweten hebben op wie.

Daar kwam verandering in toen ik in die gang van het St. Laurentiusziekenhuis te Roermond stond, mijn antwoordapparaat in Amsterdam afluisterde en van die Ere-Reissmicrofoon hoorde. Gek van woede werd ik opeens.

Ik was razend op iedereen die hem bij het leven erkenning en daarmee geluk onthouden had, beginnend bij zijn ouders die hem niet als hun zoon erkenden en eindigend bij een amorfe, steeds wisselende club van jury's, die in dit land uitmaken van wie het werk en talent openlijk erkend en beloond worden.

Want dat doe je met prijzen.

Ik had hem alle prijzen van de wereld gegund en ik vond dat hij ze verdiende ook. En Ischa had ze wel allemaal willen hebben.

Natuurlijk is postuum te laat.

En al helemaal voor Ischa.

Ischa had het zelf goed in de gaten. Hij wist dat, als hij met iets nieuws begon, hij daar nauwelijks openlijk voor geprezen werd en dat iedereen zijn werk pas ging loven als hij ermee ophield.

'Jammer', las je dan in de een of andere krant.

Hij vond dat erger dan jammer. Hij had weleens graag een keer erkenning gehad voordat hij ergens mee kapte.

Nu is hij met alles gestopt.

Ook dat is erger dan jammer.

Ik weet eigenlijk niet of Ischa als dode deze prijs postuum zou weigeren, of hij niet zou gillen dat het nu te laat is, ik weet het echt niet.

Ik kom daar ook niet meer achter.

Als ik me probeer voor te stellen hoe hij het zelf gedaan zou hebben, hoe hij postuum deze Ere-Reissmicrofoon in ontvangst had genomen, dan zie ik hem zo voor me. Dan klautert hij drukdoend van verlegenheid dit podium op, neemt dat ding beet, kijkt ernaar en krijst dan luid: 'Ons joden blijft niks bespaard.'

En daar moet hij zelf dan het hardst om lachen.

Sinds hij van me is afgehaald heb ik zijn leven erbij gekregen. Het huis met al de spullen die zonder hem niks meer waard zijn en hun ziel verloren hebben, de boeken die hij kocht en ongelezen bleven, de boeken die hij schreef en niet schreef, de duizenden en duizenden volgetikte, deels ongepubliceerde vellen, de honderden interviews die in kranten en tijdschriften verschenen, de tientallen videobanden waarop zijn talkshows vastgelegd zijn en de ontelbare cassettebanden waarop zijn radioprogramma's staan, zijn toneelstukken, de liedjes die hij schreef en de liedjes die hij zong, het ligt er allemaal als vormgegeven, ding geworden geest, de prachtige bewijzen van een voorbij leven. Het is zoveel. Ik ben omgeven door zijn zinnen en soms klinken ze in mijn oren als een grote, langgerekte schreeuw.

In de zomer reis ik voor het eerst alleen. Ik rijd naar Bretagne, naar de vrienden die me het meest vertrouwd geworden zijn en bij wie ik me veilig weet, naar Arend Jan en Christien. Die reis, waarover ik het volgende jaar en het daaropvolgende jaar negen of tien uur zal doen, kost me die eerste keer twee volle dagen. Om de zoveel kilometer sta ik langs de kant van de weg, omdat ik niet meer verder kan.

De eerste dromen waarin hij opduikt vervloek ik, omdat ik eruit moet ontwaken en dan weer dagenlang jammer van een rauwe pijn, maar na een aantal maanden bid ik om een droom waarin hij aan mij verschijnt, omdat de droom dan de enige manier is om hem nog levend bij me te hebben, omdat hij daarin beweegt en spreekt, zoals hij niet eerder bewoog en sprak.

Het is een onbarmhartige tijd en ik krijg het leven niet meer onversneden. Zijn dood doorkruist en kleurt alles wat ik hoor en beleef. Een woord alleen kan al voldoende zijn om de gapende afgrond van de herinnering te openen en iedere herinnering doet me pijn. Bliksem. Soep. New York. E.T. Parelhoentje. Home. Van alle woorden waarin een i en een a voorkomen schrik ik. Onder het goede, amusante en mooie lijd ik omdat ik het alleen moet zien, het niet met hem kan delen en het niet kan verdubbelen, omdat hij niet langer kan genieten waarvan ik geniet. En ik zie en hoor nog maanden en jaren allemaal *Dikke Mannen* die nooit meer geschreven worden.

Rouw heeft niks met geluk of ongeluk te maken. Geluk en ongeluk behoren tot het gebied van lukken en mislukken, tot het gebied dat behoort tot je keuze, macht, verantwoordelijkheid, competentie, talent, tot het gebied waarin je handelt en actie onderneemt. Het is het gebied waarvan de poort dichtgaat bij je eigen dood, maar niet bij de dood van anderen.

George Braziller belt regelmatig vanuit New York en in de zomer komen Daniel en Anna Keel naar Amsterdam. We zitten op het terras van Americain en ik ben druk en wild. Ik praat en lach en de tranen stromen uit mijn ogen.

'It's the gaiety of despair,' zeg ik op een bepaald moment verontschuldigend.

'Aber Connie, du warst schon immer so,' zegt Anna Keel.

Een vriendin uit Duitsland stuurt me een brief en informeert onwetend naar hoe het gaat met het nieuwe boek en met nummertje acht. 'Nummertje acht is dood,' schrijf ik terug. 'Hart. Mijn vader is dood. Hersens. Dat boek over die vriendschap tussen hart en hersens moet het alleen doen. Ik ben nogal kapot. Nee, ik ben kapot.'

In november vier ik mijn veertigste verjaardag en ik pak dat groot aan. Ik doe dat om mijn vrienden om me heen te hebben en hun een feest te geven, uit dankbaarheid. Die dankbaarheid is terecht. Ik ging huilend langs hun deuren. Ik weet dat ik door de afgelopen negen maanden gesleurd ben, dat zij mijn leven, dat zwanger was van zijn dood, op hun schouders namen en me zolang droegen tot ik zelf weer kon lopen.

Op weg naar mijn eigen feest verlies ik het koffertje, waarin ik al die cassettes opgeborgen heb met heel die schmalze muck, voor hem.

Langzaam wordt dat heel akelige gevoel zwakker, die permanent niet-aflatende schrik die zich zo in mijn lichaam, in mijn ingewanden, in mijn hart en in mijn hoofd nestelde alsof hij nooit meer zou verdwijnen. Ik word minder bang en ik krijg weer huid. Het nieuwe is eraf. Ik begin me te verzoenen met het idee dat ik een groot verdriet heb, dat ik houd van een afwezige en daarmee leef. Ik ontspan mijn kaken. Ik heb mijn tanden stukgebeten op dit verdriet en ik verlang naar herstel. De verbaasde tandarts laat het me met een kleine handspiegel zien, hoe ik drie kiezen overdwars kapot geknarst heb.

'Je hebt je kiezen vierentwintig uur per dag op elkaar gezet,' zegt hij.

Vanaf de eerste zin van I.M. ben ik bang voor de laatste.

Vlak voor zijn tweede geboorte- en sterfdag begin ik weer met schrijven. 's Ochtends klap ik dat mechanische schrijfbloc open en doe het enige waarin ik zin heb, waarnaar ik verlang.

Het zal worden wat ik ervan maak.

Voordat die ene zin op het scherm verschijnt die me iedere dag weer in haar volle betekenis raakt, hoor ik een piep. Het is mijn animistische ziel die deze piep beschouwt als een begroeting en dan groet ik terug, dan begroet ik de Ischa die ik aan het maken ben.

'Press any key to continue', is die zin en het antwoord dat ik Ischa aan mij laat geven.

En dat doe ik dan ook.

Amsterdam, december 1997